Réparez, Nettoyez et Rénovez

Réparez, Nettoyez et Rénovez

Le guide idéal pour entretenir toute votre maison

Par la rédaction de FC&A
Traduit par Emmanuelle Nicolas

Le Centre du Livre Naturel

"Ne considérez pas un livre comme quelque chose de sacré ou d'intangible. Les livres ne sont pas faits seulement pour orner votre bibliothèque. Ils sont surtout destinés à orner votre esprit.

Considérez-les comme des instruments de travail. Le travail intellectuel est comme le travail manuel. Un instrument patiné par l'usage prend plus de beauté qu'un instrument inutile, oublié dans un coin.

Il en est de même des livres. Il n'est pas sacrilège de leur faire subir quelques mauvais traitements, si cela peut se révéler utile dans votre travail.

Un livre annoté de votre main ne perd pas de sa valeur, il en gagne au contraire. Les grands hommes l'ont fait de tous temps."

François Richaudeau

Avertissement

Le présent ouvrage a été conçu pour vous donner une information aussi exacte que possible sur les sujets traités. Bien que tous les efforts aient été faits pour vérifier l'exactitude de l'information et des opinions exprimées ici, l'éditeur ne saurait nullement en être tenu responsable, n'étant en aucun cas prestataire d'un service autre que celui d'imprimer et de diffuser l'ouvrage.

Les informations concernant le domaine de la santé contenues dans ce livre sont destinées à la seule et unique information du lecteur et ne sauraient en aucun cas constituer un guide médical d'auto-traitement. Il est conseillé au lecteur de toujours consulter son médecin ou un autre professionnel de la santé compétent lorsqu'il a besoin de renseignements et de conseils de nature médicale.

I.S.B.N. : 978-2-35471-053-8

Sommaire

Introduction

N'avez-vous jamais rêvé de revenir à une époque où tout était plus simple ? Au temps où nos grands-mères faisaient cuire des gâteaux, nous prenaient dans leurs bras et nous expliquaient comment entretenir chaque objet de la maison ? Au temps où nos grands-pères bricolaient dans le jardin, construisaient des meubles dans leur atelier et nous donnaient des conseils sur la meilleure façon d'entretenir notre voiture ? La plupart d'entre nous sommes maintenant privés de ce précieux savoir-faire traditionnel. Où trouver désormais ces conseils ménagers ?

Ici même. Dans *Réparez, Nettoyez et Rénovez : Le guide idéal pour entretenir toute votre maison*, vous trouverez des conseils rapides et ingénieux sur la façon de réparer, de nettoyer et de faire presque tout mieux, moins cher, plus vite et plus facilement. C'est comme si votre grand-mère était à côté de vous et vous expliquait patiemment comment nettoyer des casseroles qui ont brûlé au fond ou la meilleure façon de faire mûrir les tomates. Votre grand-père vous aurait certainement donné les mêmes conseils pour ranger votre scie ou calfeutrer vos fenêtres. Nous vous donnons des conseils simples, testés et approuvés, pour que tout dans votre maison, comme dans votre vie, marche comme sur des roulettes.

Nous n'avons pas, pour autant, oublié les complexités de la technologie moderne. Vous trouverez des conseils pour nettoyer votre ordinateur, ranger vos cassettes vidéo et entretenir votre caméra ultra sophistiquée. Vous découvrirez les méthodes les plus innovantes pour soigner vos animaux domestiques, voyager à l'économie et rester en bonne santé. Vous y trouverez beaucoup d'informations utiles, que mêmes vos grands-parents ignoraient.

Cet ouvrage est divisé en 16 chapitres clairs, portant sur les points les plus importants de la maison et du jardin. Chaque chapitre est découpé en sections qui vous aident à trouver rapidement l'information que vous cherchez. Si vous avez du mal à trouver une rubrique, utilisez l'*Index*. Avec la référence des pages, l'*Index* contient la liste de toutes les utilisations d'un élément particulier. Vous serez surpris, par exemple, de découvrir toutes les façons d'utiliser le bicarbonate de soude !

Tout au long de cet ouvrage, vous trouverez des encadrés proposant des astuces et des idées aussi utiles que fascinantes. Soyez également à l'affût des conseils avisés de nos experts de la maison. Ils vous révéleront tous leurs secrets, du nettoyage de la moquette à la réparation de la tondeuse. Pour le plaisir, nous avons également ajouté quelques "secrets d'antan" qui vont vous plonger dans l'ambiance délicieuse des maisons d'autrefois. Nous sommes sûrs que vous apprécierez ces charmants aperçus de l'histoire des arts ménagers.

Réparez, Nettoyez et Rénovez est l'ouvrage de référence que vous attendiez pour vous permettre de gagner du temps, faire des économies et éviter de vous fatiguer inutilement. Découvrez, sans plus attendre, cette foule d'informations, d'astuces et de conseils ingénieux qui vous simplifieront la vie et la rendront, tout simplement, plus agréable.

La rédaction de FC&A

La Cuisine

Organisation et planification des repas

La liste de courses

Dressez la liste des articles que vous achetez régulièrement et ajoutez le nom du magasin où vous vous les procurez. Laissez un espace pour ajouter d'autres produits. Faites des photocopies de cette liste et accrochez-en une sur le réfrigérateur, pour penser à cocher les produits dont vous avez besoin. Au moment de partir en commissions, votre liste sera pratiquement faite. Les articles non cochés peuvent également vous faire penser aux produits de base dont vous avez peut-être besoin.

Une méthode pour faire des économies

Dressez une liste des aliments et autres produits que vous achetez régulièrement. Notez le prix auquel vous les avez payés et le prix auquel vous les avez vus dans une publicité. Cela vous permettra de mieux en évaluer le prix et de reconnaître une bonne affaire lorsque vous en voyez une.

De l'ordre dans vos recettes

Ne gardez dans votre boîte à recettes "inratables" que celles que vous avez déjà testées et qui vous ont plu. Gardez celles qui vous intéressent mais que vous n'avez pas encore essayées dans un classeur. Vous gagnerez du temps lorsque vous chercherez à faire un " vieux classique ". Lorsque vous vous sentirez d'humeur créative, ouvrez votre réserve et piochez une recette qui vous paraît appétissante.

Des menus en un clin d'œil

Gagnez du temps, de l'argent et de l'électricité en tenant un inventaire sur la porte de votre réfrigérateur. Lorsque vous rentrez du supermarché, dressez la liste de tous les produits que vous stockez à l'intérieur. Notez également la date. Au fur et à mesure que vous utilisez les produits, rayez-les de la liste. Cette méthode vous permet de planifier les repas en un clin d'œil, sans avoir à chercher dans le réfrigérateur avec la porte ouverte, et d'éviter de perdre de la nourriture dissimulée au fond d'un compartiment. Pour faire encore plus d'économies, faites une liste similaire pour le congélateur.

Les épices de A à Z

Etiquetez votre étagère à épices avec des lettres de l'alphabet, vous trouverez ainsi facilement les épices dont vous avez besoin pour préparer un plat. De même, lorsque vous préparez votre liste de commissions ou utilisez une nouvelle recette, vous pouvez rapidement constater si vous disposez de tous les ingrédients nécessaires, sans avoir à explorer, une à une, toutes vos boîtes à épices. C'est un réel gain de temps.

Préparez vos rations le dimanche

Profitez du rythme paisible du dimanche après-midi pour préparer vos rations-déjeuner pour la semaine.

Si vous êtes adepte du sandwich, confectionnez tous ceux que vous pouvez congeler. Enveloppez-les dans du film plastique étirable et glissez-les tous dans un grand sac à congélation refermable. Placez-les ensuite au congélateur et prenez-en un chaque matin, en partant travailler. Ainsi, il aura eu le temps de décongeler lorsque vous serez prêt à déjeuner.

Vous pouvez également placer des biscuits ou autres en-cas dans des sacs séparés.

Cette méthode est plus économique que d'acheter les mêmes produits, préemballés en doses individuelles.

La règle du shopping intelligent

Pour économiser de l'argent lorsque vous faites vos courses, n'oubliez pas les 4 adjectifs clé : affamé, énervé, seul et fatigué. Ne partez pas en commissions si vous êtes dans l'une de ces situations. Vous ferez des choix plus avisés si votre appétit est satisfait, si vous vous sentez reposé et que tout va bien pour vous. Sinon, vous risquez d'acheter davantage d' " aliments de confort " qui, selon vous, vous aideront à vous sentir mieux.

Dans la mesure du possible, faites vos courses seul. En présence d'autres membres de la famille, vous risquez, en effet, de faire davantage d'achats impulsifs. Tenez compte des préférences de chacun lorsque vous dressez la liste des courses, et non en parcourant les rayons du supermarché.

Secret d'antan

Les sandwichs pour le pique-nique resteront frais 2 fois plus longtemps si, après les avoir emballés, vous scellez les bords du papier sulfurisé avec un fer chaud.

1003 Household Hints and Worker Savers, 1947

Des économies au supermarché

Pesez les articles préemballés comme les sacs de 5 kg de pommes de terre. Etant donné qu'il est impossible de trouver le nombre exact de pommes de terre pour atteindre ce poids, certains sacs pèseront donc légèrement plus lourd que d'autres. A force de choisir régulièrement le plus lourd, les petites économies s'accumulent.

Au lieu d'acheter du jus de fruits à base de concentré, achetez le concentré surgelé et ajoutez l'eau vous-même. C'est un peu plus contraignant, mais ne vous arrêtez pas à cela. Concentrez-vous sur les économies que vous faites, elles sont conséquentes par rapport au jus prêt à l'emploi.

Si votre recette ne nécessite que quelques bouquets de brocolis ou de chou-fleur, achetez-les en sachets ou surgelés. Cela vous évitera de jeter les parties moins nobles et réduira également le temps de préparation.

Œufs et produits laitiers

Congelez les extras

Les œufs sont en promotion et c'est pourquoi vous en achetez une grosse boîte. Vous plaisantez ? Vous ne pouvez pas consommer autant d'œufs ! Pas de panique. Prenez simplement un bac à glaçons vide et cassez chaque œuf dans un cube individuel. Congelez-les jusqu'à ce qu'ils soient solides, puis transférez les cubes d'œuf dans un sac à congélation en plastique. Utilisez-les selon vos besoins. Attention : lavez soigneusement les bacs à glaçons et les récipients en plastique à l'eau chaude et au savon, après les avoir utilisés. Les œufs crus hébergent des bactéries qui peuvent vous rendre malade.

S'il vous reste des blancs d'œufs après avoir réalisé une recette, versez-les dans un récipient en plastique hermétique. Vous pouvez les conserver frais, pendant 4 jours maximum, au réfrigérateur, et entre 6 mois et 1 an au congélateur. Lorsque vous décidez de les utiliser, laissez-les décongeler pendant une nuit au réfrigérateur. Ils seront parfaits pour faire des meringues.

Vous pouvez également les utiliser dans vos recettes allégées, à la place des œufs entiers.

Les jaunes d'œufs, en revanche, ne se conservent qu'1 jour ou 2 au réfrigérateur. Placez les jaunes non percés dans un récipient rempli d'eau fraîche et fermez-le hermétiquement, jusqu'à ce que vous soyez prêt à les utiliser.

Vous pouvez également les conserver dans un petit bol avec 2 cuillerées à soupe d'huile.

Les coquilles d'œufs

Si un morceau de coquille d'œuf tombe dans le bol du mixeur, retirez-la avec le bord d'1/2 coquille. Le gros morceau de coquille attirera le morceau plus petit.

Pas d'œufs fêlés

Si les coquilles d'œufs éclatent pendant la cuisson, ajoutez une goutte de vinaigre dans l'eau de cuisson pour sceller la fissure et empêcher le blanc d'œuf de s'écouler.

Comment savoir si les œufs sont frais

Pour tester la fraîcheur d'un œuf, plongez-le au fond d'un bol d'eau froide. S'il reste au fond, à l'horizontale, c'est qu'il est frais. S'il est oblique, c'est qu'il a au moins 3 jours. S'il est vertical, c'est qu'il a au moins 10 jours.

Ecalez et découpez les œufs durs à la perfection

Il existe une méthode pour écaler les œufs durs à la perfection. Dès qu'ils sont cuits, plongez-les dans de l'eau glacée pendant une minute. L'eau froide va permettre à l'œuf de se rétracter dans sa coquille. Replongez-les ensuite dans l'eau bouillante pendant 10 secondes. L'eau chaude va permettre à la coquille de se décoller de l'œuf. Retirez les œufs et cassez la coquille de toutes parts, puis commencez à les écaler par l'extrémité la plus large.

L'association du chaud et du froid permettra d'effectuer cette opération sans aucun mal.

Pour découper un œuf dur proprement, plongez la lame du couteau dans l'eau avant de détailler chaque rondelle. Cela évitera que l'œuf ne s'effrite.

D'où vient cette couleur verdâtre ?

Vous pouvez parfois constater une couleur verdâtre ou grisâtre autour du jaune d'un œuf dur. De quoi s'agit-il et peut-on le consommer sans risque ? Ne vous inquiétez pas, c'est totalement inoffensif. Il s'agit d'un mélange de soufre et de fer qui se forme lors de la cuisson de l'œuf.

Conservez le lait frais

Pour doubler le temps de conservation du lait, ajoutez une pincée de sel lors de la première ouverture. Vous pouvez également le congeler. Ainsi, quand votre supermarché fait des promotions sur le lait, n'hésitez pas à en acheter quelques litres supplémentaires et stockez-les au congélateur. La congélation n'affecte pas sa valeur nutritionnelle, mais elle peut provoquer une séparation. Pour y remédier, secouez-le bien avant de l'utiliser.

Le fromage blanc de campagne se conservera plus longtemps au réfrigérateur si vous le stockez à l'envers.

Un substitut moins gras

Pour remplacer la crème fraîche dans vos recettes, utilisez du yaourt. Tapissez un entonnoir ou un chinois avec du papier absorbant ou un filtre à café. Versez-y le yaourt et laissez-le s'égoutter dans un bol, pendant toute une nuit, au réfrigérateur. Jetez le liquide et utilisez le yaourt ainsi dégorgé dans vos recettes préférées.

Transformez le lait en babeurre

Si vous avez besoin de babeurre dans une recette, mais que vous n'avez que du lait frais sous la main, voici comment rendre votre lait un peu plus aigre et vous éviter de retourner à l'épicerie.

Ajoutez une cuillerée à soupe de vinaigre ou de jus de citron pour 25 cl de lait frais. Mélangez et attendez 5 minutes.

Il ne vous reste plus qu'à l'ajouter à votre recette. Vous pouvez également substituer le babeurre en quantité égale par du yaourt au lait entier, ou du yaourt au lait entier par la même quantité de babeurre.

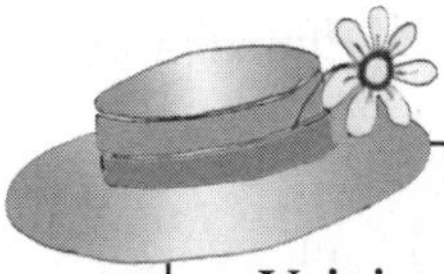

Secret d'antan

Voici une méthode pour " rallonger le beurre " : une livre de beurre + 2 tasses de lait concentré non sucré = 2 livres de beurre. Laissez le beurre à température ambiante et battez-le jusqu'à obtenir de la crème (votre batteur électrique fera parfaitement l'affaire !). Ajoutez progressivement 50 cl de lait concentré. Continuez de battre jusqu'à ce que le lait soit absorbé. Remettez le mélange au frais pour le rendre solide, et vous voilà en possession d'une double quantité de beurre.

1003 Household Hints and Work Savers, 1947

Du fromage fondu et fondant

Lorsque vous préparez des plats à base de fromage, n'oubliez pas qu'une cuisson trop longue, à une température trop élevée, peut le rendre dur et filant. Faites-les cuire à basse température et ajoutez le fromage au dernier moment. Râpé ou gratté, le fromage fond plus facilement.

Ramollissez le beurre en un instant

Vous avez un besoin urgent de beurre fondu pour l'incorporer dans une recette ou dans votre plat préféré ? Découpez-le avec un économe ou râpez-le avec une râpe à fromage, et il fondra très rapidement.

Fruits et noix

Faites mûrir les fruits

La plupart des fruits frais que vous achetez en supermarché sont cueillis bien avant d'être mûrs. Pourtant, ils auront bien meilleur goût si vous les laissez mûrir avant de les manger. Certains fruits, comme les pêches, les poires et les tomates, mûriront plus vite si vous les laissez dans un sac en papier kraft. Percez simplement quelques trous dans le sac et placez-y les fruits en une seule couche, c'est-à-dire sans les empiler les uns sur les autres. Repliez l'ouverture du sac et laissez-le à température ambiante. Vérifiez tous les jours pour voir s'ils sont prêts à être consommés. Lorsqu'ils sont mûrs, mangez-en la quantité voulue et conservez le reste au réfrigérateur.

Certaines baies, comme les myrtilles, les groseilles et les fraises ne mûrissent plus après avoir été cueillies et doivent donc être conservées immédiatement au réfrigérateur. Les bananes, en revanche, sont toujours cueillies vertes, mais elles mûrissent rapidement. Lorsqu'elles sont tachées, cela indique qu'elles sont sucrées et bonnes à manger. Vous pouvez les conserver au réfrigérateur. La peau risque de noircir mais la chair, à l'intérieur, restera fraîche pendant plusieurs jours.

Vous éprouvez des difficultés à choisir un ananas ? Tirez sur une des feuilles situées en haut du fruit. Si elle se retire facilement, c'est que l'ananas est mûr.

Frais et fruités

Pour prolonger la fraîcheur des fraises, conservez-les dans une passoire au réfrigérateur et ne les lavez qu'au moment de les consommer, ou de les utiliser dans une recette.

Vous n'êtes pas forcé d'attendre le moment de les consommer pour peler et découper les fruits frais. Ils ne noirciront pas si vous les arrosez légèrement avec du jus de citron.

Des bananes à volonté

Vos bananes sont mûres mais vous n'avez pas le temps de toutes les manger. Voici une alternative simple à la vieille idée de les congeler dans leur peau. Pelez les bananes et coupez-les en rondelles, réduisez-les en purée en les passant au mixeur et ajoutez un petit peu de jus de citron pour les empêcher de noircir. Conservez-les dans un sac au congélateur, pendant 6 mois au maximum. Ainsi, lorsque vous aurez envie d'une compote de bananes ou d'un délicieux cocktail de fruits rafraîchissant, laissez-les tout simplement décongeler pendant une nuit, au réfrigérateur.

Pour informations, 3 ou 4 bananes de taille moyenne pèsent environ une livre. Une livre vous permettra d'obtenir environ 45 cl de bananes écrasées.

Epluchez les pommes plus rapidement

Les pommes fraîches font de délicieuses tartes. Mais si vous êtes pressé, vous pouvez vous laisser décourager en pensant que vous n'aurez jamais assez de temps pour tout éplucher. Voici une astuce pour accélérer le mouvement. Utilisez une planche à découper pour couper rapidement les pommes en quartiers. Enlevez le cœur et les pépins, puis épluchez-les. Cela va nettement plus vite que de découper la pomme entière.

Prenez le jus

Ne jetez pas le jus des fruits en conserve. Conservez-le dans un saladier ou un récipient en plastique hermétique, au réfrigérateur. La prochaine fois que vous préparerez une salade ou un dessert, donnez-lui du goût en y ajoutant ce jus dans la recette.

Des raisins bien gonflés

Si les raisins secs sont trop desséchés, faites-les tremper dans de l'eau chaude pendant quelques minutes pour les ramollir, avant de les incorporer dans vos recettes.

Les fruits qui portent la poisse

Pour découper des fruits collants comme les figues ou les dates, trempez le couteau dans l'eau froide fréquemment ou utilisez une paire de ciseaux propres. Enduisez simplement les lames de beurre avant de couper les confiseries ou les fruits, pour empêcher les aliments d'adhérer.

Tout est bon dans le citron

Si vous ne devez utiliser que le jus du citron dans votre recette, ne jetez pas la peau. Découpez-la et congelez-la pour l'utiliser ultérieurement, lorsque vous aurez besoin d'un zeste de citron frais.

Cassez les noix de coco

Pour casser une noix de coco plus facilement, refroidissez-la ou chauffez-la. Premièrement, percez des trous dans deux des yeux et laissez le jus s'écouler. Puis, placez la noix au congélateur pendant une heure ou au four, à 175°C (thermostat 6), pendant 20 à 30 minutes. Pendant qu'elle est encore froide, ou après avoir refroidi à la sortie du four, enveloppez-la dans un torchon propre et tapez-la de tous côtés avec un marteau. Lorsqu'elle s'ouvre, retirez la chair et râpez-la, ou émincez-la avec une râpe électrique ou un robot ménager.

Un casse-noix efficace

Pour casser des noix facilement tout en gardant la chair intacte, faites tremper les noix ou les amandes dans de l'eau salée pendant une nuit. Elles se casseront alors sans effort le lendemain.

Légumes et herbes aromatiques

Des tomates toujours fraîches

Conservez vos tomates fraîches plus longtemps en les stockant avec la partie contenant la queue vers le bas.

Pour peler une tomate rapidement et facilement, plongez-la dans l'eau bouillante pendant 20 à 60 secondes. La peau se retirera alors facilement.

Attention aux légumes volants

Lorsque vous remuez la salade, placez le saladier dans l'évier pour éviter que les feuilles qui passent par-dessus bord ne tombent sur le plan de travail ou sur le sol. Le nettoyage sera bien plus rapide.

Conservez la salade plus longtemps

Une fois essorée, la salade ne se conserve pas très longtemps. Un moyen de garder son côté croquant est de placer quelques feuilles d'essuie-tout pliées dans le fond du sac en plastique ou du récipient que vous utilisez pour la conserver. Elles épongeront l'excès d'humidité et empêcheront les feuilles de se gorger d'eau.

Conservez le céleri

Le céleri est parfois vendu dans des sacs en plastique en supermarché, mais ce n'est pas le meilleur moyen de le conserver au réfrigérateur. Placez le céleri dans un sac en papier, et laissez les tiges et les feuilles sur la branche, pour une meilleure conservation.

Gardez le croquant

Les feuilles flétries enlèvent le côté croquant de la salade verte. Ressuscitez une laitue flétrie en ajoutant un jus de citron dans un récipient rempli d'eau froide. Placez la laitue dans ce récipient et laissez-la tremper pendant une heure, au réfrigérateur.

Redonnez de la vitalité aux branches de céleri caoutchouteuses en les découpant en morceaux ou en bâtonnets, et en les plaçant dans un récipient en plastique avec suffisamment d'eau pour en recouvrir le fond.

Limitez la perte avec les légumes coûteux

Lorsque vous achetez des légumes frais à bon prix, veillez à utiliser toutes les parties que vous pouvez. Les pieds des brocolis peuvent être pelés et découpés en petits bâtonnets, que vous ferez cuire avec les bouquets. Mangez-les tels quels ou réduisez-les en purée avec un mixeur, pour les ajouter à une soupe.

Les asperges sont chères mais peuvent également avoir plus d'utilisations que vous ne le pensez. Préparez chaque asperge en coupant et en jetant le pied sec et de couleur claire, qui est trop dur pour être consommé. Pliez la tige à différents endroits en partant du pied, jusqu'à ce que la partie tendre se casse. Epluchez la partie verte et filandreuse située sous la cassure avec un économe bien aiguisé, et faites-la cuire avec le reste des asperges pour obtenir un met délicieux.

Gardez les poivrons en forme

Vous cherchez une solution pour garder vos poivrons farcis en forme durant la cuisson ? Essayez les petits moules à muffins, légèrement huilés. Choisissez pour cela de petits poivrons qui puissent tenir dans les moules.

Arrivez plus rapidement à ébullition

Lorsque vous faites bouillir de l'eau, ajoutez une petite pincée de sel pour qu'elle arrive plus rapidement à ébullition. Par contre, ajoutez le sel en fin de cuisson lorsque vous faites cuire des haricots secs, ou prolongez le temps de cuisson.

Doux comme de la soie

Le maïs frais a beaucoup de goût mais les soies sont assez déplaisantes si elles se coincent entre vos dents. Retirez-les avec une serviette en papier ou de l'essuie-tout humide. Essuyez l'épi d'un bout à l'autre. Les poils soyeux adhéreront à la serviette en papier et s'enlèveront facilement.

Piquez les pommes de terre

Réduisez le temps de cuisson des pommes de terre au four de plusieurs minutes, en insérant un clou propre dans la chair de la pomme de terre (dans un four traditionnel, et non à micro-ondes). Le clou dirige la chaleur vers le centre de la pomme de terre.

Un bon jus... d'asperges

Transformez votre vieux percolateur en cuiseur à asperges. Retirez le mécanisme du panier, et faites tenir les asperges à la verticale sur leur pied. Puis, ajoutez de l'eau, branchez l'appareil et faites cuire rapidement les asperges à la vapeur pour conserver leur saveur et les nutriments.

Coupez les herbes sans qu'elles adhèrent

Les herbes aromatiques comme le persil, la coriandre, la sauge ou le romarin peuvent adhérer à la planche à découper. Utilisez des ciseaux de cuisine pour les couper, en les faisant tomber directement dans le plat ou la préparation. Cela sera plus simple et évitera le gaspillage.

Empêchez les aliments de glisser lorsque vous les coupez

Une gousse d'ail, par exemple, a tendance à glisser sur la planche à découper lorsque vous essayer de l'émincer. Pour la maintenir en place, saupoudrez la planche de sel, écrasez l'ail en appuyant dessus avec le côté plat de la lame du couteau, puis émincez-le.

Des oignons sans germe

Les oignons dureront plus longtemps et sans germer si vous les enrobez dans une feuille de papier d'aluminium. Si vous coupez un oignon et n'en utilisez que la moitié, frottez la face coupée de l'autre moitié avec du beurre. Le beurre permettra de le garder frais plus longtemps.

Conservez le gingembre

Conservez la racine de gingembre au réfrigérateur ou congelez-la pendant une durée de 3 mois maximum. Un autre moyen de la conserver est de la peler, de la recouvrir de vinaigre de Xérès et de la placer au réfrigérateur.

Conservez le thé et les tisanes

Conservez le thé dans une boîte hermétique afin qu'il ne perde pas sa saveur et ne se dessèche pas. Ne stockez pas le thé ou les tisanes au réfrigérateur, au congélateur ou dans tout autre endroit très humide. Ils doivent être utilisés dans l'année qui suit leur date d'achat.

Viande, volaille et poisson

Confectionnez un pain de viande proprement

Il est impossible de préparer un pain de viande sans en mettre partout ? Pas nécessairement. Mettez tous les ingrédients dans un grand sac à congélation refermable, faites-en sortir l'air et fermez l'ouverture. Ensuite, pétrissez et mélangez tous les ingrédients à travers le sac, pour former une masse compacte ; retirez celle-ci du sac et mettez-la dans un plat pour la faire cuire.

Accélérez le dégel

Il existe un moyen simple de stocker le bœuf haché afin qu'il décongèle plus vite lorsque vous voulez l'utiliser. Placez environ 500 grammes de viande hachée dans un grand sac à congélation à fermeture par glissière, puis aplatissez-le comme une crêpe. Il sera ainsi plus facile à stocker et décongèlera en 2 fois moins de temps.

Avec le dos de la cuillère

Le rôti de bœuf restera juteux si, pendant la cuisson, vous utilisez 2 cuillères en bois pour le retourner. Les cuillères ne perceront pas la viande et ne laisseront pas le jus s'écouler, comme le ferait une fourchette.

Un bon coup de pinceau

Pour arroser les viandes ou badigeonner des sauces, utilisez un pinceau avec des soies naturelles. Il sera souple et facile à nettoyer. Pour les viandes grillées, trempez le pinceau dans de l'huile d'olive et badigeonnez la grille pour empêcher la viande de coller.

Attendrissez-la

Les scientifiques ne cessent de découvrir de nouveaux avantages à l'une des boissons les plus consommées au monde : le thé. En voici un pour votre cuisine : essayez de faire cuire les morceaux de viande plus durs dans du thé. Le tannin qu'il contient va permettre d'attendrir la viande pour qu'elle fonde dans la bouche.

Petits trucs pour le bacon

Pour décoller les tranches de bacon dans un paquet, roulez l'emballage comme un tube et tenez-le ainsi pendant une minute. Les tranches vont se détacher et vous pourrez ainsi les retirer facilement du paquet, une à une.

Le bacon ne se rétractera pas à la cuisson si vous le plongez dans de l'eau glacée avant de le faire frire. Laissez-le tremper pendant environ 5 secondes, tamponnez-le avec du papier absorbant pour le sécher et mettez-le dans la poêle. Vous obtiendrez ainsi des tranches bien plates.

Il n'y a pas d'heure pour en manger

Il n'est pas toujours nécessaire de faire décongeler la dinde avant de la faire cuire. Vous pouvez tout à fait cuisiner une dinde entière vidée ou des morceaux de volaille encore congelés. Le temps de cuisson sera juste 1 fois 1/2 plus long.

Les dindes farcies surgelées ne doivent pas être décongelées en raison des risques de contamination bactérienne. Suivez les instructions figurant sur l'emballage.

Soupes, ragoûts et viandes en sauce

Réparez les dégâts

Vous avez fait une petite bêtise et avez mis trop de sel dans votre ragoût ? Ne le jetez pas pour autant. Ajoutez une pomme coupée en fines lamelles dans le plat, pendant quelques instants. Retirez la pomme et le sel viendra avec. Utilisez également cette méthode pour ôter le mauvais goût de brûlé lorsque les aliments ou les sauces ont attaché au fond de la casserole.

Si vous avez des problèmes avec une soupe trop salée, ajoutez-y une pomme de terre épluchée. Elle absorbera l'excès de sel. Jetez-la dès que la soupe est prête.

Une soupe pour la forme

Congelez la soupe, ou autres liquides, dans un sac en plastique que vous glisserez dans une boîte à café. Cela permet de lui donner une forme qui est plus facile à stocker. Une fois que le liquide est congelé, vous pouvez le retirer de la boîte et consacrer celle-ci à une autre utilisation.

2 bacs dans le congélateur

Gardez 2 récipients au congélateur pour recueillir la garniture de votre soupe. Dans l'un, conservez les petits morceaux de viande et d'os, et dans l'autre, conservez les petits morceaux de légumes comme les feuilles de céleri et les fanes de carottes. Utilisez-les ensuite pour confectionner vos potages ou vos bouillons.

Dégraissez vos soupes

Pour retirer la graisse à la surface des soupes ou des plats mijotés pendant qu'ils cuisent, enveloppez un glaçon dans un morceau de tissu en coton. Passez-le à la surface de la soupe, et la graisse que vous souhaitez retirer adhérera au glaçon.

Un autre moyen de se débarrasser de la graisse qui flotte à la surface de la soupe est d'y plonger des feuilles de salade. Elles vont absorber la graisse. Lorsque la cuisson est terminée, jetez la salade et servez la soupe !

Pains, céréales et féculents

Une mie moelleuse

Vous aimez que vos tranches de pain de mie restent bien moelleuses ? Dans ce cas, placez un morceau de céleri dans le sac en plastique contenant le pain. Cela permettra de le garder mou car le céleri apporte une petite quantité d'humidité.

La levure à l'ancienne

Aujourd'hui, faire son pain peut se résumer à ouvrir une boîte d'une préparation prête à l'emploi et à suivre les instructions de la machine à pain éclectrique. Alors que dans le temps, la préparation du pain prenait toute la journée : mélanger et pétrir la pâte, attendre que le pain lève, puis le laisser s'aplatir et attendre qu'il lève de nouveau. Certaines femmes faisaient même leur propre levure. Voudriez-vous suivre la recette d'antan ?

Le lundi matin, mélangez 50 grammes de houblon dans 4 litres d'eau et faites bouillir pendant 1/2 heure. Passez le mélange et laissez refroidir jusqu'à ce qu'il soit tiède. Ajoutez et mélangez une petite poignée de sel et 250 grammes de sucre roux. Mélangez une quantité suffisante de ce liquide avec 250 grammes de farine blanche, jusqu'à obtention d'une pâte lisse. Puis mélangez le reste du liquide. Laissez reposer jusqu'au mercredi. Râpez 3 livres de pommes de terre crues et ajoutez-les au mélange. Mélangez bien et réservez dans un endroit chaud jusqu'au jeudi. Remuez fréquemment.

Cela prenait du temps mais, dans le temps, les femmes pouvaient faire leur pain en utilisant 2 fois moins de levure que la levure normale. C'est pourquoi elles y passaient autant de temps et se donnaient autant de mal !

N'en perdez pas une miette

Gardez les croûtons et les miettes de pain dans un sac plastique, au congélateur. Si vous avez besoin de chapelure dans une recette, sortez le sac du congélateur et passez le pain dans un robot ou un mixeur pour le réduire en miettes.

Avec le pain rassis, vous pouvez faire de délicieux croûtons. Choisissez vos herbes aromatiques et assaisonnements préférés et mélangez-les dans de l'huile d'olive. Badigeonnez les deux faces du pain avec ce mélange. Découpez des cubes et disposez-les en une seule couche sur une plaque à biscuits. Faites-les cuire au four à 150°C, jusqu'à ce qu'ils soient dorés et croustillants.

Un petit coup de jus pour le faire gonfler

Lorsque vous faites bouillir du riz, ajoutez une cuillerée à café de jus de citron dans l'eau pour que le riz soit plus gonflé et plus blanc.

Tout l'arôme du café

Si vous conservez votre café en grains ou moulu au réfrigérateur ou au congélateur pour préserver sa fraîcheur, c'est très bien. Mais pour profiter pleinement de son arôme, laissez-le à température ambiante avant de le passer.

Contre le ketchup réticent

Comment faire descendre le ketchup lorsqu'il est coincé dans la bouteille ? Prenez une baguette, une brochette ou une paille en plastique et insérez-la dans la bouteille. Enfoncez-la jusqu'au fond puis retirez-la. Cela permet à l'air de s'infiltrer afin que le ketchup puisse s'écouler normalement.

Les différents types d'huiles

Il existe de l'huile d'olive de plusieurs qualités, la vierge extra étant la plus parfumée mais aussi la plus onéreuse. Faites des économies en la réservant pour vos salades ou autres préparations à froid. En effet, elle perd une partie de sa saveur si vous la faites chauffer. En cuisine, vous pouvez donc utiliser une huile de moins bonne qualité. Vous pouvez également faire des économies en confectionnant votre propre spray de cuisson anti-adhésif. Il vous suffit pour cela de verser de l'huile d'olive dans un petit vaporisateur.

Desserts et pâtisseries

La base de la pâtisserie

Pour appliquer rapidement une couche d'huile uniforme dans un moule à gâteaux ou à madeleines, utilisez un petit pinceau.

Pour que le fond d'un gâteau au chocolat reste brun, utilisez du cacao au lieu de la farine pour saupoudrer le moule.

Pour éviter que le gâteau n'adhère au moule, recouvrez-le d'une feuille de papier sulfurisé. Utilisez des ciseaux pour découper le papier aux dimensions du moule. Vaporisez de la matière grasse sur le papier, puis versez-y la pâte. Lorsque le gâteau sera cuit, il sera alors facile à démouler et vous n'aurez plus qu'à retirer la feuille de papier sulfurisé.

Vous êtes à court de papier sulfurisé ? Pour éviter que le gâteau n'attache au moment de le démouler, placez le moule sur des serviettes en papier mouillées, dès que vous le sortez du four.

Choisissez le bon moule

Vous obtiendrez une croûte plus tendre, et plus claire, en utilisant des moules en métal brillant. Les moules en verre et anti-adhésifs foncés absorbent davantage la chaleur. Il est conseillé de suivre les instructions du fabricant. En général, il convient de réduire la température d'environ 5°C.

Astuces pour le dessus

Attendez que le gâteau ait complètement refroidi avant de le glacer. Autrement, le glaçage fondrait et coulerait sur les côtés.

Vous avez besoin d'une poche à douille pour décorer votre gâteau ? Confectionnez-en une avec un sac à congélation doté d'une fermeture à glissière. Avec une cuillère, versez le glaçage dans le sac, faites sortir l'air puis découpez un coin du sac. Pressez le sac et décorez votre gâteau facilement et proprement.

Coupez un gâteau sans faire de miettes

Essayez de couper un gâteau chaud avec un fil à couper le beurre, ou du fil dentaire, au lieu d'un couteau. Tendez le fil en le tenant par chaque extrémité et passez-le rapidement à travers le gâteau chaud. Cela sera beaucoup plus facile et évitera de mettre des miettes. Vous pouvez également utiliser du fil pour couper les gâteaux de Savoie ou les gâteaux mousseux lorsqu'ils sont froids.

Evitez les projections du batteur

Il existe une solution pour utiliser proprement un batteur à mains pour fouetter la crème ou le glaçage d'un gâteau. Découpez une feuille de papier sulfurisé suffisamment grande pour couvrir le bol. Découpez un trou au centre de la feuille. Passez les fouets du batteur à travers le trou, et fixez-les sur le batteur. Placez les fouets dans le bol et le papier sulfurisé permettra ainsi d'éviter les projections de crème.

Une fournée de biscuits bien réussie

Pour de meilleurs résultats, faites cuire vos petits biscuits sur une plaque métallique brillante, qui n'a pas de rebord sur 1 à 3 côtés. Elle doit être d'une largeur et d'une longueur inférieures de 5 cm par rapport à la grille du four. Vous n'avez pas besoin d'une plaque isolante pour empêcher les biscuits de brûler. Il vous suffit d'utiliser une vieille plaque à l'envers et de placer celle que vous allez utiliser au-dessus. C'est tout aussi efficace.

Sur la plaque, faites tous les biscuits de même diamètre et de même épaisseur afin qu'ils soient tous cuits en même temps. Faites cuire une plaque à la fois, et placez-la à mi-hauteur dans le four.

Pour des biscuits plus mous, laissez-les cuire jusqu'à ce que les bords soient légèrement dorés. Le centre peut sembler mal cuit. Laissez-les refroidir sur la plaque pendant 1 minute ou 2 avant de les mettre à refroidir sur une autre plaque. Laissez les biscuits en barre dans le moule jusqu'à ce qu'ils aient totalement refroidi, avant de les découper. Cela vous évitera de faire trop de miettes.

Des guirlandes en pain d'épice

A la St Nicolas, dans les grandes villes du nord, ou lors des marchés de Noël, un peu partout en France, les rues sont ouvertes aux camelots de tout acabit. Mais il est des étals qui attirent plus particulièrement les petits enfants. Car, devant leurs yeux réjouis, s'alignent de magnifiques silhouettes de lions, d'ours, de chats, de lapins, en pain d'épice !

Voilà une bonne idée pour confectionner une guirlande délicieusement originale, qui ravira petits et grands. Percez un petit trou au sommet de ces friandises, passez-y un bout de ficelle ou un ruban, et accrochez-les au sapin de Noël. Effet garanti !

Le choix de la boîte à gâteaux

Pour que vos biscuits restent moelleux, gardez-les dans une boîte hermétique. Si vous souhaitez, au contraire, qu'ils restent croquants, conservez-les dans une boîte avec un couvercle non hermétique. Laissez les biscuits en barre dans le moule où vous les avez fait cuire, et couvrez-les bien avec du papier aluminium ou un film étirable.

Glaces et sorbets maison

Si les personnes qui vivent sous votre toit aiment les glaces à l'eau, vous pouvez les confectionner vous-même pour un coût nettement réduit par rapport aux glaces vendues dans le commerce. Investissez dans un ensemble de moules en plastique, en vente dans les drogueries et les supermarchés. Remplissez les moules avec n'importe quelle sorte de jus de fruits, y compris le jus des fruits au sirop. Agrémentez-les de morceaux de fruits ou de gélatine aromatisée aux fruits. Vous pouvez également utiliser du yaourt ou du lait aromatisé.

Pour résister à la tentation

Si vous aimez les biscuits fraîchement sortis du four, mais que vous avez tendance à en manger trop, ce conseil est pour vous : conservez la pâte au réfrigérateur. Lorsque vous voulez des biscuits, sortez la quantité nécessaire pour en faire 2 ou 3, et faites-les cuire dans un mini-four.

Les miettes de biscuits

S'il vous reste des brisures de biscuits dont vous ne savez que faire, réduisez-les en miettes et saupoudrez-les sur vos puddings ou vos crèmes glacées. Vous pouvez également les utiliser pour faire une pâte à tarte croustillante. Pour obtenir une tasse de miettes, il faudra l'équivalent de 14 petits-beurre, de 22 gaufrettes à la vanille ou de 15 spéculos. Malaxez les miettes avec un peu de beurre et appliquez-les sur un moule à tarte.

Le sucre sans la croûte

Un pudding crémeux peut être délicieux. Gardez-le moelleux en saupoudrant un petit peu de sucre sur le dessus, tant qu'il est encore tiède. Cela permettra d'éviter la formation d'une pellicule.

Des pâtes... à tartes

Lorsque vous faites cuire une tourte, percez des trous dans la croûte supérieure pour éviter que le jus ne déborde et pour laisser la vapeur s'échapper. Piquez ensuite de petits morceaux de macaronis dans les fentes. Ils serviront d'aération pendant la cuisson de la tourte.

Comme sur un plateau

Si vous aspergez quelques gouttes d'eau sur le plat de service lorsque vous démoulez un dessert compact, il sera alors plus facile de le déplacer et de le centrer sur le plat.

Un pot de colle

Pour éviter que le miel ne colle au verre gradué lorsque vous le mesurez, vaporisez ou enduisez la cuillère ou le verre avec de l'huile de table. Le miel glissera alors facilement dans votre préparation.

Pour empêcher le miel de se cristalliser, versez-le dans une petite boîte à congélation et conservez-le au congélateur. La décongélation est très rapide.

Si le miel s'est déjà " transformé en sucre ", ne le jetez pas. Déposez le pot dans une casserole d'eau bouillante et observez le sucre disparaître. Si le contenant est en plastique, tenez-le avec des pinces sous un robinet d'eau très chaude.

Du faux sucre

Si vous avez besoin de cassonade dans une recette mais que vous n'en avez pas sous la main, ne courez pas au magasin, mais fabriquez-la vous-même. Mélangez 1 à 2 cuillerées à soupe de mélasse brune dans une tasse de sucre blanc, et vous serez incapable de faire la différence.

Un bonbon diététique

Si vos enfants ou vos petits-enfants réclament des bonbons, essayez ce substitut plus diététique. Les enfants plus âgés peuvent participer à la préparation ou les confectionner entièrement par eux-mêmes.

Mélangez une cuillerée à soupe de miel et une cuillerée à soupe de raisins secs dans une tasse de beurre de cacahuètes. Mélangez bien, puis déposez de petites cuillerées (l'équivalent d'1/2 cuillerée à café environ) dans un bol de sucre en poudre. Roulez chaque boule de ce mélange de beurre de cacahuète dans le sucre pour former un bonbon de la taille d'une bouchée. Servez-les accompagnés d'un verre de lait pour un goûter encore plus nutritif.

Un pain de sucre

Lorsque votre boîte de sucre entamée est si dure qu'il devient impossible d'y enfoncer la cuillère pour se servir, mettez un morceau de pain frais dans un sac en plastique avec le bloc de sucre durci pour le ramollir. Attendez quelques heures et vous pourrez de nouveau le mesurer.

Vous recherchez une solution plus rapide pour le ramollir ? Placez le sucre roux et une tasse d'eau qui résiste au feu dans un moule couvert. Placez-le dans un four chaud à basse température et laissez-le se ramollir rapidement sous l'action de la vapeur. Pour un résultat encore plus rapide, utilisez un four à micro-ondes.

Apéritifs

Transformez des tortillas en chips délicieuses

Confectionnez de délicieuses chips de maïs à partir de restes de tortillas. Vaporisez un petit peu de spray de cuisson anti-adhésif, puis coupez la galette de maïs en morceaux à l'aide d'une roulette à pizza. Faites-les cuire pendant 10 à 12 minutes, en une seule couche, dans un four à 200°C, jusqu'à ce qu'elles soient croustillantes.

Des crackers plus craquants

Ne jetez pas les crackers ou les céréales légèrement ramollis. Etalez-les sur une plaque à pâtisserie et passez-les au four pendant quelques minutes. Ils retrouveront instantanément leur texture craquante.

Réchauffez la pizza

Faites réchauffer les restes de pizza dans votre mini-four en position grill. Elle sera plus rapidement chaude et croustillante et cela consommera moins d'énergie qu'un four traditionnel. Assurez-vous que le côté bombé de la grille soit orienté vers le haut pour pouvoir enfourner et retirer la pizza plus facilement.

Préparez du pop-corn

Conservez les sachets de pop-corn au congélateur pour éviter qu'ils ne s'éventent. Cela permettra également de réduire le nombre de grains non éclatés lorsque vous le faites cuire au micro-ondes.

Des sandwichs imperméables

Pour empêcher votre sandwich au beurre et à la confiture de se détremper, essayez cela. Tartinez les 2 tranches de pain de mie avec une fine couche de beurre de cacahuètes, puis étalez une couche de confiture entre les deux. Ainsi, la confiture ne passera pas à travers et ne mouillera pas le pain.

Le nettoyage

Attention aux désinfectants trop puissants

Mieux vaut être prudent avec ces nouveaux désinfectants et antiseptiques anti-bactériens qui sont désormais en vente libre. Ils étaient auparavant réservés à un usage hospitalier, et parfois dans les infirmeries. Utilisés pour le nettoyage de tous les jours, ces nettoyants antibactériens longue durée peuvent détruire les "bonnes" bactéries et engendrer des formes de bactéries plus résistantes.

Un mélange dangereux

Lorsque vous faites vos tâches ménagères, ne mélangez jamais de vinaigre, ou tout autre produit, avec de l'eau de Javel ! Des vapeurs toxiques peuvent se dégager et vous rendre très malade.

Un simple savon ou détergent est tout ce qu'il vous faut pour le nettoyage ordinaire de la maison. Si vous voulez quelque chose d'un peu plus fort (pour nettoyer les ustensiles ou le plan de travail après le contact avec de la viande crue, par exemple), utilisez un produit qui s'évapore vite comme de l'eau de Javel, de l'alcool ou de l'oxygène actif. Ils éliminent les bactéries potentiellement dangereuses mais leur action est de courte durée.

Economisez avec des formules-maison

Que payez-vous exactement lorsque vous achetez ces nettoyants onéreux que l'on voit dans les publicités ? Principalement de l'eau ! Economisez de l'argent et évitez les produits chimiques puissants, en préparant vos propres nettoyants ménagers. Voici deux formules approuvées et éprouvées aussi efficaces que les plus grandes marques de produits ménagers.

Nettoyant multi-usages

30 grammes de bicarbonate de soude
20 cl de vinaigre blanc
1 litre d'eau chaude

A utiliser dans un vaporisateur ou avec un balai et une serpillière.

Déboucheur

200 grammes de bicarbonate de soude
200 grammes de sel
15 cl de vinaigre blanc

Mélangez le tout et videz-le dans les canalisations. Attendez 15 à 20 minutes avant de verser un grand seau d'eau bouillante dans le tuyau. Bonus : ce déboucheur n'abîme pas les canalisations. Par contre, n'utilisez pas cette méthode si un déboucheur du commerce a déjà été utilisé et est toujours présent dans les canalisations.

Evitez les dépenses inutiles

Ne vous laissez pas avoir par ces onéreux liquides vaisselle concentrés de marque. Utilisez la marque la moins chère possible, mais ajoutez quelques cuillerées à soupe de vinaigre dans l'eau de lavage. L'incroyable efficacité du vinaigre dissout la graisse et laisse la vaisselle parfaitement propre.

Déclarez la guerre aux bactéries

Une éponge de cuisine peut ramasser beaucoup de bactéries. Nettoyez-la régulièrement en la mettant au lave-vaisselle chaque fois que vous le mettez en marche. Ou, après avoir utilisé l'éponge, rincez-la, essorez-la et mettez-la au four à micro-ondes pendant 30 à 60 secondes.

L'histoire des tampons à récurer

Le représentant de commerce américain Edward W. Cox avait besoin d'un gadget promotionnel. C'était en 1917 et les ménagères de San Francisco n'étaient pas intéressées par ses batteries de cuisine en aluminium. S'il pouvait juste leur proposer un petit cadeau attractif, cela pourrait peut-être éviter qu'elles lui claquent la porte au nez.

M. Cox savait que l'un des principaux reproches de ses clientes était la difficulté qu'elles éprouvaient à nettoyer les aliments qui avaient attaché au fond de leurs casseroles ou de leurs poêles. Alors il se mit au travail. Il mélangea une solution savonneuse et y plongea des carrés de laine d'acier. Une fois secs, il les plongea une nouvelle fois dans la solution savonneuse. Il répéta cette opération de trempage et séchage, jusqu'à ce que les tampons soient saturés de savon séché.

En combinant la qualité abrasive de la laine d'acier et le pouvoir nettoyant du savon, M. Cox venait d'inventer les tampons à récurer. Ces tampons à récurer remportèrent un tel succès auprès des ménagères, qu'il consacra rapidement tout son temps à les produire et à les commercialiser.

Une solution antirouille pour les tampons à récurer

Un tampon à récurer humide est très efficace pour nettoyer les aliments qui ont attaché aux casseroles en métal. Mais vous est-il déjà arrivé qu'un tampon se désagrège, vous laissant une poignée de poudre de rouille dans le creux de la main ? Quelle horreur ! Mais, pas de panique, il existe une solution pour les empêcher de rouiller. Déposez-les dans un sac plastique avec une fermeture à glissière et rangez-les au congélateur, jusqu'à ce que vous ayez de nouveau besoin de les utiliser.

Détachez votre plan de travail

Les plans de travail en mélamine blanche se tachent facilement, mais ils sont également les plus faciles à nettoyer puisque vous pouvez y mettre de l'eau de Javel, sans craindre de faire passer la couleur du matériau utilisé pour le recouvrir. Si vous n'arrivez pas à retirer une tache sur un plan de travail blanc, imprégnez une serviette en papier d'eau de Javel et posez-la sur la tache. Laissez la serviette en papier toute une nuit, et la tache devrait normalement avoir disparu le lendemain matin.

Si le petit Paul a laissé de grosses auréoles de jus d'orange après son petit-déjeuner, vous ne pouvez pas laisser de l'eau de Javel sur le plan de travail toute la journée. Epongez tout l'excédent de liquide, puis versez de l'alcool à 90° sur les taches et tout autour. Au bout d'une minute environ, versez un petit peu d'eau de Javel pure sur les taches et attendez encore une minute environ. Rincez abondamment à l'eau claire et la tache devrait normalement avoir disparu.

Que faire lorsqu'une vilaine tache violette provenant d'une étiquette de prix d'un article du supermarché est restée collée sur votre plan de travail mouillé ? Vaporisez une bonne quantité de votre nettoyant ménager habituel, jusqu'à ce qu'il liquéfie la tache. Tamponnez avec de l'essuie-tout et rincez à l'eau claire. Répétez l'opération jusqu'à ce que la tache ait disparu.

Une méthode infaillible pour récurer les grilles de votre barbecue

Si vous cherchez une méthode efficace pour retirer les graisses cuites sur les grilles de votre barbecue, pliez un morceau de gaze en aluminium de 15 cm de côté jusqu'à obtenir un carré d'environ 3 cm de côté. Attendez que la grille ait suffisamment refroidi avant de commencer à frotter. Vous serez surpris de constater avec quelle rapidité le travail est fait.

Le nettoyage pour les nuls

Si vous faites partie de ces jeunes femmes d'intérieur qui reconnaissent qu'elles ne sont pas douées avec une pelle à poussière entre les mains, Donna Harp a une solution pour vous.

" Vous n'avez pas réellement besoin d'une pelle à poussière pour balayer correctement vos sols ", explique cette professionnelle du nettoyage qui, avec 4 enfants, sait à quel point le sol de la cuisine peut devenir sale. Son conseil ? " Balayez toute la saleté et formez un petit tas au milieu de la cuisine. Ensuite, mouillez une feuille d'essuie-tout et, en commençant par l'extérieur de la pile, ramassez la saleté en faisant un mouvement circulaire jusqu'à ce que vous attrapiez le milieu de la pile et laissiez le sol propre. "

Cette méthode permet d'éviter de faire voler la poussière et attrape efficacement les particules réticentes qui ont tendance à toujours vouloir sortir de la pelle à poussière. Aussi, il vous suffit de troquer votre pelle à poussière contre un rouleau d'essuie-tout et vos sols seront rapidement impeccables.

Sans casser des œufs

Lorsque vous faites tomber un œuf cru, fatalement il se brise.

Vous en avez désormais partout sur le sol de votre cuisine. Vous pouvez rapidement réparer les dégâts en saupoudrant du sel sur l'œuf. Le sel change la consistance de l'œuf et vous permet ainsi de le ramasser facilement avec une feuille de papier absorbant.

Un bouclier anti-projections

Une sauce bouillante peut éclabousser et faire des saletés. Placez une passoire en métal à l'envers au-dessus de la casserole en guise de couvercle, ce qui permettra à la vapeur de s'échapper tout en attrapant les éclaboussures chaudes. Cela vous évitera aussi de vous brûler si vous êtes trop près.

Nettoyez les recoins inaccessibles

Vous verrez qu'il est très facile de nettoyer sous le réfrigérateur lorsque vous connaissez le truc : enfilez une vieille chaussette autour d'une tapette à mouches. Cet instrument sera suffisamment plat pour que vous le glissiez profondément sous le réfrigérateur pour un nettoyage impeccable.

Pour les endroits difficilement accessibles entre les placards et sous les appareils ménagers, nettoyez la poussière avec un petit pinceau.

Une poudre à récurer

Vous ne pouvez pas passer la nuit à récurer le brûlé au fond d'une casserole. Voici une méthode plus simple. Versez du bicarbonate de soude dans le fond de la casserole, de manière à bien recouvrir les zones brûlées. Ajoutez de l'eau pour obtenir une consistance pâteuse. Laissez tremper la casserole pendant plusieurs heures, puis frottez, rincez et contemplez le résultat !

Pour nettoyer les aliments brûlés sur des plats en verre, remplissez-les d'eau bouillante et ajoutez-y 2 ou 3 comprimés pour nettoyer les dentiers. Ou laissez tremper le plat dans de l'eau additionnée de bicarbonate de soude (3 cuillerées à soupe par litre d'eau). Frottez autant que nécessaire avec une cuillère en bois ou une éponge à récurer en plastique.

Du sèche-linge à la vaisselle

Pour nettoyer une cocotte qui a pris au fond, gardez vos voiles usagés d'assouplissant pour sèche-linge. Placez 1 ou 2 voiles usagés dans le fond de la cocotte, remplissez-la d'eau chaude et laissez reposer pendant 20 minutes. Ils devraient éliminer la saleté.

Un conseil pour la vaisselle très sale

Pré-traitez les plats qui ont cuit au four avant de les mettre au lave-vaisselle (inox, verre, céramique ou porcelaine). Versez du produit à lave-vaisselle directement sur les aliments qui ont attaché, avant de mettre en marche le lave-vaisselle.

Les fourberies du Téflon®

Pour les taches tenaces sur les ustensiles de cuisine anti-adhésifs, faites bouillir 15 cl de vinaigre, 25 cl d'eau et 2 cuillerées à café de bicarbonate de soude dans la casserole sale pendant 10 minutes. Rincez et séchez. Avant de la réutiliser, badigeonnez la surface anti-adhésive avec une couche d'huile de table.

Une bataille anti-germes

Vous pouvez désinfecter les planches à découper en bois ou en plastique en vaporisant quelques gouttes de vinaigre d'alcool sur la surface avant de vous en servir. Pulvérisez ensuite un peu d'eau oxygénée. Ce mélange permet de tuer les bactéries sur la viande ou les fruits et légumes, sans altérer les aliments. Les bactéries ont besoin d'un environnement humide pour survivre au-delà de quelques heures. Veillez donc à garder vos planches à découper, et autres surfaces entrant en contact avec les aliments, sèches lorsque vous ne les utilisez pas.

Un autre moyen de tuer les germes sur et sous la surface d'une planche à découper en bois est de la mettre pendant 10 minutes dans un four à micro-ondes de 800 watts, à pleine puissance. N'essayez pas de le faire avec une planche en plastique. Les micro-ondes ne chauffent pas suffisamment les planches en plastique pour détruire les germes. Pour les planches à découper en plastique, passez une solution d'eau de Javel très diluée. Même pure, l'eau de Javel ne permet pas de désinfecter totalement les planches en bois. La composition organique du bois neutralise le désinfectant.

Evitez les dépenses inutiles

Qu'en est-il de ces planches à découper antibactériennes ? Gardez votre argent. Aux Etats-Unis, l'agence de protection de l'environnement (EPA) a demandé à au moins deux sociétés d'arrêter de les vendre, ainsi que d'autres produits ménagers antibactériens. Ceux-ci étaient traités avec un pesticide qui élimine les bactéries à l'origine des mauvaises odeurs, mais n'a aucune efficacité sur les organismes pathogènes.

Eliminez les taches rebelles

Pour vous débarrasser des taches inesthétiques sur une planche à découper en bois, commencez par la saupoudrer avec du sel de table ordinaire. Prenez ensuite un quartier de citron et frottez-le sur le sel. Si la tache est particulièrement tenace, cela ne devrait pas suffire. Dans ce cas, versez du détachant liquide pour le linge sur la tache. Laissez agir pendant au moins 10 minutes avant de bien rincer.

Un formidable nettoyant pour l'aluminium

Nettoyer une batterie de cuisine en aluminium est un jeu d'enfant. Faites briller les surfaces en aluminium lisses en les frottant avec la peau d'un citron. Pour éliminer les taches à l'intérieur des casseroles en aluminium, diluez 3 cuillerées à soupe de vinaigre dans un litre d'eau. Faites bouillir jusqu'à ce que les taches disparaissent (si votre casserole a une capacité supérieure à un litre, augmentez les ingrédients en proportions).

Pour nettoyer et enlever les dépôts de calcaire dans votre cafetière en aluminium, faites bouillir une quantité égale de vinaigre blanc et d'eau.

Nettoyez vos bouilloires

Retirez les dépôts de calcaire de votre bouilloire avec la recette suivante :

25 cl de vinaigre de cidre
2 c. à soupe de sel
25 cl d'eau

Faites bouillir ce mélange dans votre bouilloire pendant 15 minutes. Laissez tremper toute une nuit, puis rincez-la à l'eau froide.

Comment faire briller le métal

Pour nettoyer le cuivre, le bronze, le laiton ou l'étain, diluez une cuillerée à café de sel dans une tasse de vinaigre blanc. Ajoutez une quantité suffisante de farine pour obtenir une pâte. Recouvrez l'objet avec cette pâte et laissez sécher de 15 minutes à 1 heure. Rincez à l'eau tiède et faites briller avec un chiffon propre.

Pour faire briller les couverts en inox, utilisez du vinaigre blanc ou de cidre et un chiffon propre.

Mamma mia, enfin une solution !

Les boîtes en plastique avec un couvercle hermétique sont idéales pour conserver les restes. Mais si votre dîner était un plat italien ou mexicain, il peut rester une pellicule de graisse et des taches de sauce tomate. Enlevez-les en les frottant avec un peu de bicarbonate de soude sec sur une éponge ou un papier absorbant humide, avant de les laver à l'eau savonneuse. Il est possible que vous deviez recommencer cette opération plusieurs fois de suite pour faire totalement disparaître la tache.

Astiquez vos cuivres

Essayez ces techniques simples pour polir les cuivres et obtenir un brillant, sans effort :

- Nettoyez les cuivres ternis en les recouvrant d'une pâte à base de jus de citron et de crème de tartre (disponible en pharmacie) ou de bicarbonate de soude. Laissez agir pendant 5 minutes. Lavez à l'eau chaude, rincez et séchez-les en les frottant avec un chiffon.
- Saupoudrez du bicarbonate de soude directement sur le quartier de citron et frottez le cuivre avec.
- Versez du vinaigre sur les objets en cuivre ternis et saupoudrez-les avec du sel. Frottez, rincez et polissez.
- Après les avoir nettoyés, frottez les cuivres avec un petit peu d'huile d'olive. L'huile va permettre de les éclaircir et de retarder le ternissement, vous aurez donc besoin de les nettoyer moins souvent.

Secouez, agitez et rincez

Laver un vase ou une bouteille ayant une petite ouverture n'est pas toujours évident. Heureusement, voici une astuce pour économiser du temps et de l'énergie. Ecrasez des coquilles d'œufs et mélangez-les avec de l'eau et du vinaigre. Versez cette solution dans le contenant, couvrez et secouez jusqu'à ce qu'il soit propre. Rincez et c'est tout !

L'évier

Supprimez la saleté et les taches

Vous pouvez nettoyer votre évier en porcelaine en une nuit, comme par magie. Pour cela, il vous suffit d'imbiber quelques feuilles de papier absorbant avec de l'eau de Javel (portez des gants en caoutchouc pour protéger votre peau). Etalez-les au fond de l'évier, principalement sur les zones tachées. Le lendemain matin, l'évier sera parfaitement propre et désinfecté.

Si vous avez un évier en inox, vous pouvez également le faire briller en un rien de temps. Polissez-le avec un chiffon trempé dans un peu de vinaigre ou utilisez un peu de bicarbonate de soude sur une éponge. Pour enlever les stries, frottez-les avec de l'huile d'olive ou de l'eau de Seltz. Par contre, ne nettoyez jamais un évier en inox avec une poudre abrasive ou un tampon à récurer.

Un baiser salé

Expliquer d'où viennent ces traces de lèvres roses et brillantes sur votre joue et sur votre col peut être très embarrassant. Par contre, inutile de vous embarrasser avec les taches de rouge à lèvres sur les tasses et les verres. Frottez-les brièvement avec un peu de sel avant de les laver et les taches disparaîtront en un clin d'œil.

Les broyeurs

Pour garder le broyeur à ordures de votre cuisine en bon état de marche, n'accumulez pas de détritus dans le conduit avant de le mettre en route. Laissez l'appareil s'auto-alimenter. Faites couler de l'eau froide à pleine pression juste avant, pendant et quelques secondes après la mise en marche de l'appareil. L'eau facilite la descente des détritus et nettoie les conduits. L'eau froide permet également de solidifier la graisse afin qu'elle puisse passer dans le broyeur.

Vous pouvez utiliser un spray anti-moisissures contenant de l'eau de Javel pour nettoyer les canalisations et les broyeurs. Vous pouvez également verser un peu d'eau de Javel non diluée dans les tuyauteries et la laisser agir un moment avant de faire couler l'eau. Mettez l'appareil en marche pendant que vous faites couler l'eau. Cela permettra de le nettoyer, de le désinfecter et de supprimer les mauvaises odeurs.

Bouche évier

Si votre bouchon d'évier est usé et n'est plus vraiment ajusté, mettez un peu de film plastique étirable dans la grille avant d'y poser le bouchon. Vous aurez de nouveau un bouchon hermétique.

Des robinets d'une propreté éblouissante

Pour enlever les taches sur les robinets chromés et les bandes en chrome des appareils de cuisine, polissez-les avec un peu d'huile de bain sur un chiffon doux. Leur brillance vous éblouira.

Le nettoyage des appareils

Un four impeccable

Pour garder votre four propre, saupoudrez du sel ou du bicarbonate de soude sur les parois pendant qu'elles sont encore chaudes. Lorsque le four aura suffisamment refroidi, essuyez-les avec un chiffon.

Pour nettoyer un four recouvert de graisses cuites, mettez dans votre four un bol moitié eau, moitié vinaigre avec quelques gouttes de citron. Après 4 minutes d'ébullition, laissez refroidir votre four. Essuyez la saleté décollée avec de l'essuie-tout ou du papier journal. S'il reste des zones incrustées, frottez-les avec du bicarbonate de soude. Pour les zones particulièrement résistantes, utilisez de la laine d'acier ou un tampon à récurer.

Une hotte dégraissée

Pour nettoyer les filtres de votre hotte aspirante recouverts de graisses de cuisine, laissez-les tremper dans une forte solution de liquide vaisselle dégraissant et d'eau. Après les avoir plongés dans cette solution pendant une heure environ, nettoyez-les avec une brosse à vaisselle ou une vieille brosse à dents.

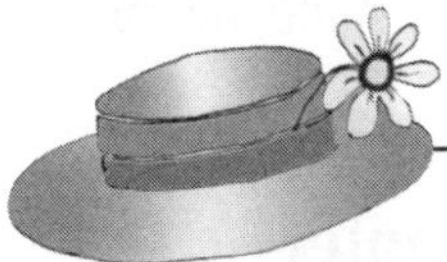

Secret d'antan

Garder une plaque de cuisson propre est l'une des tâches les plus difficiles de la ménagère. Un des meilleurs moyens d'y parvenir est d'utiliser du bicarbonate de soude. Une éponge à peine humide et du bicarbonate dégraisseront votre plaque (sans l'abîmer).

Un coup fumant

Le four à micro-ondes est l'un des appareils de cuisine les plus populaires de nos jours. Mais une forte utilisation implique de nombreuses projections d'aliments cuits sur les parois. Simplifiez-vous le nettoyage du four en faisant bouillir une tasse d'eau à l'intérieur pendant quelques minutes. La vapeur d'eau ramollit les débris et il devient alors très facile de le nettoyer. N'utilisez jamais de poudres abrasives ou de tampons à récurer pour nettoyer votre four à micro-ondes.

Donnez régulièrement un bain à votre lave-vaisselle

Parfois, le lave-vaisselle lui-même a besoin d'être nettoyé. Le premier signe est un dépôt laissé sur les verres et les assiettes. Pour le nettoyer facilement, remplissez un bol avec 25 cl d'eau de Javel et placez-le dans le panier inférieur du lave-vaisselle. Mettez le lave-vaisselle en marche en sélectionnant un cycle qui ne comprenne pas la phase de séchage. Ouvrez la machine et remplissez ensuite le bol avec 25 cl de vinaigre blanc. Sélectionnez cette fois-ci un cycle entier. Répétez si nécessaire.

Un cocktail mousseux

Le nettoyage du bol du mixeur est très simple si vous le faites juste après l'avoir utilisé. Il vous suffit de verser quelques gouttes de liquide vaisselle à l'intérieur du bol, d'y ajouter 25 cl d'eau chaude, de refermer le couvercle et de mettre l'appareil en route.

Un ouvre-boîte impeccable

Nettoyez votre ouvre-boîte électrique en faisant passer une serviette en papier dans le mécanisme. Elle retirera la saleté et laissera la lame propre et prête à l'emploi.

Un produit miracle pour nettoyer les cafetières électriques

Tous les mois environ, nettoyez votre cafetière électrique avec un mélange à parts égales de vinaigre blanc et d'eau (faites-le plus souvent, si votre eau est très dure). Versez le mélange dans le réservoir de l'appareil et mettez-le en marche. Attendez que la moitié du mélange ait coulé dans la verseuse. Eteignez alors la cafetière et laissez-la refroidir pendant environ 30 minutes. Reversez cette solution dans la machine à café, remettez-la en marche et finissez le cycle. Comptez au moins un rinçage à l'eau claire pour retirer le vinaigre et son odeur.

L'entretien de la vaisselle

Comme un sou neuf

Essayez cette formule-maison pour redonner tout leur brillant aux casseroles en cuivre ou aux pots. Cette méthode est plus économique et plus rapide que les produits vendus dans le commerce. Mélangez 3 cuillerées à soupe de sel dans un litre de vinaigre. Vaporisez le mélange sur les cuivres. Laissez reposer pendant quelques minutes, puis frottez pour les nettoyer. Si vous n'avez pas de vinaigre sous la main, vous pouvez utiliser des liquides contenant à la fois du sel et du vinaigre, comme la sauce Worcestershire, le ketchup ou le jus de la choucroute. Vous pouvez également utiliser ces nettoyants sur le laiton.

Dur comme fer

Protégez vos poêles et vos casseroles en fer contre la rouille en les frottant à l'extérieur comme à l'intérieur avec du papier sulfurisé. Pourquoi est-ce efficace ? Le papier sulfurisé dépose une fine couche de cire sur la poêle et empêche ainsi l'air d'interagir avec le métal et les moisissures. Si vous rangez les casseroles en fer plus petites en les empilant dans les grandes, glissez une feuille de papier sulfurisé entre chaque. Si de petites taches de rouille apparaissent sur vos cocottes en fonte, retirez-les en les frottant avec une moitié de citron trempée dans du sel.

Transparents comme l'eau claire

Si vos plats de cuisson en Pyrex® se ternissent à cause des dépôts minéraux, rendez-leur leur brillance en les plongeant dans une solution de vinaigre et d'eau chaude.

Testez la résistance de vos plats

Pour savoir si un récipient en verre peut être utilisé dans un four à micro-ondes, faites un petit test en y plaçant le plat vide à puissance maximale, pendant une minute. S'il est encore froid, vous pouvez l'utiliser en toute sécurité pour cuisiner. S'il est tiède, vous pouvez l'utiliser pendant quelques instants pour réchauffer des aliments. S'il est chaud, il ne doit pas être utilisé au micro-ondes.

Faites la planche

Il existe des produits sophistiqués et onéreux pour protéger votre étal ou votre planche à découper. Mais un produit de tous les jours se révèle aussi efficace que les meilleurs mélanges du commerce. Essayez de frotter de l'huile minérale (sans odeur) sur votre étal et laissez agir 15 minutes. Absorbez ensuite l'excès d'huile avec du papier absorbant et vous pourrez de nouveau recommencer à découper.

Le bois ciré

Séchez soigneusement votre saladier en bois juste après l'avoir lavé. Frottez-en ensuite l'intérieur et l'extérieur avec du papier sulfurisé. Cette légère couche cireuse permettra de boucher les petites fissures du saladier.

Les objets fragiles

Une histoire sans tache

Si votre précieuse vaisselle en porcelaine de famille est maculée de taches brunâtres après des années d'utilisation, il existe un moyen de la remettre à neuf. Mélangez à parts égales du vinaigre blanc et du sel, appliquez la solution sur la vaisselle et attendez qu'elle dissolve les taches.

Contre les taches de thé ou de café au fond de vos tasses en porcelaine, diluez 1,5 cuillerée à café d'eau de Javel dans 25 cl d'eau et versez le mélange dans la tasse. Laissez agir pendant 2 minutes environ, puis videz la tasse et rincez-la immédiatement. Pour frotter doucement les taches sur de la porcelaine très fine, utilisez du bicarbonate de soude sec. Si la porcelaine devient terne, rendez-lui son éclat avec une gelée au pétrole (Vaseline®). Frottez la Vaseline® sur la tasse, laissez agir pendant une heure environ avant de la polir.

Les lisérés d'or et d'argent

Tenez la porcelaine ou les verres avec un liseré ou une décoration en argent ou en or à l'écart de l'ammoniaque, des décapants agressifs et du bicarbonate de soude. Evitez surtout de les frotter avec des produits abrasifs.

Une blancheur d'ivoire

Les manches de vos couteaux ou de vos fourchettes en ivoire ont tendance à jaunir ? Nettoyez-les en les frottant avec un morceau de citron trempé dans du sel.

Eliminez les odeurs de cuisine

Une bonne claque aux mauvaises odeurs

Pour éviter que les odeurs d'oignon et de chou ne se répandent dans toute la maison, faites tout simplement bouillir 25 cl de vinaigre dans une casserole pendant que vous les faites cuire. Pour enlever l'odeur d'oignon dans un récipient, ajoutez une cuillerée à soupe de vinaigre dans de l'eau chaude.

Finissez-en avec les planches malodorantes

Supprimez les odeurs sur votre planche à découper en la saupoudrant de sel et en la frottant avec un linge humide. Lavez-la ensuite à l'eau chaude et savonneuse.

Un air épicé

Saviez-vous que les désodorisants d'intérieur ne désodorisent pas vraiment l'air ? Ils se contentent de cacher la mauvaise odeur avec une odeur plus forte et un parfum plus agréable. Ils endorment aussi les extrémités nerveuses de votre nez afin que vous ne perceviez pas les mauvaises odeurs. Vous pouvez remplacer les désodorisants du commerce par 2 épices culinaires courantes : la cannelle et le clou de girofle. Enveloppez-les dans un morceau de gaze pour faciliter le nettoyage. Puis, faites-les cuire ensemble pour parfumer l'air avec cette agréable odeur.

Eliminez les odeurs du broyeur

Pour supprimer les débris d'aliments et laisser une bonne odeur dans le broyeur, versez-y 1/2 douzaine de petits glaçons, mettez le système en marche et vidangez-le bien avec de l'eau froide. Introduisez ensuite la moitié d'un citron et broyez-le. Pour un désodorisant un peu moins froid, versez 25 grammes de sel, ajoutez de l'eau chaude et mettez le broyeur en marche.

Les odeurs de poubelle

Pour prévenir l'apparition d'odeurs dans les poubelles, videz-les fréquemment. Ajoutez également une pincée de borax dans le fond pour prévenir la prolifération des bactéries et des moisissures, responsables de ces odeurs.

Les odeurs du micro-ondes

Eliminez les odeurs tenaces de votre four à micro-ondes en le nettoyant avec une solution de 25 cl d'eau chaude et d'une cuillerée à soupe de bicarbonate de soude. Rincez et séchez. Ou mélangez 1 dose de jus de citron pour 3 doses d'eau dans un plat en verre. Placez-le au micro-ondes et faites-le bouillir pendant 3 à 5 minutes. Laissez refroidir, retirez l'eau et essuyez l'intérieur avec un torchon.

Plus d'odeur sur les doigts

Vous devez émincer des oignons ? Frottez-vous les mains avant, puis de nouveau après, avec du vinaigre blanc. Vous pouvez également les frotter avec le bout d'une branche de céleri. Pour faire disparaître une odeur de poisson sur vos mains ou vos ustensiles de cuisine, frottez-les avec du vinaigre et du citron. Si toutes ces méthodes se révèlent inefficaces, sortez votre dentifrice et lavez-vous les mains avec. Les ingrédients du dentifrice qui permettent de nettoyer et de rafraîchir votre bouche auront la même efficacité sur votre peau.

Les odeurs fortes

Les récipients en plastique sont très utiles pour recueillir les restes, mais les aliments très parfumés comme le Chili con carne, le pesto ou autres peuvent y laisser une odeur indélébile. Froissez du papier journal et placez-le à l'intérieur du contenant incriminé. Couvrez et laissez-le en place pendant une journée. L'odeur devrait avoir disparu lorsque vous retirerez le papier.

Les odeurs du réfrigérateur

Si vous ne parvenez pas à faire disparaître les mauvaises odeurs dans votre réfrigérateur, garnissez les étagères avec des boules de papier journal. Placez un bol d'eau sur l'étagère du haut. Vaporisez également de l'eau sur le papier journal. Faites fonctionner le réfrigérateur pendant 5 à 6 jours. Cette méthode est généralement efficace avec les odeurs fortes.

Désodorisez votre réfrigérateur

Si les odeurs résistent à un lavage normal à l'eau savonneuse, versez l'un des produits suivants dans un récipient et placez-le dans le réfrigérateur ou le congélateur malodorant. Laissez l'appareil tourner à vide pendant quelques jours :

- Charbon de bois
- Litière de chat
- Extrait de vanille de synthèse (pas d'extrait pur)
- Café moulu ou marc de café

Les appareils ménagers

Faites le plein

Votre congélateur peut vous faire gagner beaucoup de temps, et d'argent, mais pour fonctionner vraiment efficacement, il doit être aux 2/3 plein. Si vous n'avez pas assez d'aliments pour le garder aussi plein, remplissez des bouteilles en plastique avec de l'eau et placez-les dans le congélateur. Une fois que l'eau s'est transformée en glace, vous pouvez espérer une performance optimale de votre congélateur.

Le chaud et froid

Si votre réfrigérateur est placé juste à côté du four ou du lave-vaisselle, essayez de trouver un moyen de le déplacer. Cette disposition d'un appareil " chaud " à côté d'un appareil " froid " réduit l'efficacité des deux appareils. En déplaçant votre réfrigérateur, vous prolongerez sa durée de vie de plusieurs années.

Evitez les déperditions de chaleur

Pour cuisiner le plus efficacement possible, que ce soit sur une cuisinière ou au four à micro-ondes, utilisez un récipient légèrement plus grand que les aliments.

Lorsque vous faites cuire quelque chose à la casserole sur le feu, veillez à toujours mettre un couvercle. Sans couvercle, vous perdez jusqu'à 1/3 de la chaleur produite.

Sur des plaques électriques, vous pouvez éteindre la plaque environ 5 minutes avant le temps de cuisson recommandé, car le résidu de chaleur finira de cuire les aliments. Cela vaut également pour les aliments cuits au four.

Ne faites pas griller le grille-pain

Attention à ne pas surcharger les circuits électriques de votre maison. Ne branchez pas le grille-pain et la cafetière électrique, ou deux autres appareils producteurs de chaleur, sur le même circuit, au même moment. Cela pourrait faire griller un appareil ou provoquer un court-circuit. Si, cependant, votre circuit est conçu pour les gros appareils ménagers, vous pouvez les brancher tous les deux sur la même prise, sans que cela ne pose de problème.

Prévenez les courts-circuits

Ne laissez pas le grille-pain, le mixeur, l'ouvre-boîte ou tout autre petit appareil électroménager branché après l'avoir utilisé. En cas de défaillance d'un composant électrique, l'appareil pourrait prendre feu.

Prenez soin des fils

Pour que vos appareils ménagers durent le plus longtemps possible, prenez soin des fils électriques. Si le fil est vrillé ou plein de nœuds, il peut se casser et provoquer un court-circuit. La chaleur peut faire beaucoup de dégâts. Veillez donc à ce que le câble n'entre pas en contact avec une surface chaude, comme la semelle d'un fer à repasser ou la résistance du four. Evitez également d'enrouler le fil autour de l'appareil, surtout si celui-ci est chaud. Il est préférable de le ranger avec la corde repliée lâchement, à côté.

Suivez les flèches

Votre grille-pain comporte peut-être de petites flèches pour indiquer quelle fente utiliser lorsque vous ne faites griller qu'une seule tranche de pain. Mais le sens a-t-il réellement de l'importance ? Oui. L'indicateur de température est généralement situé d'un côté du grille-pain. Pour pouvoir juger si la tranche de pain est suffisamment grillée, il doit y avoir une tranche de ce côté, que l'autre côté soit utilisé ou non.

Pensez petit pour faire de grosses économies

Votre mini-four met 2 fois moins de temps à préchauffer que votre four traditionnel. Il utilise également 2 fois moins d'énergie. Il est idéal pour faire dorer ou gratiner le dessus des plats, faire griller les noix, réchauffer une part de pizza et même faire des pommes de terre au four.

Si vous avez une friteuse électrique, utilisez-la. Les friteuses normales consomment près de 3 fois plus d'énergie que les friteuses électriques. N'oubliez pas non plus votre bonne vieille cocotte-minute, elle n'est peut-être plus très à la mode mais elle cuit les aliments plus rapidement que les modes de cuisson conventionnels, tout en utilisant 50 à 75 % d'énergie en moins.

Un lave-vaisselle économique

Ménagez votre vaisselle et économisez de l'eau et de l'électricité en utilisant régulièrement le programme " porcelaine et cristal " de votre lave-vaisselle, si vous en avez un. Si vous avez des plats très sales, lavez-les à la main séparément au lieu de les mettre avec le reste dans le lave-vaisselle. Attendez toujours que votre lave-vaisselle soit plein avant de le mettre en marche.

Combattez les parasites

Eloignez les fourmis

Pour éloigner les fourmis, essuyez vos plans de travail, vos placards et vos sols avec une solution composée d'une quantité égale de vinaigre et d'eau.

Vous pouvez également verser du jus de citron dans le trou ou la fissure par lequel s'infiltrent les fourmis. Découpez la peau du citron et répandez-la autour de l'entrée pour les empêcher de passer.

En principe, les fourmis ne traversent pas une traînée d'engrais, de poudre de charbon de bois, de crème de tartre, de piment rouge, de paprika ou de menthe poivrée séchée. Découvrez donc par où elles entrent et confectionnez votre propre barrière anti-fourmis.

Un piège à fourmis

Confectionnez votre propre piège à fourmis. Utilisez une tasse (environ 25 cl) de sirop de sucre et 1/2 tasse d'eau chaude. Faites chauffer le mélange au micro-ondes pendant 40 secondes et remuez. Ajoutez 2 cuillerées à café de poudre d'acide borique et mélangez. Trouvez des petits récipients peu profonds (comme des capsules de bouteilles ou des petits morceaux de papier aluminium repliés sur les bords) et versez-y un peu de ce mélange. Disposez ces pièges à l'endroit où vous avez des fourmis, mais hors de portée des enfants et des animaux domestiques. Votre problème de fourmis sera de courte durée.

Chassez les puces avec du basilic

Pour éloigner les puces, faites pousser du basilic en pot sur le rebord de votre fenêtre de cuisine. Arrosez-le régulièrement par le bas pour qu'il dégage une odeur plus forte. Une méthode tout aussi efficace consiste à placer des feuilles de basilic séchées écrasées dans de petits bols ou de les suspendre dans des petits sachets en mousseline.

Chassez les mouches

Les mouches détestent l'odeur des agrumes. Epluchez une orange et laissez l'écorce en évidence. De même, suspendez un petit bouquet de clous de girofle ou gardez un pot de menthe fraîche sur le rebord de votre fenêtre de cuisine.

Saupoudrez du borax ou des paillettes de savon dans le fond de la poubelle, après l'avoir nettoyée et séchée, pour en éloigner les mouches.

Confectionnez votre papier tue-mouche en faisant bouillir du sucre, du sirop de glucose et de l'eau. Etalez le mélange collant sur du papier kraft et laissez-le à l'air libre ou suspendez-le dans un endroit où il attrapera les mouches.

Un coup de cafard

Eloignez les cafards en saupoudrant un mélange à parts égales de bicarbonate de soude et de sucre en poudre dans la zone infestée (le sucre les attire, le bicarbonate les tue). Repoussez également ces horribles bestioles en coupant des oranges amères en deux et en les plaçant dans les placards, dans le sous-sol...

Mélangez 100 grammes de borax avec 50 grammes de farine. Mettez le mélange dans une boîte. Percez des trous dans le couvercle et saupoudrez-le le long des plinthes et des seuils de portes. Vous pouvez également essayer avec un mélange de flocons d'avoine, de farine et de plâtre de Paris. Placez-le dans des récipients, aux endroits où les cafards sont susceptibles de se cacher. Veillez à ce que les animaux domestiques ou les enfants n'entrent pas en contact avec l'un ou l'autre de ces mélanges. Le borax est toxique s'il est ingéré.

Placez des soucoupes de vin rouge sous les meubles (utilisez le vin le moins cher possible ; inutile d'offrir de la bonne marchandise aux insectes). Les cafards marchent dedans, boivent le vin, deviennent saouls et se noient.

Un recyclage ingénieux

Une liste de course fonctionnelle

Après avoir ouvert votre courrier, gardez les enveloppes et utilisez l'extérieur pour y rédiger votre prochaine liste de commissions. Placez les bons de réduction que vous avez l'intention d'utiliser à l'intérieur de l'enveloppe, et vous voilà prêt pour votre prochaine visite au supermarché.

Une nouvelle vie pour vos bidons de lessive

Fabriquez un dévidoir à sacs plastique très pratique, à partir d'une vieille bouteille de lessive liquide propre. Découpez une ouverture d'environ 10 cm de diamètre, sur le côté. Lorsque vous avez fini de ranger vos courses, enfoncez les sacs en plastique, un à un, à travers le trou. Lorsque vous voudrez en utiliser un, il s'extraira facilement tandis que les autres resteront en place.

Recyclez les plastiques du teinturier

Recyclez les sacs en plastique qui viennent de la teinturerie. Il vous suffit de faire un nœud à l'extrémité comportant le trou pour le cintre et de l'utiliser comme sac poubelle.

Un sac à commissions plus stable

Utiliser un sac à commissions en toile plutôt qu'en plastique ou en papier est un bon choix pour l'environnement. Mais il est également plus mou et peut donc se renverser, laissant les bouteilles ou les boîtes de conserve rouler au fond du coffre de la voiture, où il est difficile de les attraper. Pour résoudre ce problème, découpez une planche de contreplaqué aux dimensions du fond de votre sac de toile. Les articles pourront ainsi tenir à la verticale et ils seront plus faciles à récupérer lorsque vous rentrerez de courses.

Mesures de sécurité dans la cuisine

Prévention des incendies

Gardez toujours un extincteur multi-usages à portée de main. Si vous en utilisez un contre le feu de friture, faites attention à ne pas vaporiser de la graisse brûlante en dehors de la friteuse.

Si les flammes sont petites, il sera peut-être plus rapide d'étouffer le feu avec un couvercle bien hermétique et de couper la source de chaleur. Attendez que le couvercle ait refroidi avant de le retirer. Ne soulevez jamais la friteuse pour la porter dehors. Vous pouvez également éteindre ce genre d'incendie avec du bicarbonate de soude, mais n'utilisez jamais de farine, ni d'eau.

Si le feu se déclenche dans le four, vous pouvez utiliser une méthode similaire pour l'étouffer. Laissez la porte du four fermée et éteignez le thermostat. Le feu devrait s'éteindre de lui-même.

Evitez les projections brûlantes

Souvenez-vous que l'huile et l'eau ne se mélangent pas. Lorsque vous cuisinez un plat qui contient de l'huile chaude, n'y ajoutez jamais d'eau. De la graisse bouillante pourrait gicler et vous brûler.

L'Organisation

Les accessoires

Accrochez les cadres

Accrocher des cadres dans votre maison sera un jeu d'enfant si vous suivez ce conseil ingénieux. A chaque fois que vous voulez accrocher une photo ou une peinture, utilisez du papier journal ou du papier kraft pour confectionner un patron en papier. Pour ce faire, posez l'objet à plat, tourné vers vous, sur le papier et tracez-en le contour avant de découper la forme. Utilisez du ruban de masquage ou du Scotch® transparent pour coller les patrons sur le mur et tester la disposition du tableau. Changez la disposition autant de fois que vous le souhaitez, jusqu'à ce qu'elle vous convienne. Enfoncez ensuite le clou à travers le papier. Le papier se déchire facilement et vous n'aurez pas percé de trous inutiles dans votre mur.

Empêchez-les de pencher

Le cadre était accroché bien droit sur le mur, mais à cause des vibrations des personnes qui passent devant, il se trouve désormais tout penché. Pour qu'il reste dans la bonne position, enroulez un élastique autour du fil de fer servant à accrocher le cadre, pour marquer l'endroit exact où accrocher le cadre droit. Enroulez du ruban adhésif plusieurs fois autour du fil de fer, de chaque côté de l'élastique. Retirez l'élastique et accrochez le tableau. Les petits morceaux de ruban adhésif l'empêcheront de se déplacer de nouveau.

Recyclez vos napperons

Vous ne pouvez pas vous débarrasser de ces napperons brodés dont vous avez hérités de la tante Jeanne ? Mais que pouvez-vous en faire ? Faites-en bon usage.

- Un napperon encadré sur un fond assorti aux teintes de votre pièce devient une œuvre d'art.
- Pour un petit cadeau ou une attention particulière, faites un emballage unique. Passez un morceau de ruban fin tout autour d'un napperon et serrez-le pour former une poche décorative pour votre cadeau.

Décorez les bougies

Fatigué des bougies uniformes ? Vous pouvez les parer d'un décor printanier en collant des fleurs séchées à la surface. Achetez des fleurs séchées, ou faites-les vous-même en cueillant des fleurs en boutons et des feuilles fraîches que vous placerez entre des feuilles de papier sulfurisé. Posez plusieurs livres lourds sur le dessus, et au bout d'1 semaine ou 2, les fleurs seront prêtes à l'emploi. Achetez de la paraffine en droguerie ou au supermarché, ou recyclez de vieilles bougies blanches.

Dans une boîte de conserve placée dans une casserole remplie d'eau, faites fondre un peu de paraffine jusqu'à ce qu'elle devienne transparente (si la cire commence à fumer, c'est qu'elle est trop chaude). Appliquez un peu de cire sur la bougie à l'aide d'un pinceau, puis placez une fleur séchée sur la cire, en vous aidant d'un cure-dent. Recouvrez la fleur de cire chaude avec le pinceau et peaufinez avec un pinceau plus fin, tout en continuant à faire tenir la fleur en place. 1 ou 2 fines couches de cire sont, en principe, suffisantes.

Nettoyez vos cendriers

De moins en moins de personnes fument de nos jours, mais si certains de vos amis ou des membres de votre famille sont fumeurs, les cendriers font toujours partie de votre vie. Nettoyez les cendriers avec une pâte de bicarbonate de soude et d'eau, pour enlever l'odeur de tabac froid. Vous pouvez également saupoudrer un peu de bicarbonate dans le fond du cendrier, avant de vous en servir, pour éviter que les cigarettes continuent de fumer et pour en atténuer l'odeur.

Un coup de pinceau sur les poussières

Un pinceau propre et sec peut être un instrument merveilleux pour dépoussiérer. Utilisez un pinceau assez petit, à poils doux, pour dépoussiérer les bibelots en porcelaine, en résine et en bois, ainsi que les ordinateurs et les machines à coudre.

Un pinceau doux est également efficace sur les abat-jour.

Les pinceaux plus gros, à poils rêches, font du bon travail sur les meubles sculptés, les rebords de fenêtres, les paniers et les meubles en osier.

Nettoyez vos bibelots

Si vous avez beaucoup de petits bibelots en verre, en porcelaine ou en poterie, essayez de les laver plutôt que de les dépoussiérer. Vous économiserez du temps et de la peine, et les objets seront beaucoup plus propres. Utilisez un plateau pour faire l'aller-retour vers la cuisine, et trempez-les simplement dans l'eau savonneuse, rincez-les et mettez-les à sécher sur une serviette.

Pour nettoyer un objet plus gros et fragile, placez-le sur une serviette éponge, pliée dans votre évier. Arrosez-le de produit à vitres ou vaporisez un nettoyant pour chandeliers, puis rincez-le au bout de quelques minutes, en vaporisant de l'eau. Placez-le sur une autre serviette épaisse afin qu'il sèche.

Camouflez les tasses ébréchées

Une tasse en porcelaine ou une tasse à café ébréchée n'est peut-être plus assez belle, ni recommandée pour boire dedans, mais elle peut faire un mignon petit cache-pot de fleur sur le rebord d'une fenêtre ou sur une table. Tournez simplement la zone ébréchée vers l'arrière, et personne ne verra le défaut.

Protégez vos meubles

Les accessoires de décoration en poterie, métal et pierre peuvent ajouter une touche charmante au décor de votre maison. Mais ils peuvent aussi rayer la surface de vos meubles, si vous ne faites pas attention. Collez des tampons en feutre ou en liège bon marché sous chaque pot, bol ou sculpture, afin de préserver la surface de vos meubles.

Dans la salle à manger

Retirez la cire de bougie

Décollez la cire de bougie fondue sur les bougeoirs, les chandeliers ou les meubles avec une cuillère en plastique. Cela permettra de retirer la cire sans rayer.

Empêchez-les de couler

Pour éviter que la cire qui fond ne coule sur vos bougeoirs, mettez les bougies au réfrigérateur pendant plusieurs heures avant de les allumer.

Recyclez vos nappes

Si votre nappe favorite est désormais criblée de gros trous que vous ne parvenez plus à cacher avec les assiettes, pensez à la recycler. Découpez-la en larges carrés ou rectangles, et ourlez les bords à la main ou à la machine pour en faire des torchons ou des sets de table. Vous pouvez également arrêter les bords avec du tissu coupé en biais, ou un biais bordé dans un coloris assorti.

Des serviettes vite faites et bien faites

Evitez les dépenses et gaspillages quotidiens de serviettes en papier, en utilisant des serviettes en tissu pour les repas de tous les jours. Achetez des serviettes en coton de bonne qualité, ou utilisez des torchons avec de jolies couleurs. Les petites serviettes de toilette, qui sont bien finies de tous côtés, peuvent également être utilisées comme serviettes de table.

Identifiez les serviettes afin que chaque membre de la famille ait la sienne. Vous pouvez, par exemple, broder un monogramme dans le coin de chacune d'elles ou acheter, tout simplement, une couleur différente pour chacun. Lorsque vous achetez vos serviettes, choisissez des teintes qui ne soient pas trop éloignées de celles de vos vêtements ou de votre linge (pas de rouge vif, par exemple, si votre famille s'habille principalement en beige). De cette façon, vous pourrez facilement les laver avec le reste du linge, au lieu de devoir les laver séparément.

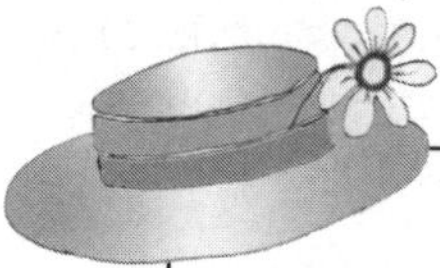

Secret d'antan

Les découpes effilochées des nouvelles nappes qui ne sont pas encore ourlées sont le meilleur matériau que vous puissiez utiliser pour raccommoder les trous ou les zones élimées des vieilles nappes.

Household Hand Book, 1860

Et que ça roule !

Pour ramasser facilement une traînée de poussière ou de terre séchée sur la tapisserie de vos fauteuils ou sur une nappe, utilisez une brosse à habits adhésive en rouleau. Si vous n'en avez pas, utilisez du ruban adhésif enroulé autour de vos doigts.

La salle de bains

Deux en un

Lorsque vous utilisez la dernière lamelle de savonnette et que vous vous apprêtez à en ouvrir une autre, mouillez-les toutes les deux. Puis, faites mousser légèrement la nouvelle savonnette et collez le petit bout restant au-dessus. Les deux savonnettes n'en formeront plus qu'une et vous éviterez le gaspillage.

Dissimulez les vieux morceaux de savon

Voici un autre moyen d'utiliser les derniers bouts de savon : glissez-les dans une éponge de toilette. Pour en confectionner une, prenez une éponge de ménage neuve et utilisez un couteau pointu pour découper une petite poche à l'intérieur de celle-ci. Insérez des petits copeaux de savon et utilisez cette éponge à la place de votre gant de toilette lorsque vous prenez un bain ou une douche.

Des glaces sans trace

Garder les portes en verre de la douche propres est une tâche sans fin. Après avoir nettoyé la vitre, essuyez-la avec un peu d'essence de citron pour l'empêcher de se ternir.

Shampouinez la baignoire

Votre baignoire est grasse à cause des résidus d'huile de bain ou autres salissures ? Il existe un produit dans votre salle de bains qui permettra de la nettoyer en un éclair. Versez un peu de shampooing sur un chiffon et frottez les auréoles de graisse, sans effort.

Eliminez les moisissures

Inutile de dépenser des fortunes pour nettoyer les moisissures ou les champignons sur le carrelage ou dans la douche. Versez de l'eau de Javel dans un vaporisateur, collez une étiquette " Javel " sur la bouteille et vaporisez le produit sur les moisissures. Méfiez-vous toutefois, car les vapeurs de Javel sont irritantes et veillez à ne pas en vaporiser dans vos yeux ou sur vos vêtements.

Les rideaux de douche

Si votre baignoire ou votre douche est entourée d'un rideau de douche, secouez-le après chaque douche et laissez-le tomber à l'extérieur de la baignoire. Cela permettra d'éviter la formation de moisissures sur le rideau et dans la douche. Si le rideau est recouvert de moisissures, vous pouvez le laver à la machine avec de la lessive et un peu de Javel.

Une zone anti-moisissures

Eviter l'apparition de moisissures et de champignons dans une salle de bains est un gros problème pour de nombreuses personnes. En tant que professionnelle du nettoyage de maison, Donna Harp sait combien il est difficile de tenir cette pièce propre. Elle recommande de décaper le carrelage et les joints en les frottant vigoureusement, puis de garder l'habitude de bien les nettoyer.

" Vaporisez les zones à problèmes avec un spray anti-moisissures ou un nettoyant multi-usages, plusieurs fois par semaine, avant de rentrer dans la douche ", conseille-t-elle. " Puis, prenez une minute pour brosser les murs et les rincer. Ventilez bien la pièce lorsque vous utilisez des produits chimiques puissants. "

Passez l'éponge

Pour nettoyer votre douche plus rapidement et plus facilement, essayez d'utiliser un balai-éponge. Cela vous évitera de rentrer dans la douche pour passer l'éponge sur toutes les surfaces, et protégera votre dos et vos genoux. Vaporisez le produit nettoyant de votre choix sur le balai-éponge et donnez un coup dans la douche. Rincez l'éponge et repassez-la une nouvelle fois sur les parois de la douche. Si besoin, vous pouvez ensuite passer ce balai-éponge sur le sol de la salle de bains, sans avoir à changer d'instrument.

A toute vapeur

Lorsqu'il est temps de s'attaquer au nettoyage de la douche, facilitez-vous la tache en tournant le robinet d'eau chaude au maximum, pendant une minute environ. La vapeur de la douche accélérera le processus, en ramollissant la saleté.

Un abri anti-laque

Rentrez dans la cabine de douche lorsque vous vous laquez les cheveux. Cela évitera que le sol et les autres objets de la salle de bains deviennent collants. La douche est, de toutes façons, rincée tous les jours. Si vous avez de la moquette dans la salle de bains, cela permettra de prévenir l'accumulation de poussière et de saleté sur le sol.

Rapiécez les rideaux de douche

Si votre rideau de douche en plastique est encore en bon état à l'exception d'une déchirure, rapiécez-le avec de l'adhésif résistant. Le ruban de masquage et le ruban adhésif transparent ne résisteront pas à l'humidité. Essayez avec de l'adhésif de fixation (avec des fibres tissées à l'intérieur) ou d'emballage, qui est fin, large et de couleur marron clair. Assurez-vous que le rideau est propre et sec avant d'appliquer l'adhésif, et collez-le avec soin afin que l'eau ne puisse pas s'infiltrer au-dessous. La durée de vie de votre rideau s'en trouvera grandement prolongée.

Changez le revêtement de la baignoire

Si vous devez changer le revêtement de votre baignoire, commencez par enlever complètement l'ancien revêtement. Nettoyez ensuite toute la zone et enfin, passez de l'alcool à 90° sur les surfaces. Cela permettra d'enlever tous les résidus de graisses ou de savon, ainsi que de désinfecter l'intérieur contre les moisissures ou les champignons éventuels. Votre nouveau revêtement adhérera merveilleusement bien.

Un nettoyant simple et efficace

Vous pouvez faire un bon nettoyant ménager en diluant 100 grammes de borax dans 3,5 litres d'eau chaude. Cette solution permet également de désinfecter la salle de bains.

Une pincée par jour

Récupérez un petit pot d'épice avec son bouchon saupoudreur, que vous garderez près du lavabo de la salle de bains. Remplissez-le de bicarbonate de soude et versez-en quotidiennement sur une éponge pour garder votre lavabo et vos robinets d'un brillant étincelant.

Si la porcelaine est tachée, faites disparaître les taches en les frottant légèrement avec de la crème de tartre sur un chiffon humide.

Un brillant sans effort

Si vous avez besoin de faire briller votre salle de bains rapidement, sortez la bouteille d'alcool à 90° et un chiffon doux. L'alcool isopropylique fait briller les robinetteries en chrome et nettoie les pellicules de laque sur les miroirs.

Protégez l'émail

Si vous avez un lavabo ou une baignoire en métal émaillé, vous devez les traiter avec plus de soin que vous ne le pensez. Evitez les poudres à récurer. Si vous devez néanmoins en utiliser, choisissez le grain le plus fin que vous puissiez trouver. Les abrasifs puissants sont en principe inutiles, sauf si la surface a déjà été rayée. Il peut alors être nécessaire d'utiliser un nettoyant abrasif pour retirer la saleté, mais allez-y le plus doucement possible.

Voici quelques petites astuces supplémentaires pour garder vos installations émaillées en excellent état :

- Vous avez peut-être entendu dire que l'acide chlorhydrique peut enlever les taches tenaces sur de la porcelaine émaillée par exemple ? N'en achetez pas. Vous enlèverez peut-être les taches, mais vous retirerez également une partie de l'émail. Même l'acide acétique, présent dans le vinaigre, est trop puissant.

- Si vous utilisez de l'eau de Javel ou de l'oxygène actif pour détacher votre baignoire ou votre lavabo, ne les utilisez pas purs. Ne les laissez pas sur la surface plus de quelques secondes et rincez abondamment.
- Pour nettoyer vos appareils sanitaires en émail sans risquer de les abîmer, vous pouvez utiliser une éponge humide saupoudrée de bicarbonate de soude.

Faites briller les chromes

Pour ramollir et enlever les dépôts calcaires solides autour des poignées de vos robinets en chrome, trempez des feuilles d'essuie-tout dans du vinaigre blanc et entourez-les autour des dépôts. Revenez une heure après, enlevez l'essuie-tout, essuyez les robinets et ils seront comme neufs.

Si votre lavabo est en porcelaine émaillée, veillez à appliquer les feuilles imbibées de vinaigre sur le chrome et non sur la porcelaine, qui pourrait être attaquée par l'acidité du vinaigre.

Allongez le savon

Le savon liquide est extrêmement pratique, mais nettement plus onéreux que les traditionnelles savonnettes. Voici quelques conseils pour faire durer vos bouteilles de savon liquide le plus longtemps possible :

- Dès que la bouteille est à moitié vide, remplissez-la d'eau et agitez-la doucement pour mélanger. Le savon vous lavera toujours les mains aussi efficacement, mais à moitié prix.
- Dès que vous avez acheté le premier distributeur de savon, rechargez-le avec un autre savon coupé avec de l'eau. Si la bouteille est un peu sale, brossez-la avec une vieille brosse à dents.
- Au lieu d'acheter des recharges de savon liquide, utilisez la marque de shampooing la moins chère. Vous pouvez également le diluer

avec de l'eau et en trouver de différents parfums. Les grosses bouteilles sont moins onéreuses que les recharges.

- Faites votre propre savon liquide en trouvant enfin une utilité à vos vieux restes de savon. Cassez les morceaux en petits copeaux et mettez-les dans le mixeur avec un peu d'eau chaude. Mixez, puis versez le mélange savonneux dans les distributeurs à savon.

L'entretien des toilettes

Un nettoyage rapide

Vos invités arrivent demain et vous aimeriez nettoyer et rafraîchir les toilettes, mais vous n'avez vraiment pas le temps. Faites-le sans effort, en une nuit. Déposez 1 ou 2 comprimés effervescents pour nettoyer les prothèses dentaires dans la cuvette des toilettes avant d'aller vous coucher, et le lendemain matin, donnez un petit coup avec la brosse.

Un nettoyage pratique

Oubliez les nettoyants WC onéreux. Tirez la chasse d'eau pour mouiller la cuvette et saupoudrez un peu de poudre à récurer sur les zones tachées. Après avoir laissé agir quelques instants, donnez un coup de brosse. Utilisez un nettoyant ménager multi-usages liquide ou en spray sur la lunette. La poudre à récurer risquerait de laisser des grains.

Un nettoyage original

Pour nettoyer vos toilettes de manière originale et laisser une petite odeur d'agrumes dans la salle de bains, saupoudrez 1/2 tasse de jus d'orange en poudre (Tang®) dans vos toilettes. Laissez agir pendant quelques heures avant de tirer la chasse d'eau.

De bons conseils pour vos toilettes

Vos toilettes peuvent durer au moins 50 ans si vous les entretenez correctement (et ne vous lassez pas de la couleur verdâtre que vous avez choisie). Voici ce qu'il faut et ne faut pas faire :

- Remplacez la balayette de vos toilettes lorsque les poils sont courbés ou usés. Si la moindre partie de métal de la brosse entre en contact avec la cuvette des toilettes, elle peut rayer la porcelaine de manière irréversible.
- Ne frappez pas les toilettes avec un objet dur, pas même pour dévisser un raccord. Une cuvette fêlée n'est pas réparable.
- Utilisez de l'huile ou tout autre type de lubrifiant pour dévisser un raccord.
- Ne vous asseyez pas et ne montez pas debout sur le couvercle de la lunette des toilettes. Il n'est pas conçu pour ce type d'utilisation.
- Ne posez pas d'objets lourds ou de petits objets épars au-dessus du réservoir de la chasse d'eau. Vous risqueriez de le fêler ou de faire tomber un petit objet dans la cuvette. L'un et l'autre peuvent occasionner des réparations ou des remplacements coûteux.

Le nettoyage général

Un nettoyant multi-usages

Le vinaigre est l'élément principal de votre arsenal de produits ménagers non toxiques. Essayez les préparations suivantes pour votre nettoyage quotidien :

Les cuivres : frottez-les avec une pincée de sel et du vinaigre.

La baignoire : retirez la pellicule de crasse avec du vinaigre pur, si la surface n'est pas en porcelaine émaillée.

Les vitres : vaporisez un mélange constitué d'eau distillée et de vinaigre en quantités égales et essuyez avec un chiffon propre.

Les joints de carrelage : pour enlever les taches et les moisissures, appliquez directement une solution de vinaigre et essuyez.

Décrochez les crochets

Pour retirer les crochets adhésifs sur des murs peints, utilisez du vinaigre blanc pur, chauffé au four à micro-ondes. Trempez une éponge ou un linge dans le vinaigre chaud et imbibez-en l'adhésif. Au bout de quelques minutes, vous devriez pouvoir le décoller facilement. Cette méthode peut également être utilisée pour décoller les étiquettes adhésives sur le verre, la porcelaine et le bois.

Dépoussiérez vos meubles

Une méthode plus simple, et plus efficace, que le chiffon à poussière consiste à utiliser une vieille chaussette de tennis. Enfilez-la autour de votre main et essuyez dessus, derrière et dessous tous les coins et recoins.

Dépoussiérez les lattes

Pour nettoyer les portes à claire-voie, utilisez une chaussette ou un morceau de tissu en coton, enroulé soigneusement autour d'une règle en plastique, d'une spatule ou d'un pinceau rigide. Fixez éventuellement la chaussette ou le tissu avec un élastique. Vaporisez un produit antistatique ou imbibez le tissu d'alcool à 90° et passez-le entre chaque latte, pour bien les nettoyer. Cette méthode est également très utile pour les stores vénitiens.

Comment venir à bout de la poussière

Etes-vous constamment en train de faire la chasse aux poussières dans votre maison ? Une façon de gagner la bataille est d'attraper la poussière en vol. Donna Harp, cette spécialiste de l'entretien de la maison, nous donne quelques bons conseils. " Veillez à remplacer les filtres de la chaudière et de l'air conditionné régulièrement. C'est la première ligne de défense contre la poussière et la saleté. Vous devez également nettoyer fréquemment les bouches d'aération au sol ou au plafond, car c'est là que se loge la poussière. Vous pouvez enlever le gros de la poussière avec les accessoires de l'aspirateur mais, de temps en temps, vous devez enlever les grilles et bien les nettoyer avec de l'eau et du savon."

Les ventilateurs de plafond sont également des nids à poussière. Voyons ce que nous conseille Donna. "Lorsque vous nettoyez vos plafonniers, ne vous contentez pas de les dépoussiérer (la poussière volerait dans toute la pièce). Utilisez un chiffon et un peu d'eau chaude savonneuse dans un seau pour laver les pales et les laisser vraiment propres."

Un gant à poussière

Un autre moyen de dépoussiérer facilement vos meubles est d'utiliser un gant pour nettoyer les voitures. Vaporisez un peu de spray antistatique ou d'encaustique sur le gant, et il ne vous restera plus qu'à caresser vos meubles pour bien les nettoyer. Lorsque le gant est sale, mettez-le à la machine à laver et laissez-le sécher à l'air libre

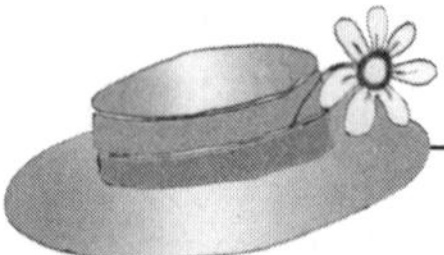

Secret d'antan

Gardez ce vieux balai que vous étiez sur le point de jeter, coupez les poils, puis attachez un vieux chapeau en feutre (ou un morceau de flanelle ou de moquette) autour du pied. Vous voilà maintenant en possession d'une formidable cireuse à parquets.

1003 Household Hints and Work Savers, 1947

L'autre utilité de la litière

Même si la litière à chat est souvent associée aux mauvaises odeurs, non usagée elle constitue au contraire un excellent désodorisant. Versez-en un petit peu dans le fond de la poubelle pour absorber les mauvaises odeurs. Changez la litière au bout d'une semaine environ, ou lorsqu'elle a pris l'humidité. La litière peut aussi être utilisée pour prévenir les odeurs de moisi dans une maison qui va rester inhabitée pendant quelques temps. Placez simplement une boîte peu profonde, remplie de litière, dans chaque pièce.

Une poudre anti-tache

Contre les taches de graisse sur vos meubles capitonnés, appliquez du talc généreusement et frottez-le sur la tache. Laissez-le agir un moment jusqu'à ce qu'il ait absorbé la graisse, puis brossez le fauteuil avec une brosse à poils durs, ou une vieille brosse à dents propre.

Le rangement

Les boîtes noires

Utilisez les étuis en plastique des pellicules photos de 35 mm pour ranger les petits objets comme les trombones, les boutons ou les punaises. Recyclez les boîtes de café métalliques pour y ranger les clous et les vis.

Mettez la balle dans votre camp

Gardez les boîtes de balles de tennis vides pour y ranger les objets épars comme les bobines de fil, les mèches de perceuse ou les attaches. Collez une bande Velcro® sur le couvercle et l'autre partie adhésive sur un panneau perforé ou au mur, pour y suspendre les boîtes.

Pouponnez vos affaires

Réutilisez les petits récipients avec des couvercles, comme les petits pots de bébé, en clouant les couvercles au-dessous d'une étagère et en vissant les pots sur les couvercles ainsi fixés. C'est un bon moyen de ranger les petits objets comme les clés et les boucles d'oreilles.

Chaque chose à sa place

Les experts en organisation de la maison ne jurent que par l'axiome "une place pour chaque chose et chaque chose à sa place". Suivez leur exemple en créant des emplacements spécifiques pour le nécessaire de tous les jours. Par exemple, suspendez les clés de la voiture à un crochet près de la porte du garage, placez le courrier qui n'a pas encore été lu dans un panier en osier sur le bureau, posez le journal près de la télévision. Veillez également à trouver un emplacement permanent pour les objets dont vous vous servez souvent, comme les ampoules électriques, les piles ou le matériel de nettoyage.

Le carnet d'adresses

C'est une bataille permanente pour garder un carnet d'adresses à jour et lisible. Lorsque votre ancien carnet est bon à mettre au rebut, transférer les informations dans un nouveau carnet est une tâche fastidieuse. Essayez plutôt de noter vos adresses et vos numéros de téléphone sur des fiches et de les ranger dans une boîte. Utilisez de plus grandes fiches pour y noter d'autres types d'informations comme les adresses professionnelles, les dates d'anniversaire ou les explications pour se rendre chez un ami. Lorsque les adresses ne sont plus valides, jetez les vieilles cartes et gardez les autres.

Les journaux et les magazines

Si vous ne pouvez absolument pas vous séparer de ces magazines qui vous ont coûté les yeux de la tête, découpez les articles qui vous intéressent le plus et gardez-les. Prenez plusieurs pochettes et étiquetez-les en fonction de vos centres d'intérêt. Passez en revue chaque magazine et détachez les pages qui contiennent des articles sur ces thèmes spécifiques, puis agrafez-les ensemble et rangez-les dans les pochettes. Commencez par les magazines que vous avez déjà achetés, et chaque fois que vous en achetez un nouveau, suivez la même procédure. Vous serez surpris de voir le peu de place que prennent tous ces articles, comparés aux magazines entiers. Rapidement, vous n'aurez plus de magazines qui traînent.

Le recyclage du papier

Si vous avez un ordinateur et une imprimante à la maison, pensez à recycler votre papier imprimé. Lorsque vous imprimez une lettre ou un rapport qui n'est pas parfait, ne jetez pas le papier à la poubelle. Mettez-le sur une pile réservée au papier recyclé. Utilisez l'autre face de la feuille lorsque vous savez que ce que vous écrivez n'est qu'un "premier jet". Vous utiliserez votre papier au maximum et ferez des économies, tout en protégeant l'environnement.

Des range-revues insolites

Des piles de magazines jonchent le sol de votre appartement et vous en avez assez de ce désordre ? Fabriquez des range-revues gratuitement, en coupant en diagonale la partie supérieure des boîtes de céréales vides. Vous pourrez ainsi y ranger proprement vos revues à la verticale, sur une étagère. Pour ajouter une touche décorative, recouvrez les boîtes de joli papier peint ou de papier adhésif.

Les objets trouvés

Utilisez un petit panier à linge ou une boîte en plastique pour y ranger les objets hétéroclites dont il manque une partie, comme les chaussettes dépareillées, ou séparés de l'original, comme une pièce d'un jeu ou une vis trouvée sur le sol. Inscrivez un gros point d'interrogation sur la boîte. Puis, fouillez régulièrement dans cette boîte, quand vous avez un moment, pour essayer de trouver d'où viennent ces objets.

Un kit de nettoyage

Pour faire le moins de désordre possible et éviter que les produits de nettoyage dangereux ne se renversent, disposez-les à la verticale dans une caisse en plastique, sous votre évier. Si vous utilisez certains produits dans toute la maison, rangez-les dans un panier à bouteilles en plastique pour pouvoir tous les transporter en une seule fois.

Mettez tout à plat

Vous venez d'acheter un ordinateur et vous pensez déménager d'ici un an ou deux. Vous voulez donc garder son emballage d'origine. Malheureusement, vous n'avez nulle part où ranger ce volumineux carton. Il vous suffit de décoller le ruban adhésif qui le maintient et de l'aplatir. Vous pouvez alors le glisser sous un lit ou dans le fond d'une armoire. Si vous ne savez pas où ranger l'emballage en polystyrène, essayez de le recycler ou jetez-le, si vous ne pouvez pas faire autrement. Au moment de déménager, vous pourrez toujours le remplacer en remplissant le carton de papier journal ou de vieux chiffons, pour transporter votre ordinateur en toute sécurité.

Un panier à serviettes

Si vous n'avez aucun placard dans votre salle de bains pour ranger vos serviettes, utilisez un petit panier où vous rangerez les serviettes à mains près du lavabo, et un gros panier sur le sol pour entreposer les serviettes de bain. Vous pourrez ranger davantage de serviettes dans le panier si vous les roulez et les faites tenir à la verticale.

Problèmes électriques

Que faire si les plombs sautent ?

Chaque membre de la maison devrait savoir où se trouve le compteur d'électricité, le tableau des fusibles, à quoi il sert et comment changer un fusible. Si ce n'est pas le cas, prenez quelques instants pour former toute la famille. Cela vous évitera de perdre du temps et de rencontrer des problèmes la prochaine fois que les plombs sauteront.

Un plan détaillé

Pendant que vous y êtes, découpez quelques morceaux de ruban de masquage et étiquetez chaque fusible ou coupe-circuit du coffret. Sur chaque morceau d'adhésif, écrivez la pièce ou la zone principale desservie par un fusible particulier. Ainsi, en cas d'urgence, vous serez capable de savoir, en un coup d'œil, quel fusible il faut remplacer. La plupart des coupe-circuits contiennent une sorte de plan à l'intérieur de la porte, un peu comme un arbre généalogique. Si le vôtre n'en a pas, vous pouvez en dessiner un sur une feuille de papier, ou utiliser des étiquettes adhésives.

Lorsque le temps s'arrête

Si votre horloge ancienne s'arrête, mettez-la à l'envers pendant quelques jours. Cela permet de répartir l'huile dans le mécanisme afin qu'elle puisse redémarrer.

Recyclez les bougies d'anniversaire

Un orage approche et vous vous attendez à des vents violents et à d'éventuelles coupures de courant. Bien sûr, une bonne lampe torche avec suffisamment de piles serait l'idéal. Mais pensez également aux bougies de secours qui peuvent brûler pendant longtemps. Si vous n'en avez pas, pas de panique. Prenez un pot de gel de pétrole et allez chercher les vieilles bougies d'anniversaire dans la cuisine. Plantez une bougie d'anniversaire au milieu du pot, et allumez-la lorsque ce sera nécessaire. Cette bougie maison devrait brûler plusieurs heures.

Dévissez une ampoule cassée

Que faire si une ampoule électrique se brise alors que vous essayez de la dévisser ? Appelez les légumes à la rescousse ! Tout d'abord, assurez-vous que le courant est éteint. Avec un marteau, cassez les morceaux de verre qui restent accrochés au-dessus d'une poubelle. Ensuite, coupez le tiers supérieur d'une pomme de terre et enfoncez-la dans la douille. En tenant la pomme de terre, vous pourrez alors dévisser le reste de l'ampoule et la changer, sans vous blesser.

Gagnez de la lumière

Saviez-vous qu'une ampoule incandescente recouverte de poussière produit 2 fois moins de lumière qu'une ampoule propre ?

Prenez l'habitude de dépoussiérer vos ampoules lorsque vous faites le ménage.

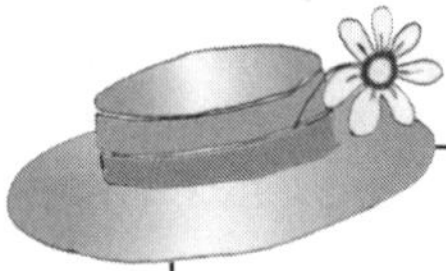

Secret d'antan

Une idée lumineuse : une pincée de sel dans les lampes à huile les fera brûler avec plus d'éclat.

Household Hand Book, 1860

Une lumière d'ambiance dans les placards

Installez des lampes d'armoire dans vos placards. Elles se fixent très facilement. Très pratiques, elles s'allument et s'éteignent quand vous ouvrez et fermez la porte. Avec elles, vous êtes sûr d'y voir plus clair dans ces espaces généralement sombres.

Des ampoules économiques

Les ampoules lumineuses fluorescentes compactes sont plus onéreuses à l'achat que les ampoules incandescentes, mais elles sont plus économiques à long terme. Elles durent près de 10 fois plus longtemps que les ampoules normales et consomment beaucoup moins d'électricité. Comme elles dégagent également moins de chaleur que les ampoules incandescentes, la climatisation doit donc faire baisser une température moins importante pendant les mois d'été.

Une idée lumineuse

Vous économiserez de l'énergie, et donc de l'argent, en utilisant une grosse ampoule de puissance plus élevée, plutôt que plusieurs ampoules plus petites d'une puissance moins élevée. Par exemple, vous pouvez quasiment obtenir autant de lumière avec une ampoule basse consommation de 23 watts (équivalente à une ampoule à incandescence de 100 watts) qu'avec 2 ampoules de 11 watts. Cela vous reviendra également moins cher d'acheter une grosse ampoule.

Rechargez vos batteries

Pour prolonger la durée de vie de vos piles électriques, limez légèrement les deux extrémités de la pile avec une lime à ongles en toile émeri ou du papier de verre à grains fins.

Cadeaux et emballages

Un cadeau pour un jardinier

Pour créer un petit cadeau bon marché pour un jardinier, essayez de récupérer un vieux pot en argile en bon état dans votre jardin. Frottez-le bien à l'eau et au savon, et laissez-le sécher entièrement. Utilisez un reste de peinture pour peindre l'extérieur dans une jolie couleur, en dessinant des formes abstraites, des lignes, des graffitis ou un motif relatif au jardinage. Découpez un carré de tissu pour recouvrir l'intérieur du pot et les bords extérieurs. Ajoutez une paire de gants de jardinage et quelques paquets de graines. Un transplantoir avec un manche assorti ou un semoir avec le manche peint rendront le cadeau encore plus original et plus pratique.

Un cadeau romantique

Si vous devez offrir un cadeau à une personne pour laquelle vous ne savez vraiment pas quoi acheter, ou pour un mariage, pensez au " panier repas ". Commencez par acheter un panier bon marché dans un vide-greniers et sélectionnez la recette de votre plat préféré. Recouvrez l'intérieur du panier avec du beau papier ou des chutes de tissu, et ajoutez-y tous les ingrédients non périssables de la recette. Complétez avec une boisson, comme un thé exotique, un jus de fruit ou une bouteille de vin, et une petite boîte de chocolats pour le dessert.

Un cadeau bonus

Faites preuve de créativité lorsqu'il s'agit d'emballer les cadeaux. Les lingettes, les serviettes en tissu, les bandanas et les écharpes constituent des emballages cadeaux originaux et réutilisables que le destinataire appréciera 2 fois plus !

Merci du cadeau

Tout le monde reçoit des cadeaux superflus de temps en temps ; de jolies choses dont vous n'avez absolument pas l'utilité. Gardez-les dans leur emballage d'origine avec une note indiquant le nom de la personne qui vous l'a offert. Quand il se trouvera que cet objet est le cadeau idéal pour quelqu'un d'autre, il sera toujours en bon état et prêt à offrir.

A la carte

Confectionnez vos propres étiquettes cadeau, cartes de remerciements et cartes postales. Découpez soigneusement la partie avant des cartes à deux volets que vous recevez et réutilisez-les telles quelles, ou collez-les sur une feuille de papier cartonnée ou une fiche bristol rigide pliée.

Une idée emballante

Soyez créatif dans le papier d'emballage, tout en faisant des économies. Utilisez les pages des beaux magazines de jardinage pour les petits cadeaux, ou la rubrique des bandes dessinées d'un journal pour un emballage un peu différent. Les vieux posters sont également un bon moyen de remplacer le papier cadeau onéreux.

Pour la bonne cause

Voici un excellent moyen de recycler vos vieilles cartes de Noël. Un centre d'accueil américain pour les enfants battus, abandonnés et abusés recycle jusqu'à 500 000 anciennes cartes chaque année. Les enfants découpent le devant des cartes et collent un nouveau dos.

Pour donner vos anciennes cartes, envoyez-les par la poste à l'adresse suivante :

St Jude's Ranch for Children
100 St Jude's Street
Boulder City, Nevada 89005
USA

Une jolie boîte

Si vous voulez recycler une jolie boîte métallique décorative pour offrir un cadeau, vous devez souvent commencer par décoller l'étiquette. Enduisez-la légèrement de matière grasse et laissez reposer toute une nuit. Au matin, l'étiquette devrait normalement se décoller facilement.

Le pot aux roses

Voici un bon moyen de recycler et de faire des économies. Achetez des pots ou des vases pour trois fois rien dans un vide-greniers. Garnissez-les avec des plantes ou des fleurs que vous achèterez chez le fleuriste. Vous pourrez ainsi offrir vos propres compositions florales au lieu de les acheter toutes faites.

Décorations de fêtes

Nœuds et rubans

Si vous recyclez les nœuds pour emballer vos cadeaux de Noël, il se peut que vous les trouviez un peu écrasés en les sortant de la boîte. Un petit sèche-cheveux à puissance maximale peut leur redonner forme afin que vous puissiez les réutiliser.

Noël toute l'année

Vous avez intérêt à acheter un sapin de Noël en pot dans une jardinerie, plutôt qu'un sapin coupé très onéreux. Vous commencerez par acheter un arbre plus petit, qui grandira au fil des ans. Lorsqu'il sera devenu trop grand pour votre maison, plantez-le en extérieur. Un conseil : les arbres peuvent être lourds et difficiles à transporter, il peut donc être utile de poser le pot sur un support à roulettes.

Les guirlandes électriques

Pour éviter que les guirlandes électriques ne s'emmêlent, enroulez-les autour d'un rouleau d'essuie-tout vide ou d'un journal roulé, avant de les ranger. Il sera ainsi plus facile de les accrocher au sapin l'année suivante, puisqu'il suffira de les dérouler progressivement, en tournant autour de l'arbre.

Des conseils pour le sapin

Voici une recette toute simple pour prolonger la durée de vie de votre sapin coupé :

> Ajoutez 4 cuillerées à soupe de poudre de fer (en vente dans les jardineries et chez les pépiniéristes) à 4 cuillerées à café de Javel liquide et 50 cl de sirop de glucose clair. Mélangez bien et ajoutez environ 3,5 litres d'eau chaude. Insérez votre sapin dans un bac à réservoir d'eau et versez le liquide dans la réserve.

Cette recette devrait faire tenir votre arbre plus longtemps, à condition, bien entendu, de surveiller le niveau d'eau tous les jours et de ne jamais le laisser descendre trop bas. Un arbre d'1,80 m peut absorber plus d'un litre d'eau par jour.

Pour éviter que votre sapin de Noël ne perde ses aiguilles, essayez de vaporiser un spray anti-desséchant. Ce produit recouvre les aiguilles pour qu'elles se dessèchent moins vite. Le liquide est aussi efficace sur les sapins coupés que sur les sapins en pot. Vous pouvez vous en procurer facilement dans les jardineries.

Gare aux insectes

Pour éviter que les insectes n'élisent domicile dans votre sapin, traitez-le avant de le rentrer dans la maison. Remplissez un vaporisateur avec un mélange d'1 litre d'eau additionnée d'1,5 cuillerée à café de liquide vaisselle. Vaporisez ce mélange sur les aiguilles, les branches (surtout le dessous) et le tronc. Attendez que le spray ait séché avant de rentrer le sapin.

Les plantes d'intérieur

Nettoyez-les bien pour les faire durer

Pour garder vos plantes vertes en bonne santé, vous devez leur donner un bain occasionnellement pour enlever la poussière et les toiles d'araignée. Vous pouvez les suspendre dans la douche et passer les feuilles sous l'eau, les placer dans l'évier de la cuisine et utiliser un vaporisateur, ou les mettre dehors et les rincer au jet. Evitez simplement de pratiquer ce nettoyage en plein soleil, au risque de brûler les feuilles.

Après un bon bain, les plantes d'intérieur doivent être époussetées régulièrement, presque aussi souvent que vos meubles. Pour cela, utilisez un chiffon sec et doux ou un plumeau. Puis, environ une fois par mois, nettoyez les feuilles avec un chiffon ou une éponge humide.

Un goutte-à-goutte

Si vous n'avez pas de voisin sympathique pour venir arroser vos plantes pendant vos vacances, essayez de suspendre un biberon rempli d'eau au-dessus du pot. L'eau gouttera lentement et vos plantes seront donc abreuvées pendant longtemps. Pour les grandes plantes, vous pouvez utiliser une bouteille en plastique et percer un petit trou dans le fond. Remplissez-la d'eau et placez-la dans le pot, à côté de la plante. Vos plantes vertes seront ainsi arrosées lentement sur une longue période.

Repoussés par l'odeur

Les boules de naphtaline repoussent les mites mais aussi de nombreux autres insectes qui sont indésirables à l'intérieur. Mettez donc quelques boules de naphtaline dans les plantes d'intérieur, que vous mettez dehors au printemps, et vous éviterez ainsi de rapporter les insectes à l'intérieur lorsque vous rentrerez les plantes à l'automne.

Un insecticide pour les plantes

Pour vous débarrasser des insectes sur vos plantes vertes, remplissez un vaporisateur avec un litre d'eau. Ajoutez 2 cuillerées à soupe de liquide vaisselle et mélangez bien pour le dissoudre. Vaporisez le mélange sur les feuilles et les tiges de vos plantes, ainsi que sur tous les insectes que vous voyez tourner autour d'elles.

Un arrosoir de fortune

Vous pouvez transformer un flacon vide en plastique de liquide vaisselle en arrosoir, qui sera de taille idéale pour les petites plantes. Vous pouvez également utiliser ce flacon pour diluer et répartir l'engrais.

Retenez la terre

Les plantes d'intérieur ont besoin d'être correctement drainées par le fond du pot, sans quoi l'eau stagnante pourrit les racines. Il est courant d'utiliser des morceaux cassés de pots en argile ou des pierres pour boucher les orifices de drainage, mais l'un comme l'autre peuvent néanmoins laisser passer la terre. Essayez plutôt de placer un morceau de fin grillage ou de tulle sur les trous d'évacuation. Cette grille sera suffisamment fine pour retenir la terre mais laissera passer l'eau.

Vous pouvez également recycler les bouchons en plastique des bouteilles de lait ou de jus de fruits. Découpez de petites encoches sur les rebords du bouchon et placez-les sur les trous de drainage. Utilisez également les vieilles capsules en métal de bouteilles (de bière ou de sodas) avec des rebords crantés.

Pour les paniers suspendus, des morceaux de polystyrène recyclé permettront de boucher les trous tout en procurant un bon drainage sans alourdir le pot.

Prolongez les poinsettias

Bien que les poinsettias ne durent en général qu'une saison, vous pouvez les faire tenir plus longtemps en leur accordant un soin particulier. Pour qu'ils fleurissent à Noël, ils ont besoin de rester dans l'obscurité totale 14 heures par jour, pendant tout l'automne. Taillez les tiges en hiver, une fois que les fleurs sont mortes, et arrosez-les très peu pendant plusieurs mois. Dès que vous recommencerez à l'arroser régulièrement, la plante se remettra à pousser.

Un système anti-fuite

Pour éviter que les plantes suspendues ne gouttent une fois que vous les avez arrosées, recouvrez le bas des jardinières avec de vieux bonnets de douche. Retirez les bonnets au bout de plusieurs heures, et vos sols devraient ainsi rester secs.

Un arrosage glacial

Voici un excellent moyen d'arroser les plantes suspendues, sans vous en mettre plein les mains. Placez quelques cubes de glace sur le rebord du pot, sans même toucher à la plante. En fondant, les glaçons permettront un arrosage lent qui pourra être absorbé par la terre, sans goutter sur le sol.

Toc, toc, toc !

Si vous ne savez pas si une plante a besoin d'être arrosée, il suffit de frapper. Un petit coup sur le bord du pot de fleur devrait vous indiquer si le pot sonne creux. Si c'est le cas, c'est que la plante est sèche. Si vous percevez un bruit sourd, c'est que la plante contient sans doute suffisamment d'eau.

Un petit coup de chaud ?

Les plantes d'intérieur peuvent être si desséchées parfois que lorsque vous les arrosez, l'eau passe directement au travers, sans humidifier la terre. Essayez cette technique pour vous assurer qu'elles ont bien bu :

Placez la plante dans une petite poubelle ou dans un seau de 20 litres. Ajoutez de l'eau progressivement, jusqu'à ce qu'elle recouvre le dessus du pot et que la terre soit immergée. Laissez tremper la plante dans l'eau pendant 1/2 heure environ. Puis, soulevez délicatement le pot, laissez l'excédent d'eau s'égoutter par les orifices du fond et placez-le dans une coupelle ou sur un plateau.

L'affaire est dans le sac

Gardez les housses en plastique qui recouvrent les vêtements que vous rapportez du teinturier pour emballer vos plantes lorsque vous partez en vacances. Elles constituent d'excellentes miniserres qui conserveront vos plantes dans un milieu humide pendant votre absence.

Vous devez auparavant placer des coupelles en plastique ou en terre cuite sous vos plantes. Arrosez-les comme d'habitude, en faisant déborder un peu d'eau dans la coupelle. Pliez ensuite un cintre en fer pour former un arc, allongez l'extrémité du crochet et plantez-le dans la terre, près du bord du pot. Posez la housse en plastique sur le cintre, découpez le surplus et rentrez le bas sous la coupelle.

La racine du problème

La plante ne doit pas être à l'étroit dans son pot, mais ne doit pas non plus être replantée dans un pot trop large. En effet, au lieu de dépenser son énergie pour faire pousser des feuilles, la plante produira plus de racines pour remplir le pot. Essayez de trouver le bon équilibre.

Donnez-leur du brillant

Pour donner à vos plantes d'intérieur un brillant éclatant, lustrez les feuilles avec un peu de glycérine sur un chiffon doux. Elles ne retiendront pas la poussière, comme c'est le cas avec certains produits lustrants du commerce.

Dorlotez vos plantes

- Otez régulièrement les feuilles mortes et les fleurs fanées. Elles ne sont pas jolies et peuvent également être porteuses de maladies.
- Donnez de l'engrais à vos plantes aux mêmes saisons que pour vos plantes d'extérieur, et laissez-les au repos pendant l'hiver.
- Si le bout des feuilles a tendance à jaunir, coupez la pointe en laissant un petit rebord marron. Tailler la partie verte peut favoriser les maladies.

Pas-à-pas

Si vous cherchez un moyen de disposer ensemble plusieurs plantes en pot, pensez à un marchepied. Achetez un petit escabeau en bois dans un magasin de bricolage ou une jardinerie, pour en faire une jolie étagère amovible pour vos plantes. Vous pouvez le peindre pour qu'il s'harmonise avec votre décor, le teindre avec de la teinture à bois ou le laisser naturel. Vous pouvez également récupérer un vieux marchepied en bois ou en métal dans un vide-greniers ou dans votre sous-sol. Cette disposition convient particulièrement bien aux cuisines, aux patios ou aux verrières.

Les compositions florales

Les fleurs artificielles

Pour nettoyer vos fleurs artificielles sans effort, enlevez la poussière avec un sèche-cheveux. Veillez à utiliser uniquement la fonction la plus froide, afin de ne pas faire fondre les parties en plastique. En pratiquant ce dépoussiérage sur votre terrasse ou votre patio, vous éviterez de mettre de la poussière dans la maison.

Les fleurs séchées

Les fleurs séchées sont si fragiles et si friables qu'il est difficile de les arranger proprement. Essayez de vaporiser un peu de laque sur les fleurs avant de commencer. Les feuilles et les pétales devraient rester en place au lieu de finir sur le sol.

Un peu d'air frais

Lorsque vos fleurs artificielles commencent à avoir l'air un peu fatigué, ravivez-les en ajoutant quelques tiges de fleurs séchées. Elles se mélangeront bien et auront l'air plus vrai.

Vous pouvez également ajouter une petite touche de vie en piquant quelques fleurs fraîches. Procurez-vous des "pics à fleurs" chez votre fleuriste ou dans un magasin de travaux manuels. Il s'agit de petits récipients pointus qui peuvent contenir une tige de fleur dans un peu d'eau. Remplissez chaque pic avec de l'eau, glissez-y une fleur et enfoncez le pic dans la base de mousse de votre composition de fleurs artificielles. Les fleurs peuvent vivre 1 jour ou 2 grâce à l'eau contenue dans le pic, mais vous pouvez également les faire durer plus longtemps en changeant l'eau.

Nourrissez vos plantes

Les aliments de tous les jours peuvent donner un bon coup de fouet à vos plantes d'intérieur. Essayez ces petites astuces pour leur redonner du tonus.

- Un petit peu de peau de banane émincée ou de coquilles d'œufs écrasées agit comme une vitamine pour vos plantes.
- Un sachet de gélatine nature, diluée dans un litre d'eau, constitue un aliment riche en nitrogène, un nutriment essentiel pour les plantes.
- Les fougères adorent boire le thé autant que nous. Vous pouvez également mélanger des feuilles de thé mouillées à la terre.

Disposez des fleurs dans un vase

Pour disposer des fleurs dans un vase à large ouverture, vous pouvez couper des brindilles rigides de la longueur du diamètre de l'ouverture et les maintenir en place horizontalement dans le vase, juste en dessous du rebord. Vous pouvez également utiliser du ruban adhésif ou du ruban de fleuriste vert, pour tisser une grille sur l'ouverture du vase. L'une ou l'autre méthode soutient les tiges des fleurs afin que vous puissiez les disposer plus facilement et que le bouquet se tienne mieux.

Attention aux jonquilles

Les fleurs coupées de votre jardin peuvent joliment agrémenter votre intérieur. Si vous avez la chance d'avoir des tulipes et des jonquilles, suivez ce conseil : ne les mettez pas dans le même vase en les rapportant du jardin. Le dépôt visqueux des tiges de jonquilles pourrait faire pourrir les tulipes. Mettez donc les jonquilles dans un vase séparé pendant une journée environ, puis rincez les tiges. Vous pourrez ensuite les ajouter en toute sécurité au bouquet de tulipes.

A la courte paille

Si vous avez besoin de rallonger la tige de vos fleurs coupées pour les mettre dans le vase que vous avez choisi, enfoncez la tige dans une paille à boire, coupée à la longueur voulue.

Une petite pièce

Placez une pièce de 5 centimes dans le fond de votre vase de tulipes coupées. Cela les empêchera de s'ouvrir trop vite.

Arrangez les petits bouquets

Lorsque vous apportez des fleurs coupées à la maison, il existe plusieurs solutions pour les garder fraîches le plus longtemps possible. Avant de les mettre dans le vase, coupez la pointe en biais sur une longueur de 2 ou 3 centimètres. Cela permettra à la fleur de mieux absorber toute l'eau dont elle a besoin.

Lorsque vous remplissez le vase d'eau, ajoutez une cuillère à soupe de 7-Up® (pas light) dans l'eau. Ce soda permet de nourrir les fleurs. Chaque jour, videz l'eau et remplacez-la par de l'eau fraîche. Ajoutez de nouveau un peu de 7-Up®.

Enfin, gardez vos vases de fleurs à l'abri de la lumière directe du soleil, si possible. Toutes ces précautions vous permettront de profiter plus longtemps de la beauté de vos fleurs.

Une eau limpide

Si vous disposez des fleurs coupées dans un vase transparent, le bouquet sera beaucoup plus joli si l'eau ne devient pas trouble. Pour cela, ajoutez une cuillerée à café de Javel dans un litre d'eau pour qu'elle reste limpide. Ajoutez de la Javel à chaque fois que vous changez l'eau.

Organisez une réception

Une question d'éclairage

Vous organisez une réception mais vous n'avez pas le temps de faire le ménage en grand ? Remplacez vos ampoules électriques par des ampoules moins puissantes, et utilisez des bougies pour créer une atmosphère.

Bandanas

Pour égayer votre table et lui apporter une petite touche de Far West, utilisez des bandanas bon marché en guise de serviettes de tables. Vous les trouverez dans différents coloris au rayon confection de votre supermarché ou dans les magasins discount. Si vous les choisissez en polyester et coton au lieu de 100 % coton, vous n'aurez pas à les repasser. Vous pouvez également coudre les bandanas entre eux pour confectionner facilement une nappe bon marché.

Des marque-places naturels

Pour confectionner des marque-places originaux, utilisez des feuilles de magnolia ou de grosses feuilles de lierre. Lavez et séchez les feuilles, puis écrivez le nom de l'invité avec un marqueur contenant une encre opaque blanche, ou couleur or ou argent.

Des verres à bougies

Vous avez besoin de jolis bougeoirs pour vos bougies chauffe-plats ? Cherchez dans vos verres. Une petite coupe à sorbet (comme celles montées sur un petit pied) constitue un bougeoir idéal pour ce type de bougie. Il en est de même des verres à vin ou à Champagne épais. Versez une cuillerée à café d'eau dans le fond du verre pour empêcher la bougie de coller. Pour retirer toutes les traces de bougies après la soirée, grattez doucement le verre et lavez-le à l'eau chaude savonneuse.

Le gâteau des mariés

Pour économiser de l'argent sur le gâteau de mariage, disposez une couche de gâteau sur un décor en polystyrène. Après avoir découpé le gâteau pour la traditionnelle photographie, demandez aux serveurs de le rapporter à la cuisine. Préparez des tranches de gâteaux prêtes à découper et à servir. Choisissez de préférence un gâteau plat qui est beaucoup plus économique qu'un gâteau à étages et permettra de servir un grand nombre de personnes plus facilement et proprement.

Marquez les meilleurs moments

Si vous organisez une réception spéciale en l'honneur de quelqu'un et voulez lui offrir un cadeau qui soit à la fois bon marché et efficace, pensez à la " toile souvenir ". Dans un magasin de dessin, achetez une toile à peindre bon marché. Avec de la peinture, peignez un fond dans une couleur claire et décorez les bords. Peignez les mots " Joyeux Anniversaire ", ou autre chose selon l'événement approprié. Puis, au cours de la réception, demandez à chaque invité de signer ou d'écrire une dédicace spéciale avec un marqueur à pointe fine pour l'invité d'honneur. Après la soirée, la personne gardera un merveilleux souvenir de cette réception.

Pour ne pas perdre la boule

Pour faciliter le service des glaces à l'anniversaire de votre enfant, préparez les portions de glace à l'avance. Mettez simplement les boules de glace dans de petits moules à gâteaux en papier, disposez-les sur un plateau et remettez-les au congélateur. Au moment du dessert, sortez les glaces qui seront ainsi prêtes à servir. Vite fait, bien fait !

Les photos

Pour les événements spéciaux de votre vie, il y a généralement des photos à faire développer. Lorsque vous allez chercher vos photos, souvenez-vous de ces astuces pour économiser de l'argent :

- Regardez les photographies sur place. La plupart des photographes ne vous factureront généralement pas les photos ratées, comme celle du plafond ou des pieds de quelqu'un. Vous pouvez refuser ces photos et ne payer que celles que vous gardez.
- Si le développement des couleurs est mauvais (par exemple, vos amis ont la tête verte), demandez au laboratoire de refaire les photos. Ils les retireront probablement gratuitement.
- Evitez les développements "en une heure". C'est la solution la plus onéreuse.

Le café

Si vous avez une fontaine à café pour servir un grand nombre de personnes, rangez-la toujours avec le goulot ouvert pour éviter qu'il colle. Lavez-la bien avant de la ranger.

Les nuisibles

Si vous organisez une réception en plein air sur votre terrasse ou dans votre patio, évitez les trouble-fêtes comme les mouches, les moucherons ou les moustiques. Empruntez ou investissez dans un ventilateur électrique portatif. Placé au centre du lieu où se tient la soirée, le ventilateur permettra de rafraîchir l'air et donc de repousser les insectes volants. Un autre ventilateur placé au même endroit mais dans la direction opposée, en renforcera l'efficacité.

Un détachant miracle

Lavez toujours les récipients que vous avez utilisés pour servir le café ou le thé avec une solution de bicarbonate de soude et d'eau chaude. Ce mélange permet de mieux nettoyer et détacher votre service ; les boissons auront ainsi meilleur goût.

Les cibles à moustiques

Si vous voulez échapper aux piqûres de moustiques lors de votre prochain barbecue ou pique-nique, évitez de porter des bijoux clinquants, des vêtements de couleurs vives ou des imprimés à fleurs. Evitez également de porter de l'eau de Cologne ou du parfum.

Le pouvoir d'achat

Réfléchissez avant d'acheter

La prochaine fois que vous serez tenté de sortir votre carte de crédit pour payer un achat, réfléchissez juste un instant. Calculez mentalement combien d'heures vous devrez travailler pour payer cet achat. Vaut-il toutes ces heures de travail ? Cette méthode peut vous aider à décider ce que vous voulez réellement acheter.

Les règles de base

C'est le meilleur conseil que vous pouvez suivre pour éviter de dépenser de l'argent inutilement. Avant d'effectuer tout achat important, posez-vous les questions suivantes :

- ♦ Avez-vous vraiment besoin de cet objet ?
- ♦ Est-ce le meilleur rapport qualité-prix ?
- ♦ A quoi devez-vous renoncer pour vous l'offrir ?
- ♦ Va-t-il enrichir votre vie ?
- ♦ Que se passerait-il si vous ne l'achetiez pas ?
- ♦ En faisant cet achat, essayez-vous de compenser un autre besoin non satisfait de votre vie ? (Par exemple, une belle voiture vous donnera un " statut ".)
- ♦ Combien coûtera l'entretien ?
- ♦ Perdra-t-il de la valeur rapidement ?

Si vous répondez à ces questions honnêtement et après y avoir mûrement réfléchi, cela vous évitera de faire de nombreux achats inutiles et coûteux.

Pensez aux échantillons

Chaque fois que vous peignez une pièce dans votre maison, prenez une minute pour passer une large bande de peinture sur une fiche bristol blanche. Lorsque la fiche est sèche, inscrivez-y le nom de la pièce et la date, et gardez-la dans une enveloppe dans la boîte à gants de votre voiture. Au moment d'acheter des meubles, du tissu ou des accessoires pour votre maison, vous aurez donc un moyen simple et immédiat de vérifier qu'ils sont bien coordonnés avec les murs. Pour être encore plus sûr de vos achats, ajoutez un petit échantillon du tissu principal que vous avez utilisé dans la pièce. Sur les meubles déjà tapissés, vous pouvez généralement découper un petit morceau de tissu à l'intérieur d'une prise de piquage. Agrafez ces échantillons avec la fiche bristol et vous gagnerez du temps et de l'argent en n'ayant jamais à rapporter un accessoire qui ne s'accorde pas avec votre pièce.

Les réparations

L'investissement que vous faites aujourd'hui portera parfois ses fruits plus tard. C'est généralement le cas avec les réparations domestiques. Un tube de superglue neuf pourra recoller une assiette en porcelaine que vous étiez sur le point de jeter. Une petite réparation sur vos lunettes pourra vous éviter de vous rendre en urgence chez l'opticien à un moment très inopportun. De même, les 50 € que vous dépenserez pour ce manuel de mécanique pour réparer votre voiture vous paraîtront dérisoires lorsque vous devrez verser plus de 350 € pour la faire réparer. Passez votre maison en revue pour voir quels types de réparation pourraient sauver vos biens si vous investissez un peu dans du matériel de réparation. Vous pouvez peut-être même le louer ou l'emprunter à un ami.

Les 1001 usages du papier peint

Si vous avez la chance de trouver un livre d'échantillons de papier peint fin de série, achetez-le. Cela vaut aussi pour les rouleaux de papier peint avec des motifs qui vous plaisent, surtout si le prix soldé est intéressant. Le papier peint peut être utilisé comme un joli papier d'emballage pour les petits cadeaux, et il peut également recouvrir un ancien abat-jour pour le remettre à neuf. Il peut également servir à tapisser les tiroirs, à faire un fond pour les photographies ou une peinture, ou à couvrir un carnet ou un album photos. Avec du papier adhésif transparent, le papier peint peut être utilisé pour faire des sets de table ou des dessous-de-verre pour protéger vos meubles. A vous de trouver d'autres façons d'utiliser ce fabuleux papier, si vous en avez sous la main.

L'Intérieur

L'entretien de la moquette

Coupez l'herbe sous le pied à la saleté

Le pire ennemi de votre moquette est la saleté. Pour être sûr de bien la nettoyer, passez l'aspirateur de la même manière que vous passez la tondeuse, c'est-à-dire en rangées bien ordonnées. C'est le meilleur moyen de ne pas oublier une partie. Veillez à passer l'aspirateur plusieurs fois au même endroit, car il faut plus d'un seul passage pour bien aspirer.

Balai ou traîneau ?

Au moment d'acheter votre aspirateur, vous vous trouverez devant tout un éventail d'appareils de formes différentes. Dans la mesure du possible, choisissez un aspirateur traîneau plutôt qu'un balai. Ils font généralement un meilleur travail et ménagent votre dos.

C'est dans le sac !

L'aspirateur aspirera plus efficacement si le sac n'est pas trop plein. Dès que le sac est rempli de poussière et de saleté sur une hauteur d'environ 20 cm, il est temps de le changer. Que faire si vous n'avez pas fini de tout aspirer et que vous n'avez plus d'autre sac ? Vous pouvez retirer le sac, enfiler un gant en caoutchouc et retirer un peu de saleté à la main. Remettez ensuite le sac et continuez.

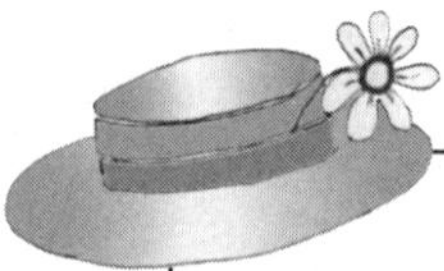

Secret d'antan

Bien souvent, l'aspirateur dégage une odeur désagréable de poussières diverses. Pour y remédier, vous pouvez ajouter dans votre sac un mouchoir en papier bien serré en boule (ou le nouer) imprégné d'eau de Cologne, ou mieux encore avec quelques gouttes d'huile essentielle de votre choix. Un parfum de fraîcheur rendra votre tache bien plus agréable !

Débouchez le tube

Lorsque le tube de votre aspirateur est bouché, utilisez un morceau de vieux tuyau d'arrosage pour le déboucher. Celui-ci doit être légèrement plus long que le tube de l'aspirateur. Débranchez l'aspirateur et retirez le tube. Enfoncez le tuyau d'arrosage dans le tube. Il est suffisamment fin pour passer, et suffisamment solide pour déloger rapidement un bouchon.

Mort aux puces

Si vous avez un animal domestique, vous pouvez parfois aspirer des puces logées dans la moquette. Mettez 1 boule de naphtaline dans le sac de l'aspirateur avant de le mettre en marche, et les puces devraient normalement être mortes avant que vous n'éteigniez l'aspirateur. Retirez immédiatement le sac usagé et fermez-le hermétiquement. Glissez-le dans un sac en plastique et jetez-le dehors, dans une poubelle.

Déplacez les meubles

Pensez à toujours soulever les meubles lourds pour les déplacer sur de la moquette en Nylon®. Si vous les poussez, le poids et le frottement peuvent abîmer les fibres de la moquette. Cela vous laissera des traces indélébiles.

Interdit aux vas nus-pieds

Retirer vos chaussures et marcher pieds nus sur une moquette épaisse peut vous faire retrouver des sensations de votre enfance, où vous couriez nus pieds sur la pelouse. Mais cela n'est pas aussi bon pour la moquette qu'on pourrait le croire. M. Robert Clay, spécialiste du nettoyage des moquettes, recommande d'adopter la coutume japonaise, c'est-à-dire de laisser ses chaussures à la porte mais de ne pas marcher pieds nus.

" Il est peut-être agréable de marcher dans la maison de cette façon, mais vos pieds laissent des traînées grasses qui déposent plus de saleté sur vos moquettes ", fait remarquer M. Robert Clay. " Enfilez plutôt une paire de chaussettes propres. " Les chaussettes de tennis assez basses sont un compromis confortable entre les pantoufles et les pieds nus.

Pas de fumée sans feu

Un mégot de cigarette incandescent qui tombe sur le sol va généralement faire un trou dans une moquette synthétique. Mais certaines moquettes peuvent également prendre feu. Si cela se produit, attrapez une boîte de bicarbonate de soude et saupoudrez-en sur le feu pour l'étouffer. Cela fera moins de dégâts qu'un seau d'eau et vous n'aurez plus qu'à passer l'aspirateur.

Pour réparer une brûlure de cigarette sur une moquette, coupez les fibres noircies avec de petits ciseaux. Remplissez le trou avec de la colle liquide et des fibres de moquette découpées sur une chute.

Prétraitez vos moquettes

Lorsque votre moquette a apparemment besoin d'un bon nettoyage, essayez de la brosser avec un balai-brosse propre avant de passer l'aspirateur. Cela devrait redresser le poil et lui redonner meilleure apparence. Vous pourrez peut-être retarder un peu le shampouinage. D'autre part, elle sera toute prête s'il est réellement temps de la shampouiner.

Le détachage

Le plus tôt sera le mieux

Si vous faites une tache ou une marque sur votre moquette, nettoyez-la aussitôt. Plus vous attendez, plus elle sera difficile à enlever. Commencez par ramasser au mieux ce qui est à l'origine de la tache. Pour les substances épaisses et pâteuses, utilisez un morceau de papier, une spatule ou une vielle carte de crédit. Pour les liquides, épongez avec de l'essuie-tout ou un chiffon blanc propre. Si la substance est sèche, passez l'aspirateur.

Faites le test du placard

Commencez toujours par tester votre nettoyant sur une zone non visible, comme un recoin de placard en moquette ou derrière un meuble lourd que vous avez peu de chance de déplacer. Certains nettoyants à moquette contiennent de la Javel pour aider à retirer les taches, mais ils peuvent abîmer votre moquette.

Choisissez le meilleur détachant

Dès que possible, utilisez de l'eau de Seltz pour enlever les taches sur votre moquette. Son gaz permet de dissoudre la saleté afin que vous puissiez mieux la nettoyer. Contrairement au savon, elle ne laisse pas de résidu poisseux qui retient encore plus la saleté sur cette zone. Voici quelques autres détachants que vous pouvez utiliser :

- Un nettoyant à vitres du commerce, ou un mélange contenant moitié eau et moitié vinaigre blanc, est généralement efficace sur la moquette.
- Essayez avec un mélange à parts égales d'eau et de liquide vaisselle (pas le produit pour lave-vaisselle). Assurez-vous simplement que le produit ne contient pas d'eau de Javel.
- Pour les taches acides, appliquez une solution contenant une cuillerée à soupe de bicarbonate de soude, diluée dans 25 cl d'eau froide.

Un détachage à la cuillère

Pour éviter les moisissures et autres problèmes, ne détrempez pas vos moquettes. Commencez par appliquer de petites quantités (une cuillerée à café, par exemple) d'une solution nettoyante. Versez le produit directement sur la tache et utilisez la cuillère pour le faire pénétrer, en allant de l'extérieur de la tache vers l'intérieur. Appliquez ensuite un peu d'eau claire avec un chiffon blanc (un torchon de couleur risquerait de faire une autre tache). Epongez. Si la tache persiste, répétez l'opération. Lorsque vous avez terminé, étalez un chiffon blanc propre sur toute la zone traitée et faites pression avec votre pied pour absorber le plus d'humidité possible.

Les taches de graisse

Vous trébuchez avant d'arriver à la table de la salle à manger et vous renversez des morceaux de poulets frits sur le sol. N'ayez crainte, vous avez certainement dans votre cuisine de quoi nettoyer cette tache. Ramassez les morceaux de poulet et épongez toute la graisse que vous pouvez. Versez du bicarbonate de soude sur la zone tachée et frottez pour le faire pénétrer dans les fibres. Laissez agir pendant une heure environ, afin que l'huile soit absorbée. Puis, passez l'aspirateur sur le bicarbonate de soude. Vous serez surpris du résultat !

Les odeurs sur les moquettes

Nettoyez sans attendre

Il n'y a rien de pire que les taches d'animaux domestiques séchées sur une moquette. Vous devez donc agir rapidement si votre animal s'est oublié sur le tapis. Epongez toute l'urine et rincez la zone à l'eau chaude. Appliquez ensuite une solution composée d'une cuillerée à café de vinaigre blanc, d'une cuillerée à café de détergent liquide et de 50 cl d'eau chaude. Versez le mélange sur la moquette et laissez agir 15 minutes. Rincez et séchez la zone. (Attention : le vinaigre peut décolorer les couleurs sombres. Veillez à tester cette formule sur une zone cachée.)

Un désodorisant en poudre

Confectionnez votre propre désodorisant à moquette, tout en donnant une petite note parfumée à chaque pièce. Mélangez 50 grammes de talc avec votre parfum préféré, 75 grammes de bicarbonate de soude et 2 cuillerées à soupe de farine de maïs. Mélangez le tout puis saupoudrez-le sur la moquette et laissez agir pendant au moins 15 minutes. Passez l'aspirateur et sentez cette bonne odeur.

Eliminez les odeurs

Eliminez les mauvaises odeurs sur vos moquettes en appliquant un mélange de 200 grammes de borax et de 400 grammes de farine de maïs. Secouez le mélange au-dessus de la moquette et laissez agir pendant au moins une heure, avant de passer l'aspirateur.

Si votre moquette est complètement sèche, le bicarbonate de soude est un autre désodorisant très efficace. Saupoudrez-le sur votre moquette et laissez agir au moins 15 minutes. Contre les odeurs vraiment tenaces, laissez agir toute une nuit et passez l'aspirateur le lendemain matin.

Les parquets

Faites taire les craquements

Impossible de passer incognito dans votre maison car les craquements du parquet vous trahissent ? Vous pouvez réparer un parquet qui craque comme un professionnel, en suivant les étapes suivantes :

- Localisez les solives du plancher les plus proches du craquement. Les solives sont en général espacées de 40 cm, posées dans la direction de l'avant vers l'arrière de votre maison.
- Enfoncez une vis à bois de 3 cm de long dans les solives, à l'endroit du craquement.

Cela devrait supprimer les craquements, puisqu'ils sont principalement dus aux planches du sous-plancher qui frottent sur les solives desséchées qui ont rétréci.

Evitez de faire voler la poussière

Passer l'aspirateur sur un parquet semble simplement faire voler la poussière. Utilisez plutôt une serpillière légèrement humide. Vous pouvez vaporiser un peu de produit dépoussiérant sur la serpillière pour mieux attraper la poussière.

Nettoyez les taches de graisse

Si vous renversez de la graisse sur votre parquet en bois, mettez immédiatement quelques glaçons à l'endroit de la tache. Cela permettra de solidifier la graisse afin que vous puissiez la gratter avec le bord d'une vieille carte de crédit pour la nettoyer. Essuyez ensuite le sol avec un chiffon doux et sec pour éliminer tous les résidus de graisse.

Un balayage au poil !

Si vous coupez les cheveux de votre enfant ou si votre animal domestique perd ses poils, cette astuce peut vous faire gagner du temps. Attachez un chiffon doux en coton autour des poils de votre balai et balayez les cheveux tombés sur le sol. Le chiffon attrapera les cheveux fins et évitera qu'ils ne s'éparpillent.

Protégez le parquet

Veillez à bien protéger le parquet lorsque vous nettoyez les taches sur un tapis. Certains nettoyants conçus pour enlever les taches peuvent aussi attaquer le vernis du bois. Vous pensez peut-être que votre tapis est suffisamment épais pour que la solution ne puisse pas passer à travers, mais ne prenez pas le risque. Par précaution, placez une serviette éponge blanche épaisse sous la partie du tapis que vous voulez nettoyer.

Evitez les rayures

Placez de grosses chaussettes sous les pieds de vos meubles avant de les déplacer. Cela vous évitera de rayer le parquet.

Effacez les rayures

Le vernis à ongles transparent peut permettre de boucher les petites rayures sur les parquets en bois vitrifiés ou les surfaces en verre ou en Plexiglas®, sans que personne ne voie la différence.

Les sols en carrelage, en linoléum et en vinyle

Gardez leur éclat

Vous avez besoin de passer la serpillière mais vous redoutez de perdre ce bel éclat. Est-il possible de nettoyer vos sols tout en gardant leur aspect brillant ? Bien sûr que c'est possible. Diluez tout simplement 25 cl d'assouplissant pour le linge dans 1/2 seau d'eau.

Gommez les marques de talon

Les marques noires laissées par les talons de chaussures sont vraiment très visibles sur un sol propre de couleur claire. Elles sont pourtant très simples à nettoyer. Il vous suffit, en effet, de les effacer avec une gomme pour fusain.

Eliminez la couche cireuse

Enlevez l'accumulation de cire sur les dalles en vinyle, en utilisant de l'eau de Seltz. Versez-la sur de petites surfaces à la fois. Frottez et laissez agir pendant quelques minutes, avant de nettoyer.

Faites-les briller

Le linoléum de votre cuisine devient terne ? Pour lui redonner de l'éclat, lavez-le avec 15 cl de vinaigre blanc, dilué dans 3,5 litres d'eau.

Evacuez les eaux usées

S'il vous reste beaucoup d'eau sale et savonneuse sur le sol après l'avoir lessivé, ne perdez pas votre temps à l'éponger avec une serpillière.

Il est plus rapide d'utiliser une raclette pour pousser l'eau et former une flaque. Ramassez-la rapidement avec une pelle à poussière et videz-la dans une canalisation. Passez ensuite rapidement la serpillière, pour finir de nettoyer votre sol.

Les fenêtres

Faites les vitres sans effort

Si vos vitres sont très sales et très grasses, vous avez intérêt à les nettoyer avec du bicarbonate de soude ou des cristaux de soude. Par contre, pour nettoyer les traces d'eau calcaire et la saleté, une solution légèrement acide, comme le vinaigre, est préférable. Evitez les acides puissants qui pourraient dépolir le verre.

Pour nettoyer et désembuer vos vitres, mélangez 2 cuillerées à soupe de vinaigre dans un litre d'eau, ou frottez-les avec du papier journal humidifié.

Pour garder vos vitres propres par temps froid, mélangez 50 cl d'alcool à 90° et une cuillerée à café de liquide vaisselle dans 3,5 litres d'eau.

Trop chaud pour nettoyer

Evitez de nettoyer vos vitres les jours où la température extérieure est très élevée. La chaleur risque de laisser des stries sur vos vitres.

Redonnez-leur brillance et éclat

Pour faire briller vos vitres après les avoir lavées et séchées, frottez-les avec unc brosse à tableau noir propre. Vous pouvez également les essuyer avec des filtres à café, pour les faire briller sans laisser de peluche.

Protégez les boiseries

Un vaporisateur est très pratique, mais attention à ne pas faire goutter le produit à vitres sur le rebord de la fenêtre. Le produit peut attaquer le vernis ou la peinture, surtout s'il est alcalin et contient de l'alcool. Il est préférable de vaporiser le produit nettoyant directement sur un chiffon, une éponge ou une peau de chamois. Tordez-les jusqu'à ce qu'ils soient pratiquement secs, avant de les passer sur la vitre.

Une astuce pour les fenêtres qui collent

Ne forcez plus pour ouvrir vos fenêtres ! Pour les empêcher de coller, appliquez une fine couche de Vaseline® sur l'encadrement de la fenêtre. Appliquez-la simplement avec un petit pinceau. Essayez également cette méthode sur les tiroirs ou les portes de placard qui s'ouvrent mal.

Un œil sur le monde

Lorsque les premiers charpentiers norvégiens construisaient des maisons, ils avaient besoin d'une ouverture, ou d'un "œil", pour laisser échapper la fumée de leur feu. Comme le vent glacé s'engouffrait fréquemment par cette ouverture du toit, ils lui donnèrent le nom "d'œil du vent". Les Britanniques empruntèrent le nom Scandinave, qui devint "window". Aujourd'hui, les fenêtres avec des vitres transparentes nous ouvrent l'œil sur l'extérieur, et nous coupent du vent lorsqu'elles sont fermées.

Raccommodez les stores

Votre store en tissu a un accroc ? Utilisez du vernis à ongles transparent pour rapiécer la déchirure. Posez le store à plat sur une table, refermez l'accroc et appliquez le vernis à ongles en fines couches.

L'isolation et la chaleur

Si vous comptez sur vos fenêtres pour réchauffer vos pièces à la chaleur du soleil en hiver, veillez à bien les nettoyer. Le verre transparent laisse passer davantage de lumière et fait donc entrer plus de chaleur.

Les volets et les stores peuvent, à l'inverse, protéger du froid en hiver. Pour une meilleure isolation, montez-les à l'extérieur plutôt qu'à l'intérieur de l'encadrement de la fenêtre. Ainsi placés, ils seront plus efficaces pour empêcher l'air froid de s'infiltrer dans la pièce.

Les murs, les portes et les plafonds

Un nettoyant à faire soi-même

Utilisez ce mélange pour nettoyer les murs peints :

125 ml de vinaigre blanc
75 grammes de bicarbonate de soude
4 litres d'eau chaude

Un nettoyage sans fuite

Vous levez les bras pour nettoyer les murs et l'eau savonneuse coule le long de vos avant-bras. Que pouvez-vous faire pour garder vos manches et vos bras au sec ? Portez un bracelet de sport en tissu éponge pour arrêter et absorber les gouttes.

Accrochez des cadres au mur

Voici 2 astuces pour éviter que vos murs en plâtre ne s'écaillent lorsque vous accrochez un cadre :

- Faites un " X " avec du Scotch® à l'endroit où vous voulez enfoncer le clou.
- Chauffez le clou avec une allumette ou un briquet avant de l'enfoncer avec le marteau.

Colmatez les fissures

Les fissures dans le plâtre sont très inesthétiques. Mélangez de la colle blanche d'écolier et du bicarbonate de soude pour obtenir une pâte, que vous appliquerez sur les fissures. Celles-ci disparaîtront comme par magie !

Essuyez les débris sur un mur rugueux

Une éponge ou un chiffon en coton risque de laisser de petites peluches lorsque vous nettoyez des murs en plâtre rugueux. Utilisez plutôt de vieilles chaussettes en Nylon®. Elles pelucheront moins facilement.

Décollez le papier peint

Ne vous démolissez pas le dos en essayant de décoller le papier peint. Optez pour la facilité en employant une solution de vinaigre blanc et d'eau chaude. A l'aide d'un rouleau, imprégnez plusieurs fois le papier avec cette solution. Celui-ci se détachera alors sans effort.

Nettoyez les murs non lessivables

Utilisez un peu de mie de pain fraîche pour nettoyer le papier peint non lessivable et autres surfaces délicates. Plus la mie est dense et molle, moins elle sera abrasive sur vos surfaces délicates.

Repérez les montants

Vous avez besoin de trouver les montants de vos murs mais vous ne savez pas comment faire ? Vous pouvez facilement improviser une méthode si vous avez un compas sous la main. Tenez simplement le niveau du compas au bon angle contre le mur. Passez-le doucement sur le mur jusqu'à ce que la présence d'un clou fasse bouger la pointe du compas.

Lorsque vous essayez de localiser les montants, il est utile de savoir que les centres des montants sont généralement espacés de 40 cm. Les prises électriques sont généralement montées d'un côté d'un montant, et les clous pour les moulures au plafond ou les plinthes peuvent aussi indiquer leur position approximative.

La mayonnaise

La mayonnaise n'est pas réservée aux sandwiches et aux salades. Vous pouvez également l'utiliser pour nettoyer les marques d'eau blanches sur les murs en lambris et les placards en bois. Appliquez-en sur la tache, laissez agir pendant 12 heures, puis essuyez.

Amidonnez vos murs

Les murs des entrées et des couloirs attirent beaucoup de traces de doigts et de crasse, surtout si vous avez de jeunes enfants à la maison. Essayez de vaporiser une fine couche d'amidon sur ces zones. Les surfaces, ainsi protégées, résisteront plus longtemps aux marques et seront plus faciles à nettoyer lorsque la saleté commencera à s'accumuler.

Nettoyez les traces de crayon

Pour effacer les vilaines traces de crayon sur votre mur peint, commencez par frotter les marques avec un chiffon sec. Utilisez ensuite un peu de dentifrice sur un chiffon doux, pour déloger le reste de la tache.

Pour effacer les marques de crayon sur les revêtements muraux en vinyle, utilisez un produit pour polir l'argenterie ou du liquide vaisselle concentré.

Absorbez les taches de graisse au mur

Vous ne pouvez pas frotter les taches de graisse sur un papier peint non lavable. Alors, que pouvez-vous faire ? Essayez d'étaler un peu de talc avec une houppette à poudre ou un pinceau doux. Laissez agir pendant environ une heure, puis retirez le talc à l'aide d'une brosse. Il peut être nécessaire de répéter l'opération pour faire disparaître la graisse complètement.

Des conseils astucieux pour poser du papier peint

Pour faire en sorte que votre papier peint colle bien, recouvrez toutes les vieilles taches de graisse sur les murs avec de la gomme-laque. Laissez sécher avant de coller le papier.

Peignez une bande de 3 cm en haut du mur, de la même couleur que le plafond. Cela vous évitera d'avoir une ligne plus foncée, si un petit espace ou un mauvais raccord apparaît à l'endroit où le papier peint et le plafond se rejoignent.

Si vous utilisez de la colle à papier, mélangez-y quelques gouttes de colorant alimentaire. Vous verrez ainsi facilement si vous avez oublié certaines zones lorsque vous encollez le papier.

Pour vous faciliter la tache lorsque vous imbibez du papier peint préencollé, utilisez une glacière suffisamment large pour contenir le papier. La glacière étant isolée, l'eau restera chaude plus longtemps et sera donc plus efficace.

Une solution aux problèmes de rugosité

Si votre mur est rugueux à cause de la superposition de vieilles couches de peinture ou aux endroits où le papier peint a été décollé, vous pouvez cacher ces inégalités tout en donnant à votre pièce une apparence rustique et originale. Mélangez du foin ou de l'herbe séchée dans une préparation de pâte à papier, disponible dans les magasins de bricolage. Etalez le mélange sur toute la surface de votre mur, de l'épaisseur de votre choix, avec un couteau de vitrier large.

Réchauffez vos murs

Pour éviter les pertes d'énergie, tapissez vos murs avec du tissu (ignifugé). Pour cela, cousez des passants en haut et en bas, enfilez ensuite des tringles à rideaux dans les passants et fixez les tringles au mur.

Déplacez une bibliothèque contre un mur qui a besoin d'une isolation supplémentaire, comme un mur qui n'est pas exposé au soleil.

Accrochez des tapis ou des tapisseries sur les murs qui restent froids, afin d'éviter la déperdition de chaleur.

Une solution aux portes qui grincent

Le grincement de cette porte vous rend fou, mais vous n'avez rien pour l'huiler. Fouillez vos placards avant de vous rendre au magasin de bricolage. L'huile de table pourra éliminer ce grincement énervant. Essayez également avec de la mousse à raser, c'est tout aussi efficace.

La cheminée

Humidifiez la cendre

Il existe un moyen de nettoyer votre cheminée plus proprement. Etalez des journaux autour du foyer avant de commencer. Sortez votre brumisateur à plantes, ou tout autre vaporisateur, et remplissez-le d'eau. Commencez par vaporiser les journaux. Lorsque vous ramasserez les cendres sur le papier journal, vaporisez également un peu d'eau dessus. Cela empêchera les cendres de voler sur votre tapis. Mettez le tout dans un sac poubelle et jetez-le.

Nettoyez le foyer

Pour nettoyer les surfaces d'une cheminée en briques ou en pierre, mélangez une poignée de savon en paillettes et une poignée de sel de table avec de l'eau pour former une pâte. Appliquez cette pâte avec un chiffon et laissez-la agir pendant au moins 10 minutes. Pour l'enlever, frottez avec une brosse à poils rêches.

Ravivez le feu

Jetez une poignée de sel dans la cheminée de temps en temps. Cela permet d'éviter l'accumulation de suie et rend les flammes plus colorées.

Nettoyez vos chandeliers

Voici un bon moyen de raviver l'éclat de vos chandeliers en cristal quand vous avez décidé de les nettoyer. Ajoutez quelques gouttes de vinaigre à de l’eau froide et lavez-les avec. Prenez chaque prisme dans une main gantée pour le nettoyer et essuyez.

La peinture d'intérieur

Une bonne odeur de peinture

Vous n'aimez pas l'odeur de la peinture à l'huile ? Améliorez cette odeur et rendez votre travail plus agréable, en mélangeant une cuillerée d'extrait de vanille dans le pot.

Un bon tuyau pour transporter les pots

Ne jetez pas vos vieux tuyaux d'arrosage ! Vous pouvez les utiliser pour gainer la poignée des pots de peinture et vous faire moins mal aux mains en les portant. Coupez un morceau de tuyau de la largeur de votre main et coupez-le dans la longueur sur un côté. Placez le morceau de tuyau autour de l'anse en fer du pot de peinture et vous voilà ainsi équipé d'une poignée confortable.

Un travail soigné

Peindre l'encadrement en bois d'une fenêtre est d'habitude réellement ennuyeux. Cette astuce est si simple, que vous vous demanderez pourquoi vous n'y avez pas pensé plus tôt. Prenez une boule de coton ou un petit applicateur et appliquez de la Vaseline® sur la vitre qui jouxte le bois. Les coups de pinceau n'adhéreront pas sur la vitre, vous permettant de réparer facilement vos erreurs. Cette technique vaut également pour peindre autour des poignées de porte ou des plinthes, etc.

Incroyable mais vrai

Pour empêcher la peinture blanche de jaunir, ajoutez-y une petite goutte de peinture noire.

Recyclez les journaux

Voici une technique bon marché et très efficace pour éviter de mettre de la peinture sur les vitres lorsque vous peignez l'encadrement des fenêtres. Mouillez des bandelettes de papier journal et appliquez-les sur la vitre, juste à côté du bois. Les bandelettes colleront à la vitre aussi bien que du ruban de masquage, et elles seront beaucoup plus faciles à retirer.

Nettoyez les projections de peinture

Même si vous peignez très proprement, vous ne pouvez pas éviter de projeter quelques gouttes de peinture sur les vitres. Celles récemment séchées partiront facilement, en frottant vos vitres avec un chiffon imbibé de vinaigre chaud.

Un système anti-gouttes

Comment éviter de renverser le pot de peinture tout en récupérant les gouttes qui coulent sur le sol ? Dessinez le contour du fond du pot de peinture sur l'avant d'une boîte de céréales. Faites un trou de la taille du pot en découpant le cercle ainsi tracé sur la boîte. Enfoncez le pot à l'intérieur. Toutes les gouttes tomberont alors sur la boîte de céréales et non sur le sol.

Egouttez la peinture

Avant de commencer à peindre, percez quelques trous dans le bord intérieur du pot de peinture. Lorsque vous tremperez le pinceau et éliminerez l'excès de peinture en le frottant contre le rebord du pot, la peinture tombera dans le pot au lieu de goutter à l'extérieur. Le nettoyage sera donc plus facile, et vous économiserez aussi de la peinture. De plus, sans peinture sur les rebords, le couvercle ne collera pas lorsque vous refermerez le pot.

Gardez les pinceaux au frais

Imaginons que vous êtes en train de peindre une pièce et que, soudain, un besoin urgent vous appelle ailleurs. Inutile de nettoyer votre pinceau ou votre rouleau si vous pensez vous en resservir sous peu. Enveloppez-les simplement dans une feuille d'aluminium ou dans un sac en plastique et mettez-les au congélateur. Le pinceau restera humide pendant que vous vous occupez de vos autres tâches.

Un nettoyage simplifié

Si vous utilisez un bac à peinture, utilisez du papier aluminium pour en faciliter le nettoyage. Recouvrez tout simplement le bac avec ce papier avant de commencer. Lorsque vous avez fini de peindre, vous pouvez reverser l'excédent de peinture dans le pot. Jetez ensuite la feuille de papier d'aluminium et votre nettoyage est fait. Lorsque vous serez prêt à recommencer, il vous suffira de remettre une feuille d'aluminium neuve.

Aux abris

Le papier d'aluminium est très pratique pour recouvrir les poignées de porte et les thermostats lorsque vous peignez les portes ou les murs. Sa texture souple lui permet de tenir en place, jusqu'à ce que vous décidiez de l'enlever.

Roulez plus longtemps

Voici un moyen pour peindre plus de surface avec le manchon de votre rouleau. Retirez-le de son manche de temps et en temps et inversez les deux bouts.

Confectionnez une boîte pratique et jetable pour les manchons de vos rouleaux. Coupez le dessus d'une brique de lait en carton, remplissez-la de white-spirit ou d'eau, et mettez-y votre manchon à tremper.

Il existe un moyen de retirer et de jeter proprement le manchon jetable d'un rouleau de peinture lorsque vous avez fini de l'utiliser. Recouvrez-le simplement d'un sac en plastique ou en papier. Retirez-le en tenant l'extérieur du sac et vous pourrez ainsi le jeter directement à la poubelle.

Peignez vos portes

Pour ne pas sortir de vos gonds lorsque vous peignez ceux des portes, voici une petite astuce. Recouvrez les gonds de vos portes ou de vos placards avec une couche de colle au Néoprène® et attendez qu'elle sèche avant de peindre. Elle se retirera facilement lorsque la peinture sera sèche. Enlevez-la avec les doigts ou avec une gomme.

Peignez les moulures

Lorsque vous peignez les boiseries et les moulures, utilisez un couteau de finition pour Placoplâtre® ou un couteau de vitrier large pour faire des lignes plus nettes et plus droites. Avec une main, tenez le bord du couteau au niveau de la jointure du mur et de la moulure. En couvrant la zone du mur avec la lame du couteau, vous pouvez peindre la moulure sans risquer de donner un coup perdu sur le mur. Essuyez le rebord du couteau de temps en temps avec un chiffon, pour éviter que la peinture ne goutte.

Les taches cachées

Vous pensiez pouvoir couvrir cette tache avec de la peinture fraîche. Mais la voilà qui réapparaît à travers la peinture. Il faut toujours nettoyer les taches de graisse et les traces de doigts grasses avec du détergent et de l'eau chaude avant de peindre un mur, mais parfois cela n'est pas suffisant. Les peintres professionnels mettent un terme à ce problème en peignant sur les taches de la gomme-laque blanche pigmentée avant de peindre. Si vous n'arrivez pas à vous en procurer, vous pouvez utiliser n'importe quelle gomme-laque liquide ou en spray pour camoufler les taches. Vous pourrez ainsi peindre par-dessus, sans craindre qu'elles ne remontent à la surface.

Touchez le plafond

Garder les bras en l'air pour peindre un plafond est déjà suffisamment inconfortable sans avoir de la peinture humide qui vous coule le long des bras pendant l'opération. Pour résoudre ce problème, portez des gants en caoutchouc et retournez le bord sur quelques centimètres pour récupérer les gouttes de peinture.

Des retouches faciles

Quelle corvée de sortir le pinceau et le pot de peinture à chaque fois que vous voulez retoucher des petits défauts ou des petits éclats sur une surface peinte ! Lorsque vous avez fini de peindre vos murs, vos boiseries ou vos placards, gardez donc un peu de peinture et vous vous éviterez bien des efforts inutiles. Nettoyez une vieille bouteille de vernis à ongles avec du dissolvant. Remplissez-la de peinture, rebouchez-la soigneusement et rangez-la dans un endroit accessible. Sinon, versez tout simplement un peu de peinture dans une petite bouteille avec un bouchon et accrochez un petit pinceau bon marché autour de la bouteille avec un élastique. En cas de rayures sur vos murs ou vos boiseries, débouchez la bouteille, donnez un petit coup de pinceau et refermez-la. Les retouches deviennent si faciles que vous n'hésiterez pas à réparer les petites écaillures quand il le faut.

Un accessoire anti-goutte

Confectionnez un accessoire pour récupérer la peinture avec une assiette en plastique ou le couvercle en plastique d'une boîte de café. Il vous suffit de faire une fente au centre et de passer le manche du pinceau à travers. Vous pouvez désormais peindre en hauteur sans recevoir de gouttes dans les yeux.

Protégez les ventilateurs de plafond

Si vous voulez peindre le plafond autour du ventilateur, voici un moyen de le faire proprement sans avoir à démonter les pales. Gardez les emballages en plastique des revues que vous recevez par la poste. Glissez-en un autour de chaque pale et continuez à peindre.

Préparez les plinthes

Vérifiez l'état de vos plinthes avant de les peindre. Si elles ont reçu des couches de cire lorsque vous avez ciré vos sols, la peinture risque de ne pas adhérer. Pour résoudre ce problème, lessivez-les avec la préparation suivante : dans 4 litres d'eau chaude, diluez 1/4 de verre de bicarbonate et 1/2 verre de vinaigre. Poncez-les légèrement au papier de verre avant de commencer à peindre.

Evitez les efforts inutiles

Vous avez besoin de peindre derrière un piano ou un gros buffet ? S'il n'est pas trop collé au mur, vous pouvez peut-être éviter de vous faire mal au dos en le déplaçant. Agrafez une petite éponge en plastique au bout d'un mètre gradué ou de toute autre tige de bois longue et étroite. L'éponge contiendra assez de peinture mais ne gouttera pas lorsque vous la glisserez derrière le meuble pour donner un coup de peinture sur le mur.

Peignez les escaliers

Pour pouvoir continuer de monter à l'étage lorsque vous peignez les marches de l'escalier de votre maison, peignez une marche sur deux. Vous pourrez ainsi continuer à monter et à descendre sur les marches non peintes. Lorsque les marches peintes auront séché, vous pourrez marcher dessus pendant que vous peindrez les autres marches.

Ménagez-vous

L'huile de cuisson, l'huile de bain, la crème à raser et le shampooing permettent de fluidifier et d'éliminer la peinture sur vos mains ou votre visage d'une manière plus agréable et moins agressive que l'essence de térébenthine ou le white-spirit.

Vous avez oublié de porter une casquette pendant que vous peigniez le plafond ? L'huile de bain est ce qu'il y a de mieux pour enlever la peinture qui a goutté sur vos cheveux.

Protégez vos tapis et moquettes

Quelles que soient les précautions que vous prenez pour disposer la bâche, des gouttes de peinture finiront toujours par tacher votre moquette. Agissez rapidement. Si la peinture est à base de latex, tamponnez-la avec un mélange d'1 dose de liquide vaisselle pour 20 doses d'eau. Séchez, rincez et séchez de nouveau. Si la peinture est sèche, essayez avec un petit peu de solvant. Faites d'abord un essai sur une petite zone, car ce produit peut " brûler " certaines matières.

Contre les taches de peinture à l'huile ou de vernis, utilisez le solvant ou le diluant spécifique indiqué sur l'étiquette. Si la peinture a séché, vous pouvez l'humidifier en imbibant des feuilles d'essuie-tout avec le solvant que vous poserez sur les taches de peinture pendant plusieurs heures. Brossez ensuite la tache. Il faudra peut-être répéter l'opération plusieurs fois. Passez ensuite une solution d'eau et de détergent. Epongez l'excès, rincez à l'eau chaude et séchez la moquette en la tamponnant.

Le reflex amidon

Pour retirer de la peinture séchée sur un sol en vinyle ou en linoléum, appliquez une pâte d'amidon et d'eau chaude. Laissez agir pendant 30 minutes, puis nettoyez.

Contre les pinceaux qui perdent leurs poils

Avant de commencer à peindre, donnez un bon coup de peigne à vos pinceaux. Utilisez un peigne avec des dents en plastique ou en métal pour faire tomber les poils qui pourraient se coller sur votre mur fraîchement repeint.

Si un poil reste collé sur une surface de peinture fraîche, retirez-le avec une pince à épiler pendant que la peinture est encore humide. Redonnez un petit coup de pinceau à cet endroit pour lisser la surface.

Nettoyez proprement les pinceaux

Le nettoyage des pinceaux utilisés pour la peinture à l'huile peut être assez difficle. Rendez ce nettoyage plus facile en utilisant la " méthode du sac ". Versez du solvant dans un grand sac plastique résistant et glissez-y le pinceau, le manche vers le haut. Avec une main, maintenez le sac bien fermé tout en tenant le pinceau par le manche. Utilisez l'autre main pour tapoter et masser les soies à travers le sac en plastique. Vous nettoierez ainsi le pinceau sans vous salir les mains.

L'entretien des pinceaux

Avant d'utiliser un nouveau pinceau pour la peinture à l'huile, laissez-le tremper dans un bain d'huile de lin pendant une journée. Il sera plus facile à nettoyer et durera plus longtemps.

Pour redonner aux pinceaux en soies naturelles leur douceur d'origine après les avoir utilisés, nettoyez-les comme d'habitude avec du solvant et séchez-les avec un torchon. Trempez-les ensuite brièvement dans de l'eau chaude additionnée d'un peu d'assouplissant pour le linge.

Pour ramollir la peinture séchée sur un pinceau, trempez-le dans du vinaigre chaud. Lavez-le ensuite avec de l'eau chaude et savonneuse.

Le séchage des pinceaux

Après avoir nettoyé vos pinceaux, suspendez-les pour faire sécher les soies à la verticale, afin qu'elles ne se plient pas et ne se cassent pas. Fabriquez un accessoire pratique pour suspendre vos pinceaux à partir d'un vieux cintre en fer et de deux grosses attaches du genre trombones. Courbez les extrémités du cintre vers le bas et poussez le fil de fer du bas vers le centre. Accrochez les trombones à chaque coin, suspendez les pinceaux à chaque trombone et accrochez le tout pour les faire sécher.

Stockez la peinture

Lorsque vous avez terminé de peindre une pièce, prenez quelques instants pour étiqueter les pots de peinture. Avec un gros marqueur noir permanent, indiquez dans quelle pièce ils ont été utilisés et à quelle date. Si le numéro de la couleur ne figure pas sur le dessus du pot, veillez à le noter également au cas où vous voudriez racheter la même couleur. Stockez les pots de peinture avec l'étiquette bien en évidence. La prochaine fois que vous ferez le tri dans vos peintures, vous saurez d'un coup d'œil quels pots vous devez garder. Si vous avez besoin de faire une retouche dans une pièce, vous trouverez rapidement celle qu'il vous faut.

Utilisez un marqueur permanent pour dessiner une ligne horizontale indiquant le niveau de peinture restant dans le pot. Cela vous évitera d'ouvrir le pot pour voir s'il vous en reste suffisamment avant d'entreprendre un projet.

Pour éviter qu'une " peau " ne se forme dans le pot de peinture, stockez-le à l'envers. Assurez-vous simplement que le couvercle soit bien hermétique.

Recyclez les vieux pots

Envisagez de donner vos restes de peinture (toujours utilisables, bien sûr) à une classe d'art dramatique ou d'art plastique. Ils serviront à peindre les décors ou les projets artistiques.

Eliminez les grumeaux

Ne jetez pas la peinture sous prétexte qu'elle est pleine de grumeaux. Des collants étendus au-dessus d'un seau feront une excellente passoire. Versez lentement la peinture à travers le collant pour récolter les grumeaux que vous pourrez alors jeter. Mélangez légèrement la peinture ainsi filtrée et elle sera de nouveau prête à l'emploi.

Un pense-bête bien caché

Estimer approximativement la quantité de peinture nécessaire pour repeindre vos pièces peut vous conduire à gâcher de la peinture ou à faire des trajets supplémentaires jusqu'au magasin de bricolage. Maintenant que vous avez peint la pièce et savez combien de litres de peinture il vous faut exactement pour la peindre, n'inscrivez pas cette information sur une feuille de papier volante que vous risquez de perdre. Notez-la au dos d'un interrupteur électrique de la pièce. Il vous faudra, de toutes façons, les dévisser si vous voulez repeindre la pièce, et vos précieux calculs seront toujours là.

Le Mobilier

La chasse aux bonnes affaires

Une qualité qui dure

La meilleure façon d'avoir un mobilier qui dure est tout d'abord d'acheter des meubles de bonne qualité. Lorsque vous faites les magasins pour choisir votre mobilier, prenez le temps de le tester pour voir s'il est solide. Asseyez-vous sur les chaises et les canapés, allongez-vous sur les lits. Restez suffisamment longtemps pour réellement voir s'il est confortable ou non. Voici quelques autres points à garder à l'esprit :

- Recherchez des meubles faits avec du bois de bonne qualité. En lisant soigneusement les étiquettes, vous devriez pouvoir déterminer les matériaux utilisés. Une étiquette sur laquelle vous lisez "finition cerisier" fait probablement référence à la couleur ou à une imitation de bois, plutôt qu'à un meuble fait en bois de cerisier.
- Evitez les meubles en imitation bois comme le contreplaqué, à moins que vous ne cherchiez un meuble bon marché pour une courte durée. Gardez ce type de meubles à l'abri de l'humidité, car ils peuvent se gorger d'eau et se gondoler.
- Inspectez attentivement les finitions. Vérifiez que la peinture ou le vernis soit lisse et appliqué uniformément.
- Testez les portes et les tiroirs pour vérifier qu'ils sont bien ajustés

et s'ouvrent facilement, surtout si le meuble va être beaucoup utilisé.

Les meubles à finir soi-même

Si vous cherchez le meilleur rapport qualité-prix lorsque vous achetez du mobilier neuf, pensez aux meubles non finis. Aujourd'hui, vous pouvez acheter des meubles en bois solides, assemblés ou prêts à monter, à l'état brut, et faire vous-même les finitions. Avec un petit coup de papier de verre, de teinture et d'assemblage, vous pourrez être fier de vos meubles à un coût bien inférieur à celui des meubles d'exposition. Si vous ne voulez pas faire les finitions vous-même, vous pouvez les faire faire par une tierce personne tout en restant à un prix plus intéressant. L'avantage est que vous pouvez choisir exactement la couleur et la finition que vous voulez.

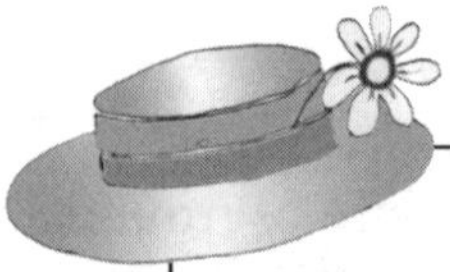

Secret d'antan

Diffuser quelques gouttes d'huile de lavande dans une bibliothèque située dans une pièce fermée, préviendra l'apparition de l'odeur de moisissures par temps humides.

Household Hand Book, 1860

Retournez le problème

Les vide-greniers sont des endroits fabuleux pour trouver des meubles, mais vous devez parfois faire preuve d'un peu d'imagination pour obtenir ce que vous cherchez. Si vous voulez une table basse, grande et solide pour la salle de séjour, le salon ou une chambre, vous ne trouverez peut-être pas exactement la taille ou la qualité que vous espérez. Essayez plutôt de trouver une vieille table de salle à manger ou de cuisine et vous couperez les pieds à la hauteur d'une table basse. Vous avez peut-être même une table supplémentaire au grenier que vous n'aviez pas pensé utiliser de cette façon. Essayez et vous verrez, ça marche !

Les petites réparations

Enlevez les traces de verre

Vous avez beau répéter maintes fois à vos enfants et à vos amis d'utiliser des dessous-de-verre, des accidents finissent toujours par arriver et une vilaine marque d'eau blanche apparaît sur votre meuble en bois préféré. Pour enlever cette marque, utilisez de la paille de fer extrêmement fine (4/0) avec une goutte d'huile minérale. Attention à ne pas frotter trop fort, au risque d'attaquer le bois. Si vous n'avez pas de paille de fer, vous pouvez essayer avec du dentifrice ordinaire blanc ou de la pâte à polir pour voiture. Veillez simplement à bien enlever ces substances après usage avec un chiffon humide et propre. Passez ensuite un peu d'huile minérale à l'endroit de la tache. Pour que l'huile ne fasse pas réapparaître la tache, appliquez une fine couche d'encaustique ou de cire d'abeille sur la surface du meuble.

Cachez les défauts

Eliminez les imperfections de vos meubles en bois, comme les auréoles d'eau ou les marques de chaleur, en les astiquant avec de la Vaseline® que vous laisserez agir toute une nuit. Nettoyez le meuble avec un chiffon le lendemain matin.

Réparez les antiquités

Si vous considérez vos antiquités comme un investissement, la dernière chose à faire est de les repeindre. Enlever le vernis ou la peinture d'origine d'une antiquité, aussi rayée et abîmée soit-elle, peut lui faire perdre plus de la moitié de sa valeur. Pour traiter un meuble ancien rayé, piqué ou autre, utilisez une fine couche d'encaustique pour lisser la finition. Vous pourrez toujours retirer la cire ultérieurement si vous le souhaitez, sans altérer ni modifier la finition d'origine de manière indélébile.

Tout ce qui brille

Ne jetez pas un vieux miroir uniquement parce que la couche argentée au dos est légèrement rayée. Prenez de la peinture en spray pour voiture de couleur argentée et passez-en quelques couches sur les rayures. Fixez-la ensuite en vaporisant de la gomme-laque.

Couleur café

Camouflez les petites entailles dans les meubles en bois avec du café lyophilisé. Formez une pâte épaisse avec un peu de café instantané et d'eau, et enfoncez-la dans les petits défauts à l'aide d'un chiffon doux et propre. Pour un colmatage de plus longue durée, mélangez les granules de café avec un peu de cire d'abeille ou d'encaustique, et appliquez cette pâte sur les entailles ou les rayures. Vous pouvez également acheter un crayon de cire bon marché, assorti à la couleur de votre meuble, pour boucher les rayures. Même un crayon pastel pour enfants, de couleur marron, peut faire l'affaire.

Un camouflage en profondeur

Vous avez peut-être entendu dire que l'iode était très efficace pour boucher les rayures sur les meubles en bois. Le problème, c'est que si une substance permanente comme l'iode pénètre dans le bois, vous ne l'enlèverez pas si facilement en repassant une couche de peinture ou de vernis. Il faudra passer du papier de verre. Optez plutôt pour des solutions non permanentes pour cacher vos rayures.

Les produits anti-rayures

Si vous utilisez un produit à polir " anti-rayures " sur vos meubles, utilisez-le avec parcimonie et nettoyez-le rapidement. Si vous laissez le produit trop longtemps, il risque de laisser une trace sombre sur le vernis.

Les chaises en paille

Une chaise cannée peut finir par s'affaisser après des années d'utilisation, mais ne la jetez pas pour autant. Il suffit simplement de lui donner un petit bain de siège. Retirez soigneusement le fond canné de la chaise et laissez-le tremper dans une baignoire remplie d'eau très chaude, additionnée d'un peu d'essence de citron. Une fois qu'il est bien trempé, retirez-le et laissez-le sécher au soleil. Il reprendra sa forme d'origine en séchant. Appliquez ensuite une couche d'essence de citron plus épaisse, pour que le cannage reste souple. Rattachez-le à la chaise et elle sera comme neuve !

Les pieds des chaises

Une des barres qui maintient les pieds de votre chaise de cuisine s'est déboîtée. Vous pensez pouvoir la remettre en place, mais vous voudriez ajouter une petite couche de colle par précaution. Quelle colle devez-vous utiliser ? Si vous voulez une fixation rapide, optez pour les colles à prise rapide. La colle à bois sera également très efficace. Si vous n'en avez pas, optez pour la colle épaisse à prise rapide, remettez la barre en place et maintenez-la quelques minutes. La réparation peut être faite sans aucun autre équipement. Veillez à bien enlever le surplus de colle avec un chiffon humide, et laissez sécher la chaise toute une nuit, voire 24 heures, avant de l'utiliser.

Les boutons de portes

Le bouton du tiroir de votre commode se détache constamment, même si la vis qui le maintient semble apparemment bien ajustée ? Voici comment régler rapidement le problème. Retirez la vis et passez une couche épaisse de vernis transparent sur la partie filetée. Remettez la vis sur le bouton et revissez-le à sa place. En séchant, le vernis devrait empêcher la vis de bouger.

Faites briller vos meubles

Pour lustrer la surface de vos meubles, l'un des meilleurs produits est l'huile de paraffine naturelle, comme celle vendue en pharmacie ou en supermarché. C'est l'ingrédient principal des vernis à bois à base d'essence de citron.

Recyclez vos vieux t-shirts

Inutile d'acheter des chiffons ou du papier neuf pour nettoyer ou vernir vos meubles. Recyclez ! Les t-shirts en coton propres, découpés en morceaux, feront d'excellents torchons pour encaustiquer ou vernir vos meubles.

Les meubles capitonnés

Retournez les matelas

Que pouvez-vous faire pour prolonger la durée de vie de vos matelas ? Utilisez les saisons pour vous rappeler quand vous devez les retourner.

Retournez-le une première fois au printemps.

En été, mettez la tête à la place des pieds, sans le retourner.

A l'automne, retournez-le de nouveau complètement.

En hiver, inversez encore une fois le sens des pieds et de la tête.

A la fin de l'année, vous aurez dormi dessus de toutes les façons possibles, ce qui permettra d'éviter ces creux inconfortables qui se forment généralement sur les vieux matelas.

Les meubles en cuir

Les canapés et les fauteuils en cuir sont confortables et durables, mais notoirement difficiles et chers à nettoyer. Voici une méthode pour nettoyer facilement vos meubles en cuir. Avec de l'eau chaude et une savonnette douce, faites un peu de mousse sur un chiffon doux et nettoyez doucement une petite zone. Rincez immédiatement avec un autre chiffon doux, trempé dans de l'eau claire. Avec un troisième chiffon, séchez immédiatement la zone nettoyée.

Protégez les meubles capitonnés

Si vous venez d'acquérir un meuble capitonné, achetez une ou deux bouteilles de produit spécial pour les protéger. Cela vous évitera d'interdire aux enfants de manger et de boire assis sur vos jolis sièges. Le tissu restera en bon état pendant des années, malgré les renversements accidentels.

Retournez les coussins

Les canapés et les fauteuils recouverts de coussins amovibles dureront plus longtemps et resteront en meilleur état, si vous retournez fréquemment les coussins. A la fin de la journée, tournez les coussins du dossier dans l'autre sens, et retournez le coussin du siège. De cette façon, le tissu du capitonnage ne s'usera pas que d'un seul côté et la mousse de rembourrage se tassera uniformément.

La peinture et le vernis

Une protection anti-adhésive

La plupart des personnes qui repeignent leurs meubles glissent des feuilles de papier journal sous les pieds, pour protéger le sol contre la peinture ou autres liquides de vernissage. Mais, au moment de déplacer l'objet repeint ou reverni, les morceaux de journaux collent souvent aux pieds de l'objet. Essayez de glisser un carré de papier sulfurisé ou de film étirable sous chaque pied, au-dessus du journal. Cela empêchera les résidus de peinture collants d'adhérer et vous pourrez ainsi travailler plus proprement.

Un nettoyage aimanté

Si vous utilisez de la paille de fer pour terminer le ponçage des meubles que vous vous apprêtez à vernir, il restera certainement de minuscules éclats métalliques à la surface. Pour être sûr de tous les enlever, passez un aimant lentement au-dessus de la surface du bois pour attirer ces particules de métal. Essuyez ensuite le meuble avec un " tampon gras " pour enlever les restes de poussière.

Ce beau brillant

Les produits d'entretien en aérosol à base d'encaustique ne sont pas très indiqués sur les meubles en bois si vous avez l'intention de les revernir un jour. Ces produits contiennent de la silicone, qui leur donne cet aspect brillant et lissé mais ne s'enlève jamais vraiment. Lorsque vous essayerez de revernir un meuble qui aura accumulé plusieurs années de silicone, le nouveau vernis risque de ne pas adhérer.

La bonne odeur du bois

Qui n'aime pas l'odeur du bois de cèdre ? Malheureusement, les vieilles armoires ou commodes finissent par perdre un peu de leur odeur lorsque le bois vieillit et se dessèche. Retrouvez un peu de ce parfum en passant de temps en temps un léger coup avec du papier de verre très fin.

Un vernis plus propre

Pour vernir vos meubles, il existe une solution qui fera moins de saletés que la paille de fer. Utilisez un tampon abrasif en plastique comme le Scotch-Brite® en vente dans les quincailleries. Ces tampons sont lavables et réutilisables, ne s'effritent pas comme la paille de fer et évitent le problème des éclats de métal qui peuvent traverser les gants en caoutchouc et se planter dans votre peau. Si vous n'arrivez pas à vous en procurer, vous pouvez utiliser la face abrasive des éponges, en vente dans n'importe quel supermarché.

Ne jouez pas avec le feu

Faites preuve d'un maximum de prudence lorsque vous utilisez ces produits chimiques, hautement toxiques et inflammables, pour l'entretien et la réfection du bois. Portez toujours des gants en caoutchouc pour gros travaux pour les manipuler et faites attention aux chiffons que vous utilisez. Lorsque les chiffons sont imbibés de white-spirit, d'autres solvants ou de produits à vernir, faites-les sécher à l'écart de votre maison. Ne les rangez pas en boules ; ils pourraient s'enflammer spontanément. Une fois qu'ils sont complètement secs, vous pouvez les jeter sans risque à la poubelle.

L'art du décapage

Le processus de décapage et d'application d'une nouvelle couche de vernis ou de teinture est très long, et vous ne pouvez pas faire grand chose pour l'accélérer. Lorsque vous entreprenez un tel projet, simplifiez-vous la tâche en vous accordant suffisamment de temps. Le temps de séchage nécessaire pour une couche de teinture ou de vernis est toujours mentionné sur le bidon. Cependant, ces temps de séchage se vérifient dans des conditions optimales.

Un bon conseil : doublez le temps de séchage indiqué sur le produit. Vous pourrez ainsi appliquer la deuxième couche sans risque et le résultat sera impeccable.

Décapez avant de revernir

Lorsque vous décapez la peinture ou le vernis de vos meubles à l'aide de produits chimiques, veillez à bien neutraliser le décapant chimique lorsque vous avez terminé. Il risquerait, sinon, de se mélanger au nouveau vernis que vous appliquez. Si vous employez un décapant à l'eau, utilisez beaucoup d'eau. Si vous employez un décapant à l'huile, neutralisez-le avec beaucoup de white-spirit.

L'entretien

Attention aux chutes

Faites très attention lorsque vous utilisez des aérosols pour encaustiquer vos meubles en bois. Si vous vaporisez ce type d'encaustique sur les parquets et les sols en vinyle, vous pouvez mettre en danger les personnes qui y marchent et risquent de glisser. Le dépôt est presque invisible mais vous pouvez le sentir lorsque vous glissez dessus.

Ni trop chaud, ni trop froid

Après avoir investi dans du mobilier de qualité, prenez-en soin en lui donnant un environnement adéquat. Le bois se dilate et se rétracte en fonction du taux d'humidité dans l'air, il est donc préférable d'éviter les extrêmes. Si vous n'êtes pas gêné par l'humidité de votre maison, votre mobilier ne le sera probablement pas non plus. Si possible, utilisez un climatiseur en été et un humidificateur en hiver. Ne mettez pas vos meubles près d'une cheminée ou d'un radiateur, ou directement sur une bouche de chauffage. Essayez de protéger vos meubles d'une exposition prolongée à la lumière directe du soleil, qui risque de blanchir le vernis et de le craqueler. Si le meuble se trouve devant une fenêtre, pensez à tirer les rideaux pour le protéger aux heures les plus chaudes de la journée.

Le soin et l'entretien des meubles

Vous êtes prêt à dépenser des fortunes en encaustique, en pensant qu'elle permet de " nourrir " le bois ? Si c'est le cas, vous adhérez à un vieux mythe qui n'est absolument pas vrai, explique le menuisier Zach Etheridge.

" Penser qu'appliquer de l'encaustique sur un meuble " nourrit le bois " est un mythe. Si la surface d'un meuble est recouverte de laque, de vernis, de peinture ou de polyuréthane, l'encaustique ne peut pas pénétrer dans le bois. Elle ne traite que la surface vernie. "

Expert en meubles, Zach donne des cours de menuiserie, d'apprêtage et de rénovation. Pour nettoyer la surface traitée des meubles en bois, il recommande d'utiliser un petit peu de white-spirit sur un chiffon en coton propre.

" Cela n'abîmera pas les surfaces " saines ", c'est-à-dire sans fissure profonde, rayure ou zone où le vernis est complètement écaillé. N'achetez pas de diluant, mais vérifiez que le produit contient 100 % d'essence minérale (white-spirit). Portez des gants en caoutchouc lorsque vous utilisez ces produits et ventilez bien la pièce. "

Utilisez toujours des dessous-de-verre ou des soucoupes pour poser les verres, les tasses ou les vases mouillés et éviter qu'ils ne laissent des traces blanches sur les meubles. De même, ne posez pas de plats, d'assiettes ou de casseroles chaudes sans dessous-de-plat, pour protéger les meubles de la chaleur et de l'humidité.

Une pincée de cannelle

Si les poissons d'argent sont un problème, une pincée de cannelle dans vos tiroirs ou vos placards devraient les repousser.

Des tiroirs sans faux plis

Lorsque vous recouvrez le fond de vos tiroirs avec du papier adhésif, il est pratique d'avoir sous la main une brosse à tableau pour aplatir les plis et lisser le papier.

Le mobilier d'extérieur

Isolez les pieds des meubles en bois

Lorsque votre mobilier de jardin en bois absorbe l'humidité par les pieds, le bois peut se ramollir et se fendre. Evitez ce problème en enduisant les pieds de toutes parts, surtout le bas, avec quelques couches d'encaustique. Vous pouvez également appliquer au pinceau deux couches de polyuréthane sur le bas de pieds et sur quelques centimètres sur les côtés. Veillez à utiliser du polyuréthane assorti au bois, c'est-à-dire satiné ou brillant, pour cacher la différence.

Protégez les pieds des meubles en fer

Les pieds des meubles de jardin en métal sont généralement recouverts d'embouts en caoutchouc ou en plastique pour les isoler. Cependant, avec l'usure, surtout lorsque les pieds frottent contre un sol en béton, les embouts s'abîment et les pieds en métal acérés frottent contre le sol, laissant des rayures et parfois des taches de rouille. Pour résoudre ce problème, enlevez un embout en plastique et emportez-le avec vous à la quincaillerie ou magasin de bricolage. Cherchez des rondelles métalliques fines qui puissent s'insérer dans les embouts. Mettez les rondelles dans les embouts de tous les pieds de vos meubles de jardin, et ils (et donc vos meubles) dureront plus longtemps.

Plomberie, Chauffage et Climatisation

Les chauffe-eau

Comment faire des économies

Pour éviter les surchauffes et économiser de l'argent sur vos notes de gaz ou d'électricité, réglez la température du chauffe-eau à 50°C maximum. Le seul appareil ménager qui aurait besoin d'eau plus chaude serait le lave-vaisselle mais, aujourd'hui, la plupart des lave-vaisselle sont équipés de leurs propres résistances internes pour élever la température de l'eau de lavage à 70°C.

Détectez les fuites

Si vous pensez que votre chauffe-eau fuit, il est temps de le remplacer. Toutefois, ne confondez pas la condensation avec une fuite. Durant les mois d'hiver, l'arrivée d'eau froide du matin peut créer de la condensation à l'extérieur du ballon. Si cette eau goutte sur le sol, on peut avoir l'impression que le chauffe-eau fuit. Lorsque le cumulus se sera réchauffé, la condensation devrait s'évaporer. Si votre chauffe-eau est trop petit pour la taille de votre maison, les problèmes de condensation seront plus fréquents. Assurez-vous qu'il a une capacité suffisante pour couvrir vos besoins de nettoyage, de lessive et de toilette.

Une purge régulière

Pour garder votre chauffe-eau en bon état, vidangez 7 à 10 litres d'eau avec la valve du fond pour retirer tous les sédiments qui auraient pu s'accumuler. Si vous pratiquez cette purge tous les 6 mois environ, cela pourra vous éviter de remplacer le joint d'un robinet qui goutte. Retirer les sédiments permettra également au chauffe-eau de mieux fonctionner, ce qui se traduira par des réductions sur votre facture d'électricité.

Douche ou bain ?

Même si un bon bain chaud peut être une véritable détente et un plaisir, l'eau que vous utilisez est réellement un luxe. Un bain nécessite entre 180 et 220 litres d'eau, alors qu'une petite douche de 4 minutes permettra de vous laver avec seulement 70 litres d'eau.

Evitez la déperdition de chaleur

Si l'extérieur de votre ballon est chaud au toucher, c'est qu'il y a une déperdition d'énergie. Recouvrez l'extérieur du ballon avec une housse isolante spéciale. Vous pouvez trouver des housses de 4 à 8 cm d'épaisseur qui s'adaptent sur tous les types de chauffe-eau. Il vous suffit de l'enrouler autour du ballon, de la fixer avec du ruban adhésif et de couper l'excès.

Les problèmes d'évacuation

Un débouchage hebdomadaire

Pour empêcher les tuyauteries de se boucher, vous n'avez besoin d'aucun produit chimique ni d'aucun outil. Portez simplement 3 à 4 litres d'eau à ébullition, versez-en la moitié dans les tuyauteries, puis attendez quelques instants avant de verser le reste. Pour éviter de faire éclater la faïence, versez l'eau directement dans le tuyau. Répétez cette opération chaque semaine.

Canalisez une fuite

Si vous avez une fuite sous l'évier ou à tout autre endroit facilement accessible, vous pouvez faire une réparation d'appoint avec une ficelle et une tasse en attendant de faire la réparation. Il vous suffit pour cela d'enrouler et de nouer la ficelle autour du tuyau au niveau de la fuite, et de laisser tomber la ficelle dans la tasse. Les gouttes couleront le long de la ficelle jusque dans la tasse, laissant la zone sèche.

Débouchez une canalisation

Si votre évier est bouché, commencez par essayer de le déboucher avec une ventouse. Bouchez une ouverture de l'évier avec un chiffon humide, et appliquez un peu de Vaseline® sur le bord en caoutchouc de la ventouse. Placez la ventouse sur l'autre ouverture et actionnez le manche de haut en bas, vigoureusement. Si cela ne fonctionne pas, vous pouvez alors essayer avec un déboucheur. N'utilisez pas de ventouse si vous avez déjà versé du déboucheur. Vous risqueriez de projeter des produits chimiques dangereux autour de vous et y compris sur vous.

Evitez les odeurs nauséabondes

Vous n'avez jamais remarqué que de mauvaises odeurs remontaient de votre baignoire ou de votre évier ? Vous pouvez éviter cela en versant dans vos canalisations une dose mensuelle de bicarbonate de soude. Rincez abondamment avec de l'eau chaude pour " liquider " les mauvaises odeurs.

Une technique de l'ancien temps

Lorsque le lavabo de votre salle de bains est bouché ou s'écoule mal, voici une façon 100 % naturelle de le déboucher :

> Versez une dose de bicarbonate de soude, une dose de sel et 3/4 de dose de vinaigre. Laissez agir les ingrédients dans les tuyaux pendant 20 minutes environ. Puis versez délicatement 3,5 litres d'eau bouillante dans le conduit. L'eau devrait recommencer à s'écouler normalement.

Bouchez les robinets

Si vous devez effectuer des réparations sur le robinet de votre salle de bains, pensez à boucher le fond du lavabo. Si vous n'avez pas de bouchon, utilisez un chiffon. Il sera ainsi beaucoup plus facile de ramasser une petite pièce que si elle tombe dans la canalisation.

Contre les robinets qui grincent

Si la poignée de votre robinet grince lorsque vous faites couler l'eau, c'est qu'elle a besoin d'être huilée. Dévissez la poignée, retirez l'arbre et appliquez de la Vaseline® sur les deux parties du pas de vis. Cela permettra de faire taire le grincement et de tourner votre robinet plus facilement.

La solution du sèche-cheveux

La graisse bouche vos canalisations ? Voici une solution simple et rapide pour la déloger. Tenez un sèche-cheveux réglé à la puissance maximale sous l'évier pour réchauffer le siphon, (le siphon est la partie en U du tuyau d'évacuation, sous le lavabo). A mesure que le siphon se réchauffe, la graisse va fondre et le bouchon va se dissoudre. Faites alors couler de l'eau chaude pour faire partir la graisse complètement.

Débouchez les toilettes

Les produits efficaces pour déboucher les tuyauteries ne le sont pas forcément pour les toilettes. Les déboucheurs du commerce ne sont généralement pas efficaces dans les toilettes car la structure de celles-ci empêche la solution d'atteindre le bouchon. Le mieux est encore d'utiliser une ventouse.

Entretenez la fosse septique

Pour garder votre fosse septique en bon état, versez chaque semaine une tasse de bicarbonate de soude dans les toilettes. Cela devrait permettre d'équilibrer son pH afin que tout soit dégradé normalement.

Un bon conseil pour la santé de votre fosse septique : n'utilisez jamais de produit portant l'étiquette " antiseptique ". La Javel et autres produits contenant du chlore peuvent également empêcher votre système de fonctionner correctement. Ces substances tuent les bactéries qui permettent de dégrader les déchets qui arrivent dans la fosse.

Faites attention à ce que vous évacuez dans les toilettes. Evitez surtout toutes les matières plastiques. Les mégots de cigarettes, les produits hygiéniques, le marc de café, le fil dentaire et les os peuvent s'accumuler et vous forcer à vidanger votre cuve plus tôt que prévu.

Ne videz pas de peinture ou de solvants à base de pétrole dans les toilettes. Ils peuvent également engendrer des problèmes dans les fosses septiques et polluer l'eau.

L'alimentation en eau

Une arrivée d'eau tombée du ciel

Vous voulez réduire votre facture d'eau d'une manière 100 % naturelle ? Récoltez l'eau de pluie du toit en reliant les gouttières de votre maison à des " citernes à pluie ", comme le faisaient les générations antérieures. N'importe quel tonneau ou barrique en bois ou en plastique peut faire l'affaire. Vous pouvez utiliser cette ressource naturelle et gratuite pour arroser votre jardin et vos parterres de fleurs pendant tout l'été.

Une astuce pour augmenter la pression

Si vous voulez avoir l'impression d'avoir beaucoup plus de pression tout en utilisant 2 fois moins d'eau, installez un aérateur sur votre robinet. Cet appareil permet de réduire de moitié le flux d'eau, mais la pression paraît plus forte car l'eau est mélangée à de l'air lorsqu'elle passe dans le robinet. Ainsi, une famille de 4 personnes peut économiser environ 12 500 litres d'eau par an.

Vous pouvez trouver ce type d'appareil dans les quincailleries ou les magasins de bricolage. Une seule précaution : n'installez pas d'aérateur sur le robinet de votre cuisine si vous avez un lave-vaisselle portatif qui s'y raccorde. Le flux réduit affecterait les performances du lave-vaisselle.

Vérifiez la dureté de l'eau

Votre eau est-elle dure ou douce ? Pour le savoir, ajoutez simplement 10 gouttes de détergent liquide dans un grand verre rempli aux 2/3 d'eau du robinet. Couvrez et secouez. Si l'eau mousse beaucoup, cela signifie qu'elle est relativement douce. Une pellicule de savon en surface signifie, au contraire, que l'eau est dure. L'eau dure revient plus cher que l'eau douce : environ 40 € par an en savon et détergent, 60 € en réparations et remplacements de plomberie, 25 € supplémentaires en combustible et 30 € pour l'usure du linge et des vêtements. Si votre eau est très calcaire, vous devrez peut-être envisager d'installer un adoucisseur d'eau dans votre maison.

Economisez l'eau

Si vous n'avez pas encore de système de chasse d'eau à deux régimes, vous pouvez installer un système de remplacement dans le réservoir de vos toilettes. Ce petit gadget astucieux économise entre 3 et 6 litres d'eau par chasse, en réduisant la quantité d'eau contenue dans le réservoir.

Avec une petite bouteille en plastique, comme une bouteille de jus de fruit ou d'assouplissant, vous pouvez construire votre propre système. Décollez l'étiquette de la bouteille, placez quelques cailloux dans le fond pour la lester et remplissez-la d'eau. Placez la bouteille dans le bac de votre chasse d'eau, en veillant à ce qu'elle ne gêne pas le mécanisme. Vous devrez faire quelques tests pour voir quelle taille de bouteille votre réservoir peut contenir, tout en continuant à fonctionner efficacement.

Un test anti-fuite

Une petite fuite sous un robinet peut gaspiller 200 litres d'eau par jour, mais une fuite dans les toilettes peut représenter une perte de 175 000 litres d'eau en 6 mois. Pour savoir si vos toilettes fuient, ajoutez de la teinture dans l'eau du réservoir. Si la teinture apparaît dans la cuvette alors que vous n'avez pas tiré la chasse, c'est que vous avez une fuite.

Nettoyez la pomme de douche

Si votre pomme de douche est encrassée, nettoyez-la en suivant cette petite astuce. Dévissez et retirez la pomme de douche, puis placez-la dans un récipient rempli d'une quantité égale de vinaigre et d'eau portée à ébullition. Laissez le pommeau dans l'eau frémissante pendant 5 à 7 minutes. L'action chimique du vinaigre va dissoudre le dépôt de minéraux

Si vous n'arrivez pas à dévisser le pommeau, ou s'il est en plastique, essayez avec du vinaigre froid. Remplissez un sac en plastique résistant avec du vinaigre et fixez-le avec du ruban adhésif autour du pommeau. Au matin, votre pomme de douche devrait permettre à l'eau de s'écouler normalement.

Le chauffage et l'air conditionné

Vérifiez votre consommation d'énergie

Contactez EDF et demandez-leur de faire un bilan de votre consommation d'énergie pour vous aider à savoir dans quelles parties de votre maison vous perdez de l'énergie. Ce service est généralement payant. Si vous ne souhaitez pas la visite d'un professionnel, ils pourront au moins vous fournir un petit livret pour vous aider à faire vous-même la vérification.

Secret d'antan

L'âtre doit toujours être propre. L'accumulation de cendres empêche de bénéficier d'un tirage maximal. Mettez beaucoup de combustible dans le feu. Ce n'est pas économique de faire brûler un petit feu.

1003 Household Hints and Work Savers, 1947

Nettoyez les filtres

Nettoyez ou remplacez le filtre de votre système de climatisation ou de chauffage, tous les mois ou tous les 3 mois. Un filtre encrassé force le système à fonctionner à un régime plus important, et donc à consommer plus d'énergie. Vous pouvez trouver dans le commerce des filtres standards, ainsi que des filtres spéciaux conçus pour durer plusieurs mois. Vous pouvez également acheter des filtres permanents métalliques, qui peuvent durer des années puisqu'ils sont lavables. Mais, quel que soit le type de filtre, gardez-le toujours propre.

Une révision régulière

Pour que votre système de chauffage ou de climatisation continue de fonctionner le plus efficacement possible, vous devez le faire réviser régulièrement. Les parties à gaz et électriques doivent être contrôlées tous les 2 ans, et les pompes à chaleur et les brûleurs à mazout doivent être révisés tous les ans. Vous pouvez être alerté de la présence de problèmes par un niveau réfrigérant bas, un interrupteur principal bloqué, une mauvaise isolation des conduites ou une mauvaise distribution de la chaleur dans votre maison.

Une bonne aspiration

L'inspection régulière de votre chauffage et de votre climatisation doit comprendre l'aspiration des bouches de chauffage et des grilles d'aération. La poussière finit par s'y accumuler, ralentissant le flux d'air et faisant voler de la poussière dans le système. Retirez les bouches et les grilles, et passez l'aspirateur tous les 2 ou 3 mois environ, pour garantir un chauffage et une climatisation efficaces.

Une précaution supplémentaire

Si vous gardez vos animaux domestiques à l'intérieur, vous devez changer les filtres du chauffage et de la climatisation plus souvent, c'est-à-dire tous les mois environ. Autrement, les poils et les squames de vos animaux vont circuler dans toute la maison. La qualité de l'air sera donc moins bonne, ce qui peut aggraver les cas d'allergies chez les occupants.

Le réglage du thermostat

Vous pouvez réduire vos dépenses de chauffage et de climatisation de 20 à 30 % en changeant simplement le réglage de votre thermostat lorsque la maison est vide ou que vous dormez. En hiver, baissez-le de 8 °C (en passant de 21 °C à 13 °C, par exemple). En été, montez-le de 21 à 24 ou 26 degrés. Pour vous simplifier la tâche, vous pouvez investir dans un thermostat automatique programmable. Il se chargera de descendre ou de monter la température, avant que vous ne vous leviez le matin et avant que vous ne rentriez le soir. Avec l'argent que vous économiserez sur vos factures d'électricité, le thermostat devrait être rentabilisé en moins de 6 mois.

Une bonne isolation

Pour être sûr que le thermostat de votre système de chauffage ou de climatisation fonctionne de façon optimale, vérifiez le mur sur lequel il est monté pour vous assurer qu'il est correctement isolé. S'il ne l'est pas, de l'air chaud ou de l'air froid pourrait s'infiltrer de l'extérieur et fausser la lecture du thermostat, forçant le système à fonctionner plus fort que nécessaire.

Le calfeutrage

Pour gagner du temps lorsque vous installez des bourrelets de calfeutrage, agrafez-les au lieu de les clouer. Vous pourrez toujours les clouer plus tard, si vous le souhaitez.

Le nettoyage des vitres

Nettoyez vos vitres à la fin de l'automne ou en hiver. Une fenêtre propre laissera entrer plus de lumière et de chaleur, ce qui réduira votre note de chauffage en hiver. En été, une petite pellicule de poussière peut être utile, filtrant un peu de lumière et laissant entrer moins de chaleur.

L'isolation naturelle

Pendant les chauds mois d'été, baissez les stores pour bloquer la lumière. Les arbres d'ombrage, les persiennes à l'italienne et les auvents peuvent également éviter l'accumulation de chaleur. En hiver, laissez pousser les arbustes pour isoler votre maison du froid. Les arbres à feuilles persistantes, plantés à une dizaine de mètres de la maison, permettront de couper le vent et l'empêcheront de s'infiltrer par les fissures.

Un abri ombragé

Si votre bloc de climatisation est exposé à la lumière directe du soleil, vous pouvez augmenter ses performances en construisant un paravent ou une palissade en treillis au-dessus, pour apporter de l'ombre et de la ventilation, ainsi qu'une protection contre les intempéries. Par contre, évitez de laisser pousser les arbustes, les feuillages et l'herbe trop près du moteur. Cela risquerait de réduire la circulation de l'air et de le faire forcer.

Un souffle d'air chaud

Si l'élément extérieur de votre système de climatisation central est situé près de la sortie d'air du sèche-linge, il devra fonctionner plus fortement pour refroidir votre maison. Trouvez un moyen de déplacer la ventilation du sèche-linge, afin que l'air chaud et humide soit dirigé dans une autre direction.

Maîtrisez l'humidité

Ne laissez pas l'humidité s'emparer de votre maison. Elle laisse une odeur de moisi, abîme les vêtements, les livres, le papier, les meubles, les murs et les plafonds, et peut même faire pourrir le bois des murs, des sols et des chevrons. Si vous n'avez pas de système de climatisation central, envisagez d'en installer un. C'est un gros investissement, mais qui empêchera peut-être toute votre maison d'être envahie par les moisissures. Si ce problème d'humidité ne touche qu'une partie de votre maison, contentez-vous alors d'acheter un déshumidificateur autonome. S'il est portable, vous pourrez facilement le changer de place selon vos besoins.

Purifiez l'air

Si votre humidificateur commence à sentir le moisi, ajoutez une cuillerée à soupe de Javel dans l'eau et faites-le marcher ainsi un moment. Cela devrait tuer tous les germes absorbés par l'humidificateur. Une fois l'odeur de Javel dissipée, la vapeur d'eau sera de nouveau fraîche.

Les climatiseurs de fenêtre

Les climatiseurs de fenêtre doivent également être bien entretenus, au risque de ne pas fonctionner très efficacement. Dès que commence la saison chaude, sortez votre manuel de l'utilisateur et apprenez à nettoyer les pales du ventilateur et le serpentin d'évaporation. Vérifiez l'état du calfeutrage et des joints autour de l'appareil. Huilez le moteur et le ventilateur. Enfin, nettoyez le filtre à air tous les mois, pendant l'été.

Evitez l'exposition au soleil

Lorsque vous installez un nouveau climatiseur de fenêtre, choisissez la fenêtre avec soin. Essayez de le fixer à une fenêtre sur un mur orienté au nord ou qui ne reçoit pas beaucoup de soleil. Montez-le assez haut sur la fenêtre, si possible. L'air frais ayant tendance à tomber, il circulera beaucoup mieux dans la pièce.

Préparez le climatiseur pour l'hiver

Si vous laissez le climatiseur sur la fenêtre, veillez à bien fermer les évents. Recouvrez l'appareil avec une housse spéciale, ou optez pour une solution plus économique en le recouvrant entièrement avec du plastique épais, sellé de toute part avec du ruban isolant.

Si vous décidez de retirer le climatiseur de la fenêtre, ne le posez pas directement sur le sol de votre garage pour l'entreposer si vous habitez dans une région où les routes sont salées en hiver.

Le sel provenant des pneus de votre voiture risquerait de corroder les parties métalliques du climatiseur.

Un gain d'énergie

Ne tournez pas le thermostat de votre climatiseur au plus froid lorsque vous venez de l'allumer, en pensant que la maison sera fraîche plus rapidement. Ce ne sera pas le cas, et vous gaspillerez beaucoup d'énergie.

La ventilation et l'aération

Gardez la tête froide

Une ventilation inefficace ou inexistante dans le grenier vous coûte de l'argent toute l'année. En été, cela met votre système de climatisation à rude épreuve, car la chaleur qui s'accumule dans le grenier peut rayonner dans toute la maison. La température d'un grenier peut atteindre 65°C, ce qui peut faire gondoler les bardeaux. En hiver, une bonne ventilation empêche l'humidité de s'accumuler dans les chevrons et l'isolant, et prévient la formation de glace sur le toit. La ventilation du grenier, effectuée par les pignons, les soffites, le faîtage ou à l'aide de turbines électriques passives, vous permettra de préserver votre toiture, d'éviter les dégâts des eaux, de réduire vos coûts de climatisation et d'augmenter le confort de votre maison.

Brassez l'air

Pour favoriser la circulation de l'air dans votre maison, en été comme en hiver, envisagez d'installer des ventilateurs de plafond. En effet, notamment dans les pièces très hautes de plafond et dans les cages d'escalier, l'air chaud peut stagner en hauteur et déclencher le fonctionnement de votre système de climatisation, et de chauffage, plus souvent.

Eventez la maison

Si vous voulez réduire considérablement les frais de climatisation, envisagez d'éventer votre maison de la cave au grenier. L'idée est de pratiquer cela le soir, lorsque la température extérieure diminue mais que votre maison est encore chaude à l'intérieur. En ouvrant quelques fenêtres, vous pouvez faire rentrer l'air frais de la nuit, ce qui forcera l'air chaud accumulé à s'évacuer.

Dans certaines régions, cette technique peut permettre de remplacer la climatisation pour faire des économies. Dans les climats très chauds, elle peut être utilisée en complément de la climatisation.

Bas en été, haut en hiver

En été, réglez vos ventilateurs de plafond pour qu'ils soufflent vers le sol, afin de vous rafraîchir. En hiver, inversez-les pour qu'ils propulsent l'air vers le plafond. Cela évitera que des nappes d'air froid ne se forment près du sol. Ces deux réglages permettent de faire circuler l'air, afin de contribuer à votre confort. Le bouton qui permet d'inverser le sens des pales du ventilateur est généralement situé sur la paroi du bloc moteur.

La ventilation de la maison

Assurez-vous que votre maison a une " ventilation naturelle " adéquate, c'est-à-dire suffisamment de fenêtres et de portes, situées de tous les côtés de la maison, des aérations au niveau du vide sanitaire, des soffites et du grenier. Installez également des ventilateurs d'évacuation dans la cuisine, la laverie et la salle de bains, si vous n'en avez pas. Ils sont très efficaces pour éliminer la chaleur, l'humidité et les odeurs de la maison. Vérifiez qu'ils s'évacuent bien à l'extérieur, et non dans le grenier ou le vide sanitaire.

La Lessive

L'organisation de la buanderie

Priorité à l'ordre

Chaque membre de la famille peut trier lui-même son linge sale si vous organisez la buanderie pour faciliter ce tri. Achetez 3 paniers à linge bon marché ou de grands bacs . Utilisez un marqueur permanent pour écrire en lettres majuscules : " foncé ", " clair " et " couleur ". Expliquez à chacun que vous voulez qu'ils placent leur linge sale dans le bac adéquat. Vous ferez peut-être un tri supplémentaire, mais une grande partie du travail sera déjà faite.

Vous avez beau insister sur l'importance de vider les poches des vêtements avant de les mettre dans le panier à linge sale, il y aura tout de même des oublis de temps en temps. Gardez donc deux récipients à portée de main, l'un comme poubelle, l'autre pour les objets de valeur laissés dans les poches. Vous saurez où chercher lorsqu'il vous manquera de la monnaie ou si vous ne retrouvez pas votre couteau suisse, sans avoir à fouiller dans le tas de linge.

Triez pour donner

Laissez un sac dans la buanderie pour les vêtements que vous voulez donner. Si vous avez remarqué que le blue-jean de votre fils lui arrive 5 cm au-dessus des chevilles, sortez-le du séchoir pour le mettre directement dans ce sac. Les vêtements qui ne vous vont plus, sont passés de mode ou sont devenus inutiles pour quelque raison que ce soit, seront ainsi prêts à aller à quelqu'un qui en fera bon usage. Vous aurez donc davantage de place dans vos penderies ou vos tiroirs pour mettre les vêtements que vous utilisez réellement.

Préparez le lavage

Les secrets du tri

Vous souvenez-vous de l'époque où vous êtes parti en pension et où vous avez lavé votre linge pour la première fois ? Tout votre linge était devenu gris. Cette mésaventure vous a servi de leçon et vous savez désormais qu'en lavant le linge blanc et le linge de couleur séparément, vous pouvez éviter ce genre d'accident. Cependant, trier le linge par les couleurs n'est qu'un début. Il est également important de laver ensemble les vêtements qui nécessitent la même lessive, le même cycle de lavage et la même température de l'eau.

Pour que le blanc reste éclatant, lavez-le toujours séparément. Vous pouvez laver les couleurs claires et médium ensemble. Mais les couleurs claires et les couleurs foncées doivent être lavées à part. Le blanc et les couleurs claires peuvent absorber les teintures de vêtements plus colorés, et le noir peut les ternir.

Une attirance mutuelle

Lavez les vêtements "pelucheux" ensemble, c'est-à-dire les pulls en angora, les vêtements de flanelle, les serviettes en tissu éponge (surtout neuves) et les dessus-de-lit et les peignoirs en chenille. Eloignez-les des vêtements plissés et des velours côtelés qui sont comme des aimants pour les peluches, difficiles à enlever.

Triez également le linge en fonction du niveau de saleté des vêtements. Les vêtements légèrement tachés peuvent, en effet, s'imprégner de la saleté de l'eau de lavage. Le linge clair deviendra grisâtre ou jaunâtre, et les articles de couleurs seront plus ternes si vous les lavez régulièrement en même temps que des articles très sales. Faites également un tri par type de tissu. Les vêtements à grosses mailles et les articles délicats peuvent être lavés ensemble, avec un cycle de lavage doux.

Sélectionnez une variété de tailles et de poids à laver ensemble, comme les grands draps avec les blouses ou les serviettes de toilette. Les articles plus gros pourront tourner librement et seront donc mieux lavés.

Les couleurs vives

C'est amusant d'égayer une garde-robe tristounette avec des vêtements de couleurs très vives : rose bonbon, orange fluo et bleu électrique. Mais comme ces vêtements ne sont pas toujours grand teint, lavez donc chaque couleur séparément la première fois, en suivant les instructions sur l'étiquette. Ils perdront probablement un peu de leur éclat à chaque lavage. Si vous faites une tache, vous devrez peut-être traiter tout le vêtement afin que la couleur reste uniforme.

Protégez le linge lavé en machine

Vérifiez que vous avez vidé les poches de chaque vêtement que vous mettez à la machine. Voici d'autres conseils à suivre pour protéger vos vêtements contre les accidents de lavage.

- Remontez les fermetures Eclair® et boutonnez toutes les autres attaches, comme les agrafes ou les boucles de ceinture, qui pourraient se prendre dans le tissu.
- S'il y a des petits accrocs ou trous sur vos vêtements, recousez-les avant de les laver en machine. Le lavage risquerait de les agrandir.
- Brossez la saleté ou la boue séchée sur vos vêtements avant de les mettre dans la machine à laver. Sans quoi, la terre pourrait se déposer sur les autres vêtements au cours du lavage.
- Ne surchargez pas la machine. Le linge doit pouvoir circuler librement. Si vous ne vous apercevez pas que le vêtement est troué ou

déchiré ou que vous n'avez pas réussi à le raccommoder, il aura plus de risques de s'agrandir si la machine est trop pleine.

Les produits de lavage

Mieux connaître les produits

Le savon et la lessive aident tous deux à nettoyer les vêtements, en enlevant la saleté et en la laissant en suspension dans l'eau de lavage afin qu'elle ne se redépose pas dans le tissu. Les savons sont faits avec de la graisse, de la lessive et quelques autres ingrédients. Ceux pour le linge se présentent généralement sous forme de paillettes ou de granules. Ils sont utilisés principalement pour laver le linge de bébé, la lingerie et autres articles délicats. Le savon doit uniquement être utilisé avec de l'eau douce. Avec de l'eau calcaire, il peut se former une écume qui reste sur les vêtements. Elle peut s'accumuler et leur donner une apparence grisâtre, molle et graisseuse. Le savon se dépose également sur les surfaces de la machine à laver.

Les lessives sont utilisées pour la plupart des lavages, à la main comme en machine. Elles contiennent des ingrédients qui pénètrent et détachent rapidement la saleté, et la gardent en suspension dans l'eau de lavage jusqu'au rinçage. Elles existent en poudre ou en liquide. La lessive liquide est particulièrement recommandée pour les lavages à eau froide, car elle se dissout plus facilement. Vous pouvez choisir de la lessive pour linge très sale ou délicat. La dernière convient bien pour le lavage à la main des articles fragiles.

Sachez les doser

La quantité de lessive recommandée est indiquée sur l'emballage. Néanmoins, cette dose est calculée pour une charge moyenne de 3 à 5 kg de linge peu sale avec de l'eau moyennement dure. Utilisez davantage de lessive si les vêtements sont très tachés, si votre eau est calcaire ou si vous avez une charge plus importante dans une machine plus grande. Si, au contraire, votre eau est douce, vos vêtements sont peu tachés et que vous lavez une petite charge, vous pouvez réduire la quantité de savon ou de lessive que vous utilisez.

Des conseils pour faire des économies

Les lessives se dissolvent mieux dans l'eau chaude ou très chaude. En revanche, certains vêtements risquent de passer ou de rétrécir si l'eau est trop chaude. Par ailleurs, les lavages à l'eau froide consomment moins d'énergie. Trouvez le bon compromis, en mettant la lessive et en laissant couler suffisamment d'eau chaude pour la dissoudre. Baissez ensuite la température de l'eau au cours du lavage. Il est presque toujours conseillé de faire un rinçage à l'eau froide. Vous ferez des économies d'énergie, et les vêtements plissés seront moins chiffonnés et les autres plus faciles à repasser.

Protégez les tissus fragiles

Si l'étiquette de lavage indique " fragile ", veillez à bien utiliser une lessive pour articles délicats. Sans quoi, vous risquez de vous retrouver avec des taches claires sur le vêtement. Si cela se produit, faites tremper le vêtement tout entier dans une forte solution de lessive ordinaire et d'eau. Cela risque d'éclaircir le tissu, mais les couleurs seront uniformes.

Une pincée de sel

Certains détachants sont conçus pour protéger les couleurs. Mais ne dépensez pas d'argent inutilement pour acheter ces produits. Ajoutez quelques pincées de sel à l'eau de lavage. Vos vêtements garderont leurs couleurs éclatantes. Ils s'useront également moins rapidement, car le sel attaque moins le tissu que le détachant.

Allongez la lessive

Il vous reste encore une machine de linge à laver et votre baril de lessive est presque vide. Allongez-le en ajoutant 50 grammes de bicarbonate de soude. Et en prime, vos vêtements sentiront le frais et seront tout doux.

Un détachage avant lavage

Il est parfois utile de prétraiter les parties tachées des vêtements avec de la lessive liquide. Mais cette opération n'est pas toujours facile à réaliser proprement et peut conduire à du gaspillage si vous n'atteignez pas exactement votre cible. Au lieu de verser la lessive sur la tache, utilisez un vieux pinceau (d'une largeur de 4 à 5 cm environ). Trempez-le simplement dans la lessive liquide et passez le pinceau à l'endroit de la tache, proprement et sans gaspillage.

Les produits de blanchiment

Les produits de blanchiment agissent avec l'eau et la lessive pour enlever la saleté et les taches, et peuvent permettre de redonner de l'éclat et de la blancheur à certains tissus. Ils désodorisent et désinfectent également le linge. Utilisés correctement, ces produits n'abîmeront pas les vêtements. Mais lisez attentivement les étiquettes.

Il existe 2 types de produits de blanchiment : ceux à base de chlore (Javel) et ceux à base d'oxygène actif. Les produits à base de chlore sont soit liquides, soit en poudre. Ne les utilisez pas sur les fibres élastiques synthétiques, sur la laine, la soie ou les fibres comme le mohair, l'angora ou le cachemire. Vous pouvez, par contre, les utiliser sans risque sur d'autres tissus grand teint.

Si vous avez des doutes à propos d'un vêtement, faites un test sur une zone non visible comme une couture ou un revers. Mélangez une cuillerée à soupe de Javel dans 10 cl d'eau. Appliquez-en une goutte à l'endroit que vous testez. Si la couleur reste intacte, vous pouvez alors ajouter sans risque la Javel à l'eau de lavage. Par contre, si l'étiquette indique de ne pas utiliser de Javel, ne prenez pas le risque.

L'oxygène actif n'est pas aussi puissant que l'eau de Javel, et est plus efficace lorsqu'il est utilisé régulièrement de manière préventive. Il est généralement mélangé à un anticalcaire et à un azurant. Les formes liquides ou en poudre sont généralement sans risque pour tous les vêtements. Diluez toujours le produit dans de l'eau avant de vous en servir.

Attention danger !

Lorsque vous faites la lessive ou toute autre tâche ménagère, ne mélangez jamais de vinaigre, d'ammoniac ou autre produit avec de l'eau de Javel. Des vapeurs toxiques pourraient s'échapper et vous rendre très malade.

Un blanchissant imbattable

Gardez un vaporisateur rempli d'un mélange d'eau et de Javel (au moins 4 doses d'eau pour une dose de Javel) à portée de main dans la buanderie. Vaporisez-le directement sur les zones très tachées des vêtements blancs qui acceptent la Javel. Lisez l'étiquette si vous n'en êtes pas sûr. Faites attention à ne pas mettre le produit en contact avec des vêtements de couleur ou foncés, y compris ceux que vous portez.

Un assouplissant sans tache

Lorsque vous utilisez de l'assouplissant liquide dans la machine à laver, diluez-le avant de l'ajouter à l'eau de rinçage. Ne le versez jamais tel quel sur les vêtements. Il peut laisser des auréoles d'apparence graisseuse. Si vous faites cette erreur, voici comment éliminer ces auréoles. Humidifiez-les si elles ont séché. Frottez-les avec une savonnette, rincez et lavez-les normalement. Si elles résistent, épongez-les avec de l'alcool à 90°, rincez abondamment puis relavez.

Un bas fourre-tout

Si vous avez de tous petits articles comme les chaussettes de bébé ou les rubans pour les cheveux qui sont difficilement lavables en machine, mettez-les dans un mi-bas de femme. Nouez lâchement l'extrémité avant de le placer dans la machine. Faites attention à ne pas laver de vêtements qui déteignent. Evitez également de trop les serrer dans le bas, surtout si vous avez l'intention de les faire sécher de la même manière.

Economisez sur l'assouplissant

Les feuilles d'assouplissant peuvent avoir une double utilité. Utilisez-les 2 fois de suite, une fois dans le sèche-linge et une autre fois dans l'eau de rinçage de votre prochain cycle de lavage.

Vous pouvez également utiliser de l'assouplissant liquide dans le sèche-linge. C'est un peu plus compliqué, mais nettement moins onéreux que les feuilles d'assouplissant et tout aussi efficace. Mouillez un vieux gant de toilette ou autre torchon propre et versez-y une petite quantité d'assouplissant. Vérifiez que l'assouplissant s'est bien imprégné, et mettez-le dans le sèche-linge.

Si vous voulez un assouplissant et un antistatique naturel, essayez d'ajouter environ 25 cl de vinaigre blanc à la dernière eau de rinçage. Le vinaigre est suffisamment doux pour ne pas abîmer les vêtements, mais suffisamment fort pour dissoudre les alcalis des savons et des lessives. Le vinaigre permet d'éliminer les dépôts de mousse et de savon, et laisse votre linge doux et frais.

Le vinaigre dissout même l'acide urique, un plus si vous lavez du linge de bébé. Ajoutez 50 cl de vinaigre à l'eau de rinçage d'une charge pleine et les couvertures et les pyjamas de votre bébé seront doux et moelleux.

Le cycle de lavage

Evitez les surcharges

Il peut être tentant d'ajouter juste 1 ou 2 serviettes ou t-shirts dans une machine déjà pleine. Pourtant, pour que votre linge soit bien propre, évitez de surcharger la machine. Les vêtements doivent avoir beaucoup de place pour bouger. Il leur faut également beaucoup d'eau pour enlever la saleté. Choisissez donc le niveau d'eau approprié pour la quantité de linge. Lorsque vous lavez de grands articles, comme les draps, vérifiez de temps à autre qu'ils ne se sont pas enroulés autour du tambour.

Une formule hypoallergénique

Est-ce que vous ou quelqu'un de votre famille souffre d'asthme ou d'allergies ? Si oui, vous savez à quel point les déjections d'acariens sur les vêtements et la literie peuvent vous faire souffrir. Vous pouvez vous débarrasser et des déjections, et des acariens, en ajoutant de l'essence d'eucalyptus à l'eau de lavage. Le *Journal of Allergy and Clinical Immunology* a indiqué que cette " recette " pouvait tuer près de 95 % des acariens :

1 dose de lessive
3 à 5 doses d'essence d'eucalyptus

Assurez-vous que la lessive se dissout bien dans l'essence. Si ce n'est pas le cas, changez de lessive. Laissez tremper les vêtements de 30 minutes à 1 heure dans cette solution, avant de les laver normalement.

Rafraîchissez le linge

Catastrophe ! Vous avez oublié de sortir les vêtements que vous avez lavés quelques jours auparavant et ils ont pris une mauvaise odeur. Vite ! Relavez-les en ajoutant un verre de vinaigre à l'eau de rinçage. Votre linge devrait de nouveau sentir bon.

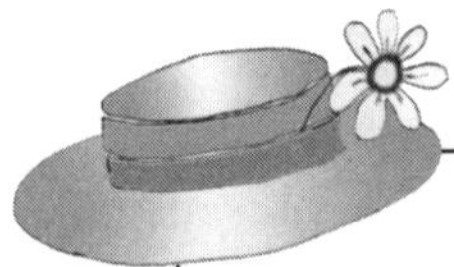

Secret d'antan

Dans le temps on battait le linge avec un battoir. On retrouve cet effet dans une moindre mesure en utilisant des balles de lavages qui améliorent le lavage et permettent de réduire les doses de lessive.

Lavez les serviettes de toilette

Les serviettes de bain, surtout neuves, perdent beaucoup de peluches qui peuvent adhérer aux autres vêtements, il est donc préférable de les laver à part. Pour qu'elles restent fraîches plus longtemps lorsqu'elles sont mouillées après les avoir utilisées, ajoutez 50 grammes de bicarbonate de soude à la lessive.

Nettoyez le rideau de douche

Si vous en avez assez de remplacer le rideau de la douche chaque fois qu'il devient un peu sale, mettez-le dans la machine à laver avec 1 ou 2 grandes serviettes de toilette et votre lessive habituelle. Ajoutez 25 cl de vinaigre à l'eau de rinçage et il ressortira comme neuf. Mettez-le ensuite dans le sèche-linge à basse température pendant quelques minutes et suspendez-le pendant qu'il est encore chaud. Les plis disparaîtront aussitôt.

Une situation explosive

Si vous restez longtemps sans utiliser d'eau chaude, du gaz hydrogène peut s'accumuler dans le chauffe-eau ou les conduits d'eau chaude. Ce gaz peut s'enflammer ou exploser. Lorsque vous vous absentez de chez vous pendant plus de 2 semaines, prenez les précautions suivantes lorsque vous rentrez. Laissez couler l'eau chaude de tous les robinets pendant quelques minutes, avant d'utiliser la machine à laver ou autres appareils ménagers reliés à une arrivée d'eau chaude.

L'entretien de la machine à laver

Prendre soin de votre machine à laver vous permettra de prolonger sa durée de vie et d'accroître son efficacité. Protégez le dessus de votre machine en nettoyant immédiatement le produit de lavage que vous renversez à côté. Certaines surfaces et parties en plastique peuvent s'abîmer au contact de l'ammoniaque, de la Javel, des abrasifs et des solvants. Utilisez les détachants et les nettoyants dans le tambour, en suivant attentivement les instructions de nettoyage.

Assurez-vous que les tuyaux d'eau reliés à la machine à laver ne sont pas coudés ou pliés. Les tuyaux dureront plus longtemps si vous fermez les robinets d'eau chaude et d'eau froide qui alimentent la machine entre deux lavages. La pression de l'eau use les tuyaux.

Le vinaigre peut aider à garder les tuyauteries propres. Il permet également d'enlever les résidus de savon et de réduire l'accumulation de dépôts minéraux dans la machine. Ajoutez 25 à 40 cl de vinaigre à un cycle de lavage normal (sans linge) tous les 2 ou 3 mois. Veillez à bien actionner le cycle de rinçage.

Vous ne devez pas laisser de vinaigre sur les surfaces émaillées. Il contient de l'acide qui peut attaquer la surface s'il reste en contact avec trop longtemps. Cela peut provoquer des taches qui, à la longue, peuvent abîmer les vêtements.

Lorsque vous lavez en machine du linge très sale ou pelucheux, il peut rester des résidus dans le tambour. Nettoyez-les avec un chiffon humide et laissez la machine ouverte pour qu'elle sèche.

Le cycle de séchage

Des économies sur le séchage

Lorsque vous utilisez votre sèche-linge, essayez de le faire fonctionner plusieurs fois. La seconde fois, le sèche-linge sera déjà préchauffé et consommera donc moins d'énergie pour sécher les vêtements. Vous obtiendrez une efficacité maximale en séchant plusieurs charges à la suite.

Vous réduirez à la fois votre facture d'électricité et votre budget de vêtements si vous ne surséchez pas le linge. A moins que vous ne vouliez porter un vêtement immédiatement, sortez-le du sèche-linge pendant qu'il est encore légèrement humide, surtout aux zones plus épaisses comme les poches et les poignets. Votre linge aura moins tendance à rétrécir, à se froisser et à se charger d'électricité statique. Toutefois, pour prévenir le risque de moisissures, mettez les articles encore humides à sécher dans un endroit aéré, avant de les suspendre dans la penderie ou de les ranger dans les tiroirs.

Veillez à ne pas surcharger le sèche-linge. Le linge qui tourne librement sera moins froissé, vous dépenserez donc moins d'énergie avec le fer pour le repasser. Utilisez le cycle délicat lorsqu'il refroidit. Cela évitera également que le linge soit trop froissé.

L'entretien du sèche-linge

Veillez à nettoyer le filtre à peluches du sèche-linge très régulièrement. Pour les charges de linge très pelucheux, arrêtez le sèche-linge pour nettoyer le filtre au milieu du cycle de séchage. Vous économiserez de l'argent et améliorerez les performances de votre machine .

Nettoyez le système de ventilation soufflante au moins une fois par an. Veillez à ce qu'il ne soit jamais obstrué. Ne ventilez jamais un sèche-linge à l'intérieur de la maison. La ventilation doit toujours s'évacuer à l'extérieur.

Ne séchez jamais les articles qui ont été utilisés avec des solvants ou des cires, ou qui portent une étiquette indiquant qu'ils sont inflammables.

Secret d'antan

Lorsque que vous ne repassez pas tout de suite les vêtements humides, empêchez l'apparition de moisissures en les laissant au réfrigérateur.

1003 Household Hints and Work Savers, 1947

Si vous utilisez le dessus du sèche-linge pour traiter les taches, veillez à bien le protéger avec un plastique épais. La Javel, l'ammoniaque, les solvants et les autres produits chimiques risqueraient de corroder la peinture émaillée et les parties en plastique.

Pensez aux pense-bêtes

Vous étiez vraiment fatigué lorsque vous avez fait la dernière lessive hier soir, juste avant d'aller vous coucher. Malheureusement, vous n'avez plus pensé à votre chemisier délicat et avez mis tout au sèche-linge ce matin. Il est trop tard pour réparer cette erreur maintenant. A l'avenir, pensez à laisser un bloc de papier et un crayon dans la buanderie. La prochaine fois, faites-vous un pense-bête que vous ne pourrez pas oublier, aussi pressé ou aussi fatigué que vous soyez.

Séparez les poids lourds

Séchez les vêtements lourds et les vêtements légers séparément. Les articles légers sèchent plus rapidement, tandis que les articles lourds, comme les jeans, peuvent abîmer les articles délicats en Nylon® ou autre.

Eliminez les peluches

Il est préférable de laver le linge à l'envers pour empêcher les peluches d'adhérer aux vêtements. Séchez également les vêtements à l'envers pour éviter que les peluches ne viennent se loger dans les plis. Cela n'est pas un problème si vous laissez sécher le linge à l'air libre, mais étendez-le néanmoins à l'envers pour éviter de faire passer les couleurs.

Si votre linge est recouvert de peluches, essayez de voir quels vêtements ont été lavés ensemble. Les vêtements synthétiques comme le polyester et l'acrylique ont tendance à attirer les peluches. Evitez de laver ce type de vêtements avec des vêtements pelucheux, en tissu éponge ou autre.

Les catastrophes du sèche-linge

Il arrive que des crayons ou des stylos à encre passent au lavage sans aucun problème. Mais méfiez-vous s'ils arrivent dans le sèche-linge. Faire sécher du linge avec un crayon fondu ou un stylo à encre qui fuit peut vraiment les tacher. Ces substances peuvent également recouvrir le tambour du sèche-linge et tacher également la prochaine charge de linge.

Si cela se produit, il est important de bien nettoyer l'intérieur du sèche-linge avant de faire sécher autre chose. Enlevez le plus de crayon fondu possible avec un nettoyant ménager multi-usages non-inflammable, comme de l'Ajax® ou du Monsieur Propre® (lisez bien l'étiquette pour vous assurer qu'il n'est pas inflammable). Appliquez-le avec une éponge ou un chiffon propre. Ne le versez pas ou ne le vaporisez pas directement à l'intérieur du sèche-linge. Essuyez-le ensuite avec un torchon ou de l'essuie-tout. Mettez des vieux torchons dans le sèche-linge et faites-les sécher, jusqu'à ce qu'il ne reste plus aucun résidu.

Pour enlever les traces de feutres ou de stylo à bille sur le tambour du sèche-linge, il vous faudra utiliser un nettoyant ménager contenant un solvant inflammable. Assurez-vous que le tambour soit froid avant de le nettoyer. Versez un peu de nettoyant non dilué sur un chiffon ou un carré d'essuie-tout, et passez-le à l'intérieur. Ne vaporisez pas ou ne versez pas directement le produit dans le tambour. Essuyez ensuite le tambour avec un chiffon ou du papier absorbant numide, pour enlever toute trace de produit. Laissez la porte du sèche-linge ouverte pendant plusieurs heures, pour être sûr que les vapeurs du solvant se sont bien évaporées.

Le sèche-linge peut également être taché par des articles amidonnés ou teints. Humidifiez un chiffon avec une solution d'eau de Javel diluée et essuyez l'intérieur. Enlevez les traces de Javel avec une éponge ou un chiffon savonneux, rincez et séchez.

Faites attention aux traces bleues après avoir lavé un blue-jean neuf. L'excès de teinture peut se déposer sur les parois du tambour et bleuir vos prochaines charges de linge blanc. Pour éviter que cela ne se produise, nettoyez l'intérieur du sèche-linge, après avoir fait sécher les blue-jeans, avec de l'eau savonneuse jusqu'à ce que l'éponge soit propre. Enlevez les résidus de savon avec un chiffon humide et propre.

Faites sécher le linge à l'air libre

De nos jours, la plupart des gens estiment qu'ils n'ont pas le temps d'étendre les lessives pour les faire sécher. Pourtant, si vous voulez économiser de l'argent ou tout simplement profiter du bon air et avoir du linge qui sente le frais, il est peut-être temps d'accrocher une corde à linge dans votre jardin. Si vous avez réellement l'intention d'étendre votre linge dehors, vous pouvez installer des cordes à linge montées sur une armature métallique coulée dans un socle en béton. Vous pourrez trouver le matériel, ainsi que les instructions nécessaires, dans un magasin de bricolage. Vous pouvez également trouver de la corde en coton ou en plastique bon marché, mais elles risquent de plier sous le poids d'une charge de linge trop lourde. Pour un meilleur maintien, achetez du fil de fer galvanisé, qui sera un peu plus onéreux mais nettement plus durable.

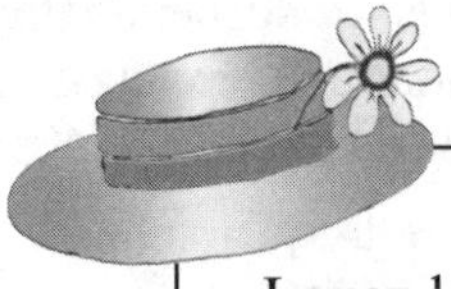

Secret d'antan

Lavez les pinces à linge dans une solution d'eau salée avant de les utiliser. Elles dureront ainsi plus longtemps et ne gèleront pas sur les vêtements lorsqu'il fait très froid.

1003 Household Hints and Work Savers, 1947

Placez votre corde à linge à un endroit où le vent principal soufflera de face, et non de côté. Si possible, placez-la à un endroit où une partie de la corde est à l'ombre au milieu de la journée. Vous pourrez ainsi étendre les couleurs vives à l'abri du soleil pour qu'elles ne passent pas. Evitez toutefois de la mettre sous un arbre où les fientes d'oiseaux risqueraient de salir tout votre linge propre. Placez-la également de façon que les vêtements exposés au vent ne s'accrochent pas dans les branches ou une clôture.

Des conseils pour l'étendage

Vous appréhendez peut-être d'avoir plus de repassage à faire en faisant sécher le linge sur une corde. Une petite leçon sur la façon de bien étendre le linge pourra vous aider. Il est vrai que les vêtements étendus sur un fil deviennent plus raides, en séchant, que le linge séché au séchoir. Vous pouvez néanmoins éviter qu'ils soient plus froissés en suivant les conseils ci-dessous :

- Etendez toujours la lessive dès qu'elle est terminée. Si vous lavez votre linge dans une laverie, pliez-le et mettez-le dans un panier à linge plutôt que de l'entasser dans un sac ou un bac en osier.
- Pour moins les froisser, suspendez les jupes par la taille et les pantalons (y compris les blue-jeans) par le bas des jambes. Les chemises prendront mieux le vent et seront plus douces et plus vite sèches si vous les suspendez par le pan. Suspendez les petites robes légères par les épaules, mais pliez les robes plus lourdes et suspendez-les par la taille (les robes ont généralement besoin de retouches au fer à repasser).
- Les chaussettes sèchent plus vite lorsque vous les suspendez par le bout. Quant aux sous-vêtements, vous avez intérêt à les suspendre à l'envers au soleil. Les soutien-gorge et les gaines doivent cependant sécher à l'ombre.
- Les serviettes de bain sécheront plus rapidement si vous les suspendez par le haut (sur la largeur). Pliez les draps en deux pour les étendre.

Au moment de rentrer le linge, vous pouvez directement plier les vêtements en les décrochant du fil. Et pendant que vous y êtes, prenez le temps de humer la fraîcheur de vos draps et de vos serviettes propres. Vous ne jurerez plus que par ce type de séchage, désormais.

Le linge délicat

Les pulls

Lisez attentivement les instructions de lavage figurant sur l'étiquette de vos pulls avant de les laver. Ils peuvent être faits dans des fibres différentes, allant du coton à la laine. Ils comportent parfois des pièces décoratives qui nécessitent un soin spécial pour garder leur aspect d'origine.

Si vous faites rétrécir un pull en laine en le lavant, essayez cela : faites-le tremper dans de l'eau tiède additionnée de shampooing pour les cheveux de bonne qualité. Cela permettra peut-être de le détendre suffisamment pour qu'il puisse reprendre sa forme. Faites-le sécher à plat sur un étendoir à pulls ou sur une serviette pliée, sèche et propre.

Les pulls distendus

Un pull en laine vierge ne doit pas sécher au sèche-linge. Au lieu de cela, avant de le laver, dessinez-en le contour sur une feuille de papier. Après le lavage, redonnez-lui sa taille d'origine en le poussant doucement avec vos doigts le long du tracé, et laissez-le sécher ainsi.

Les couvertures

Beaucoup de couvertures, même en laine, peuvent être lavées en machine et séchées. Cependant, les températures et les cycles de lavage et de séchage varient en fonction des matières et des types de fabrication. Certaines doivent être nettoyées à sec. Lisez donc toujours les étiquettes et suivez attentivement les instructions. Ne lavez en machine qu'une seule grande couverture en laine à la fois. Mesurez-la d'abord, afin que vous puissiez lui redonner la même taille en l'étirant après le lavage. Lavez-la à l'eau froide ou tiède avec de la lessive, avec un cycle court et un essorage modéré.

Si la couverture en laine peut être séchée au sèche-linge, mettez-la avec 2 ou 3 serviettes de toilette à forte température, pendant 10 à 20 minutes. Faites tourner les serviettes dans le sèche-linge pendant quelques minutes, avant d'y ajouter la couverture. Elles absorberont ainsi plus rapidement l'humidité. Retirez la couverture avant qu'elle ne soit totalement sèche pour éviter de la friper et de la faire rétrécir. Terminez le séchage à plat ou suspendue au-dessus de 2 cordes à linge. Si elle a rétréci, étirez-la pour lui redonner sa forme et sa taille d'origine.

Les couvertures chauffantes

Laver une couverture électrique en machine est aussi simple que de laver une couverture normale. Ne la nettoyez pas à sec ou avec de la Javel. Pour obtenir les meilleurs résultats, suivez les conseils de lavage du fabricant.

Une couverture électrique peut être lavée à la main dans de l'eau tiède savonneuse. Laissez-la tremper 15 minutes. Pressez-la doucement pour faire pénétrer la mousse de savon dans les fibres. Rincez au moins 2 fois à l'eau froide. Ne l'essorez pas et ne la tordez pas.

Si vous la lavez en machine, faites dissoudre la lessive avant de l'ajouter à l'eau de lavage. Utilisez un cycle de lavage très court.

A moins que les instructions du fabricant ne le déconseillent, vous pouvez faire sécher partiellement votre couverture électrique au sèche-linge. Préchauffez le sèche-linge à température moyenne avant de faire tourner la couverture pendant 10 minutes. Retirez-la du sèche-linge et retendez-la, pour lui redonner sa forme. Finissez de la faire sécher en l'étendant sur 2 cordes à linge parallèles.

Les oreillers

Si l'étiquette indique qu'ils sont lavables, vous pouvez laver les oreillers avec une garniture en plumes ou en polyester à la machine. Vous pouvez laver 2 oreillers à la fois ou en équilibrer un dans la machine avec de grandes serviettes. S'ils sont particulièrement tachés, faites-les tremper pendant 15 minutes avant de les laver.

Utilisez de préférence une machine à chargement frontal, sans la surcharger. Les oreillers pourront ainsi tourner plus librement et auront moins tendance à se tasser. Le frottement sera également plus faible et les oreillers s'useront donc moins vite. Si vous utilisez une machine à chargement par le haut, les oreillers auront tendance à flotter à la surface. Il peut être judicieux de les imbiber d'eau avant de les mettre dans la machine. Lavez-les pendant 6 à 8 minutes avec un cycle de lavage normal. Faites 3 rinçages.

Des oreillers bien aérés

Vous pouvez faire sécher les oreillers au soleil, un jour où il y a du vent, ou les mettre au sèche-linge à basse température. Il faut beaucoup de temps avant qu'ils ne soient totalement secs et les moisissures peuvent être un problème s'ils restent humides. Secouez-les et faites-les gonfler plusieurs fois pour que le séchage soit plus uniforme et leur redonne du gonflant.

Les gants en cuir

Lisez et suivez toujours les instructions du fabricant pour l'entretien des gants en cuir. Même si l'étiquette indique qu'ils sont lavables, ne les lavez pas si vous les avez déjà fait nettoyer à sec une première fois. Le nettoyage à sec élimine les huiles naturelles. Vous risquez désormais de les abîmer en les lavant. Les gants en cuir doublés avec de la fourrure ne doivent pas être lavés. Il en est de même des gants en daim.

Pour les gants en cuir lavables, utilisez de l'eau chaude savonneuse. Massez doucement le cuir avec vos doigts, en évitant les coutures. Rincez la mousse à l'eau froide et tamponnez avec une serviette pour absorber l'humidité. Faites-les sécher à plat sur une serviette, loin de toute source de chaleur. Pendant que le cuir est encore humide, travaillez-le avec vos doigts. Le sébum de vos mains l'aidera à s'assouplir. Répétez cette opération au moins 3 fois avant que le cuir soit sec. Si le cuir a eu le temps de sécher avant que vous ayez terminé de le travailler, remouillez-le et retravaillez-le.

Une housse pour les lavages délicats

Pour nettoyer un article ancien ou délicat très sale, placez-le dans une taie d'oreiller et utilisez des épingles à nourrice pour fermer l'ouverture. Lavez-le avec les autres vêtements de même couleur à la machine à laver, en utilisant un savon doux. Retirez ensuite les épingles de la taie et laissez sécher la pièce délicate, à l'air libre.

Les édredons

Les édredons piqués à la main, achetés neufs ou hérités de votre arrière-grand-mère, représentent beaucoup d'efforts pour des petites mains. Ils ont besoin du plus grand soin mais doivent être lavés le moins souvent possible. Vous pouvez passer l'aspirateur dessus de temps en temps, en utilisant le petit suceur.

Si vous utilisez votre édredon piqué comme couvre-lit, vous pouvez faire un petit lavage de temps en temps. Si vous ne savez pas s'il a déjà été lavé, commencez par vérifier s'il est grand teint. Mouillez une petite zone, rouge s'il contient cette couleur, puisque c'est celle qui déteint le plus. Tamponnez-la avec du papier buvard. S'il déteint, portez-le chez un bon teinturier.

Les tissus fragiles

La soie, la laine et certaines fibres synthétiques nécessitent un entretien particulier. L'étiquette peut indiquer qu'ils sont lavables à la main ou à la machine à basse température (il est en général préférable de laver les articles en laine fine à la main). Lavez-les à l'eau froide ou chaude, mais rincez-les toujours à l'eau froide.

Faites toujours dissoudre la lessive en poudre ou liquide complètement, avant de mettre les articles délicats dans l'eau.

Si vous lavez les articles délicats à la main, pressez-les doucement pour faire pénétrer la mousse dans le tissu. Evitez de les frotter ou de les tordre. Rincez-les abondamment. Roulez-les dans une serviette sèche pour absorber l'excès d'eau. Faites-les sécher à plat, à l'abri de la lumière directe du soleil.

Un blanchissant impeccable

Lorsque les vêtements lavables en laine ou en soie ont jauni avec le temps, essayez de les blanchir avec cette solution. Diluez une cuillerée à soupe de vinaigre blanc dans 1/2 litre d'eau. Passez-la avec une éponge sur les zones jaunies, puis rincez. Suivez les instructions de lavage.

Le détachage

Une méthode simple

Si vous pouviez empêcher les taches d'arriver, la vie serait beaucoup plus simple. Malheureusement, les accidents sont inévitables. Voici donc quelques règles pour traiter les taches avant que vous n'essayiez de les nettoyer. Commencez toujours par lire l'étiquette du vêtement, et prêtez attention à toutes les mises en garde du fabricant.

- Agissez rapidement. Plus vous traiterez la tache rapidement, plus vous aurez de chances de l'éliminer complètement, sans abîmer le tissu. En effet, l'oxydation (le processus qui fait noircir la surface coupée d'une banane ou d'une pomme) provoque une interaction entre la substance de la tache et les fibres du tissu.
- Identifiez la tache. C'est facile lorsque vous la remarquez immédiatement. Mais parfois, vous trouvez une tache que vous n'arrivez pas à identifier. Si vous ne savez pas exactement de quoi il s'agit, rincez

ou faites tremper les articles lavables dans l'eau froide avant de les traiter ou de les laver. Mais gardez un œil dessus. Un trempage trop long peut décolorer le tissu.

- Testez la substance détachante. Appliquez-la au préalable sur un endroit non visible, comme une couture, avant de l'utiliser sur la tache. Laissez-la agir de 2 à 5 minutes, puis rincez. Si elle abîme le tissu ou le décolore, ne l'utilisez pas sur le reste du vêtement. Ne mélangez jamais plusieurs détachants. Si vous en essayez un qui est inefficace, rincez le vêtement entièrement avant d'en utiliser un deuxième.

Enlevez les taches

Ne frottez jamais une tache. Cela pourrait casser les fibres à la surface du tissu et étaler la tache. Cela peut également faire des marbrures et décolorer le tissu. Utilisez un chiffon, une éponge ou une brosse à dents propre. Pratiquez des mouvements de tamponnements ou de balayages (petits coups légers et brefs) pour enlever le plus de substance possible. Si la tache est imbibée dans le tissu, tamponnez-la si possible des deux côtés avec un chiffon doux et propre. Travaillez sur l'envers pour faire sortir la tache. Lorsque vous tamponnez ou appliquez un détachant, placez l'endroit du tissu sur un chiffon ou un papier absorbant. En travaillant sur l'envers, vous ferez ainsi sortir la tache au lieu de la faire rentrer dans le tissu. Allez du bord extérieur de la tache vers le centre pour éviter de l'élargir. Soyez patient. Laissez le produit agir un bon moment avant de rincer le vêtement ou de le mettre à la machine.

Venez-en à bout

Après avoir traité les taches, lavez le vêtement entier en machine. Vérifiez que les taches soient complètement parties. Si ce n'est pas le cas, recommencez le traitement, et relavez le vêtement. Pendant que vous y êtes, passez en revue le reste de vos vêtements à la recherche de taches que vous n'auriez pas vues la première fois. Vous devez traiter et laver ces taches une nouvelle fois, avant de les mettre dans le sèche-linge où elles seraient vraisemblablement fixées pour toujours.

Laissez sécher le vêtement à l'air libre, mais pas au soleil. La chaleur et la lumière vive accélèrent le processus d'oxydation, et la tache sera encore plus difficile à enlever si elle n'est pas complètement partie la première fois. (Ne repassez jamais un vêtement taché pour la même raison.) Scrutez attentivement le vêtement séché pour voir si la tache est complètement partie. Traitez-la de nouveau, si nécessaire.

Confiez vos vêtements à un professionnel

Si vous apercevez des taches sur un vêtement non lavable, portez-le à la teinturerie le plus vite possible. Indiquez l'emplacement de la zone tachée, sans quoi il sera nettoyé normalement et la chaleur risquerait de fixer définitivement les taches. Vous faciliterez le travail du teinturier en lui expliquant de quand datent les taches et quelle substance les a provoquées. Si la composition du tissu ne figure pas sur l'étiquette, fournissez-lui cette information si vous le pouvez. Si le vêtement est relativement neuf, il se peut que vous ayez gardé une étiquette indiquant la composition du tissu. Si c'est le cas, emportez-la avec vous.

Des détachants rapides (et bon marché)

Pour un détachage général des articles lavables, essayez les solutions suivantes :

- Appliquez une pâte composée de lessive en poudre et d'un peu d'eau.
- Imbibez la tache avec un mélange de farine de maïs et d'eau, de l'eau de Seltz ou du jus de citron.
- Pour les taches plus tenaces, diluez du produit pour lave-vaisselle en poudre dans un seau d'eau. Plongez le vêtement dans la solution savonneuse. S'il flotte, maintenez-le au fond de l'eau avec un objet lourd, comme une bouteille en plastique remplie d'eau.

Les taches invisibles

Ne croyez pas qu'un liquide clair n'a pas besoin d'attention sous prétexte qu'il ne se voit pas. S'il contient du sucre, il peut s'oxyder et tourner au marron si vous le laissez sur le vêtement. Ainsi, si vous renversez un liquide clair sur un chemisier, occupez-vous-en tout de suite. Quand il sera devenu visible, il sera peut-être trop tard pour l'enlever.

Détachez le linge de table

Après avoir utilisé du linge de table, inspectez-le toujours attentivement pour voir s'il n'est pas taché. Si c'est le cas, traitez-le le plus vite possible car les taches seront plus difficiles à enlever si elles ont le temps de s'installer. Faites tremper les taches d'aliments à base de protéines, comme les œufs, la viande et le poisson dans l'eau froide (l'eau chaude ou très chaude peut fixer les taches).

Eliminez les taches de vin

Vous aurez peut-être du mal à interrompre cette conversation passionnante et à quitter la table, mais si vous renversez du vin rouge sur votre chemisier, vos invités comprendront lorsque vous vous excuserez. Vous devez régler cette situation pendant que la tache est encore humide. Arrêtez-vous dans la cuisine pour prendre la salière ou emportez-la avec vous en quittant la table. Epongez le plus de vin possible avec un chiffon propre. Saupoudrez du sel sur la tache. Lavez le chemisier à l'eau froide.

Enlevez les taches de rouille

Contre les taches de rouille sur les vêtements clairs, aspergez-les de jus de citron chaud, tapotez-les pour le faire pénétrer et rincez à l'eau chaude. Vous pouvez également utiliser du jus de citron et du sel, et faire sécher les vêtements au soleil. N'utilisez pas de Javel sur les taches de rouille. La décoloration serait encore plus marquée.

Le métal provenant des tuyauteries ou du chauffe-eau peut faire des taches de rouille sur tous les vêtements d'une lessive. Si c'est un problème, il peut être utile de faire couler l'eau chaude pendant quelques minutes avant le lavage, pour nettoyer les tuyaux. Vidanger le chauffe-eau de temps en temps peut également s'avérer utile. Si le problème persiste, envisagez d'installer un filtre à fer dans le système d'alimentation d'eau.

Décollez le chewing-gum

Pour enlever du chewing-gum collé sur du tissu, essayez tout d'abord de congeler le vêtement. Le chewing-gum devrait devenir plus friable et se craqueler ou peler. S'il reste néanmoins quelques taches, utilisez du vinaigre de vin blanc.

Traitez les taches de vernis à ongles

Imaginons que vous êtes en train de vous faire les ongles lorsque votre chat arrive pour demander des caresses et renverse le vernis à ongles au passage. Comment enlever cette tache rouge vif de votre jupe ? Otez rapidement l'excédent de vernis. Puis, sauf si le tissu est de l'acétate ou du triacétate, attrapez la bouteille de dissolvant. Posez la face tachée contre des feuilles d'essuie-tout et tamponnez-la avec une bonne dose de dissolvant. Laissez tremper le vêtement dans l'eau froide. Appliquez de la lessive liquide sur la tache, avant de le laver à la machine.

Un remède contre les taches de sang

Pour enlever les taches de sang, faites tremper le vêtement dans l'eau froide. Changez l'eau lorsqu'elle devient rose.

Vous pouvez nettoyer les taches de sang tenaces sur les tissus blancs avec du peroxyde d'hydrogène. Versez-le sur la tache, puis enlevez la mousse avec un chiffon propre. Répétez l'opération jusqu'à ce que la tache ait disparu. Rincez et lavez normalement.

Le meilleur détachant

Vous avez trouvé une tâche de Coca-Cola® sur votre tee-shirt de sport préféré le lendemain d'une fête ? Passionné par le match de basket, vous ne vous êtes peut-être même pas aperçu que vous renversiez votre boisson. Est-il trop tard pour la faire disparaître ? Pas si vous appliquez du vinaigre blanc pur directement sur la tache dans les 24 heures, puis lavez le vêtement normalement. Le tee-shirt devrait être impeccable pour votre prochaine sortie.

D'autres sodas et boissons alcoolisées contiennent du sucre qui va caraméliser et devenir difficile à enlever, si la tache n'est pas traitée rapidement.

> Mélangez un litre d'eau chaude, une cuillerée à café de détergent et une cuillerée à soupe de vinaigre blanc. Laissez tremper le vêtement dans cette solution pendant 15 minutes. Rincez à l'eau froide.

Si la tache n'est pas partie, tamponnez-la avec de l'alcool isopropylique (dénaturé). Rincez abondamment avant de le laver, en utilisant de l'eau de Javel si le tissu le permet.

Dissolvez les taches de fruits

Vous avez emprunté une adorable petite nappe blanche à votre tante. Malheureusement, un invité a renversé de la compote de fruits sur la table. Rassurez-vous, vous n'avez besoin que d'un peu d'eau bouillante pour vous sortir de ce pétrin. Pour enlever les taches de fruits sur du tissu, trempez le linge dans l'eau bouillante. Si la tache est faite sur un grand article, comme une nappe, placez un bol sous la tache et versez l'eau chaude dans le bol, à travers le tissu. Si la tache est tenace, tamponnez-la avec du jus de citron.

Si vous préférez ne pas manipuler d'eau chaude, essayez cette méthode. Laissez tremper la tache pendant environ 15 minutes dans un mélange d'un litre d'eau chaude, d'une cuillerée à café de lessive et d'une cuillerée à soupe de vinaigre blanc. Rincez à l'eau froide. Si la tache est toujours là, tamponnez-la avec de l'alcool et rincez abondamment, avant de laver en machine. Si le vêtement le permet, ajoutez un peu d'eau de Javel.

Le chocolat

Vous avez renversé une boisson chocolatée sur un tee-shirt blanc ? Epongez et frottez la tache avec cette solution : 1 cuillère à café de liquide vaisselle diluée dans 1 litre d'eau et lavez-le normalement. Il se peut également que de petites mains se soient accrochées à votre chemisier après avoir mangé du gâteau au chocolat. Dans ce cas, détachez le chemisier en imprégnant les taches avec de l'eau de Seltz, avant le lavage.

Les taches d'encre

Cette tâche d'encre sur votre chemise peut être faite volontairement pour un test de personnalité, mais vous ne voulez pas la laisser définitivement. Pour enlever les taches d'encre sur les vêtements, appliquez de la laque pour cheveux à base d'alcool. L'alcool va permettre de dissoudre l'encre. Tamponnez la tache avec un torchon pour absorber l'excédent, avant le lavage. Faites un test sur une zone non visible, car la laque peut abîmer certains vêtements.

Vous pouvez substituer la laque par du dentifrice ou du lait. Appliquez le dentifrice sur la tache avant le lavage, ou imbibez la tache si vous utilisez du lait. Le lait frais est efficace, mais le lait caillé est plus rapide.

Décollez !

Si vos enfants rentrent de l'école avec plus de colle sur leurs vêtements qu'ils n'en ont utilisé pour faire leurs travaux manuels, pas de panique ! Faites tout simplement tremper les vêtements dans de l'eau chaude, additionnée de 3 cuillerées à soupe de vinaigre. Rincez bien et, normalement, toutes les traces de colle devraient disparaître.

Les taches de moutarde

Votre hot-dog du déjeuner a laissé son empreinte ; vous voilà avec une énorme tache jaunâtre en plein milieu de votre chemise. Comme pour toutes les taches, intervenez le plus rapidement possible pour l'enlever. Mélangez une solution d'un litre d'eau chaude, d'1/2 cuillerée à café de lessive à main liquide et d'une cuillerée à soupe de vinaigre. Passez-la à l'éponge sur la tache et laissez sécher à l'air libre. Puis, au choix : appliquez la lessive liquide directement sur la tache, ou mouillez la tache avec une éponge humide et appliquez une pâte composée d'eau et de lessive en poudre. Lavez à la machine comme d'habitude, en utilisant de la Javel si le tissu le permet.

Les taches de graisse

Le nettoyage à sec des vêtements en daim est onéreux. Mais ce ne sera peut-être pas nécessaire. Vous pouvez enlever une tache de graisse sur un vêtement en daim en la tamponnant avec un chiffon imbibé de vinaigre. Laissez sécher et utilisez une brosse à daim pour redresser le poil.

Les boissons qui tachent

Les taches de certaines boissons aux fruits sont parmi les plus difficiles à enlever. Faites tremper 1/2 heure le vêtement dans 3 parts de vinaigre additionnées d'une part d'eau froide avant de le passer en machine. Ajoutez 2 tasses de vinaigre à votre lessive.

Les taches des produits à pharmacie

Un enfant qui gigote lorsque vous nettoyez sa coupure ou son égratignure peut facilement vous faire renverser de la teinture d'iode, du Mercurochrome® ou autre désinfectant sur ses vêtements. N'attendez pas. Pour celles de teinture d'iode, tamponnez-les avec de l'eau oxygénée (utilisez un linge propre). Pour celle de Mercurochrome®, remplacez l'eau oxygénée par de l'alcool à 90°. Lavez-les ensuite normalement.

Le baiser de la mort pour les vêtements

Danser joue contre joue peut-être très romantique. Mais essayer d'enlever le rouge à lèvres sur votre belle chemise blanche peut vous faire redescendre de votre nuage très rapidement. Essayez cela :

- ♦ Ramollissez d'abord la tache avec un peu de Vaseline®.
- ♦ Tamponnez-la avec de l'alcool dénaturé ou de l'eau oxygénée.
- ♦ Lavez normalement.

Votre chemise sera prête pour une nouvelle danse. Mais pensez peut-être à tenir votre partenaire moins serrée.

Les champignons

La moisissure est l'une des taches les plus difficiles à faire partir. Il s'agit d'un champignon qui peut grandir et, à un stade avancé, use et détruit certains tissus. Si c'est le cas, traitez-le le plus tôt possible avec l'une des solutions suivantes :

- ♦ Trempez-le dans du vinaigre blanc.
- ♦ Tamponnez du jus de citron et du sel sur la tache et laissez sécher au soleil.
- ♦ Appliquez de l'eau oxygénée à plusieurs reprises.
- ♦ Laissez tremper une nuit dans du babeurre ou du lait caillé.

Retirez les traces grasses sur les cols

La solution pour enlever les auréoles graisseuses sur les cols se trouve dans votre salle de bains. Le shampooing dissout les graisses corporelles, il est donc tout indiqué pour ce type de tache. Versez le shampooing dans une bouteille avec un bouchon verseur, s'il est conditionné autrement. Appliquez-le directement sur la tache, puis laissez agir avant de laver.

Traitez les autres taches graisseuses ou huileuses sur vos vêtements avec une pâte d'eau et de farine de maïs. Appliquez-la, laissez sécher, puis brossez.

Les taches de brûlé

Il est possible d'enlever les taches de roussi, pas trop sévères, sur des vêtements 100 % coton et des cotons mélangés avec de la lessive liquide. Si le vêtement est 100 % polyester, portez-le chez le teinturier pour voir s'il peut le récupérer.

Les taches de café

Si vous renversez du thé ou du café sur une chemise ou une belle nappe, mettez-la à tremper dans cette solution pendant 15 minutes environ : un litre d'eau chaude, une cuillerée à café de lessive et une cuillerée à soupe de vinaigre blanc. Rincez. Si la tache ne part pas, tamponnez-la avec de l'alcool, rincez et lavez en utilisant de l'eau de Javel si le tissu le permet.

Les taches organiques

Il est préférable de nettoyer les taches de sang, d'urine ou de mucus sans attendre, alors ne soyez pas tenté de remettre cette tâche à plus tard. Imprégnez ces taches ou faites-les tremper dans de l'eau froide. Appliquez ensuite de la lessive directement sur la tache, avant le lavage. Si une décoloration se produit, il est parfois possible de la restaurer en tamponnant de l'ammoniaque sur les taches récentes et du vinaigre sur les anciennes.

Les taches de sueur

En général, les taches de transpiration disparaissent facilement si vous les humidifiez avec de l'eau froide et les frottez avec du savon. Si le tissu est décoloré, plongez-le dans un bain moitié eau, moitié vinaigre blanc. Rincez. Lavez à la température maximale que le tissu peut supporter.

Une solution qui défie le temps

Lorsque les tissus blancs en lin ou en coton jaunissent avec le temps, utilisez de l'eau chaude avec 2 fois plus de détergent que d'habitude. Lavez-les avec un cycle normal pendant 4 minutes, puis arrêtez la machine et laissez tremper les vêtements pendant 15 minutes. Redémarrez la machine et terminez le cycle de lavage. Répétez l'opération si nécessaire.

Pour le Nylon® jauni, laissez tremper l'article une nuit dans une solution d'eau et d'oxygène actif. Lavez ensuite le vêtement à l'eau chaude, en utilisant de l'oxygène actif et 2 fois plus de lessive que d'ordinaire.

Les taches de crayon

Vous vérifiez toujours les poches des vêtements de vos enfants avant de les mettre dans la machine à laver. Mais que se passe-t-il si vous oubliez ? Vous pourriez vous retrouver avec toute une lessive recouverte de crayon à la cire. La meilleure chose que vous puissiez faire, dans ce cas, est de gratter le surplus avec un couteau mal aiguisé et de porter les vêtements à la teinturerie. Expliquez ce qui s'est passé et demandez un nettoyage à sec. Vous pouvez même essayer de le faire vous-même dans une laverie automatique.

Si le nettoyage à sec ne réussit pas à faire partir les taches, lavez-les pendant 10 minutes dans de l'eau chaude. Utilisez la quantité de savon, et non de lessive, recommandée pour une charge normale et ajoutez une tasse de bicarbonate de soude. Si votre eau est dure, utilisez également un assouplissant. Si les taches sont toujours là, appliquez une pâte de savon sur les taches, trempez de nouveau les vêtements dans la solution d'eau chaude pendant encore 5 minutes, puis lavez-les normalement.

Congelez les taches

Il arrive qu'un vêtement soit taché, mais que vous n'ayez pas le temps de le laver tout de suite. Placez-le dans un sac en plastique et mettez-le au congélateur. Lavez-le ensuite au moment qui vous convient, et la tache partira aussi facilement que si vous veniez de la faire.

Les taches de cire

Les bougies sont idéales pour donner une touche romantique à une soirée. Mais vous retournez vite à la réalité au moment d'enlever toutes les traces de cire sur votre belle nappe. Commencez par solidifier la cire avec des glaçons. Utilisez ensuite un couteau pour gratter le plus de cire possible. Ensuite, placez la zone tachée entre 2 feuilles d'essuie-tout propres et repassez avec un fer légèrement chaud. Changez plusieurs fois les feuilles d'essuie-tout au fur et mesure qu'elles absorbent la cire. Placez alors la partie tachée sur des feuilles d'essuie-tout propres et appliquez un détachant avant lavage ou un liquide de nettoyage à sec. Tamponnez avec des feuilles d'essuie-tout propres et laissez sécher. Lavez normalement. S'il reste des taches, relavez la nappe avec de la Javel ou de l'oxygène actif, selon la matière du tissu.

Les odeurs de tabac

On se retrouve parfois, malgré soi, dans une salle enfumée. Malheureusement, la fumée pénètre dans les vêtements et leur laisse une odeur. Pour enlever cette odeur désagréable, suspendez-les au-dessus de la baignoire. Remplissez-la d'eau chaude et ajoutez 25 cl de vinaigre blanc. La vapeur leur redonnera une odeur de frais.

Venez à bout des traces de cirage

Si vous renversez du cirage liquide sur vos vêtements, prétraitez les taches avec une pâte d'eau et de lessive en poudre. Lavez-les ensuite normalement.

Si c'est du cirage pâteux qui tache vos habits, commencez par enlever le surplus de cirage avec un couteau. Prétraitez ensuite la tache avec un liquide nettoyant ou un détachant avant lavage. Rincez et appliquez de la lessive sur les taches tant qu'elles sont encore humides. Ajoutez de la Javel à l'eau de lavage, si les vêtements le supportent. Sinon, utilisez la forme d'oxygène actif la plus douce.

Les défis extérieurs

Les taches de boue

Les jardiniers de Géorgie ou d'Alabama, qui creusent dans la glaise, ont appris à ne pas tacher toute une lessive de linge avec cette terre rouge. Après avoir passé la matinée à creuser dans le jardin, leurs pantalons sont tout maculés de boue. Ils les nettoient grossièrement au jet avant de les mettre à la machine. C'est une bonne idée, quelle que soit la région d'où vient la terre.

Si vous éclaboussez de la boue sur l'ourlet d'une belle robe ou sur le revers de votre pantalon, essayez cette solution. Attendez que la boue soit complètement sèche. Retirez le plus de terre possible avec une brosse. Versez un peu de lessive dans un bol rempli d'eau, suffisamment grand pour recevoir l'ourlet ou les revers. Laissez-les tremper pendant 1 ou 2 heures, avant de les laver normalement.

Un autre moyen de se débarrasser de la boue est de brosser le surplus, puis de laisser tremper le vêtement pendant 15 minutes environ dans un mélange d'un litre d'eau chaude, d'une cuillerée à café de détergent et d'une cuillerée à soupe de vinaigre blanc. Rincez à l'eau froide. Si la tache est toujours là, tamponnez-la avec un peu d'alcool, rincez et lavez normalement. S'il reste une auréole de couleur rouille, essayez de la blanchir avec de l'oxygène actif.

Les taches de peinture

Vous faites toujours attention lorsque vous peignez, mais vous avez, je ne sais comment, renversé de la peinture sur vos vêtements. Ne perdez pas de temps à vous lamenter. Vous devez agir rapidement avant que la peinture sèche.

S'il s'agit de peinture à l'eau, imbibez ou trempez le vêtement dans l'eau froide. Mettez la lessive directement sur la tache, puis lavez-le normalement à la machine. Vous pouvez éventuellement ajouter un peu de Javel si le vêtement le permet.

S'il s'agit de peinture à l'huile, tamponnez de l'essence de térébenthine sur la tache, puis rincez. Appliquez ensuite un peu de lessive sur la tache. Lavez à l'eau chaude, en utilisant de la Javel si l'étiquette du vêtement ne le contre-indique pas.

Les taches de résine

Grimper aux arbres est une activité très amusante pour les enfants, sauf s'ils tombent et s'écorchent les genoux. Par contre, s'ils mettent de la résine sur leurs vêtements, c'est un vrai problème pour la personne qui va faire la lessive. Ce n'est pas facile, mais c'est possible. Utilisez de l'essence de térébenthine, un solvant ou du white-spirit pour dissoudre la résine. Rincez abondamment et lavez normalement.

Les taches de goudron

Grattez les taches de goudron ou d'asphalte avec un couteau. Trempez les taches restantes dans du kérosène ou de l'essence (attention, ces liquides sont inflammables ; ne fumez pas pendant l'opération). Lavez ou faites nettoyer les vêtements comme d'ordinaire. Pour les articles lavables, si cela ne réussit pas à les détacher, imprégnez la tache de Vaseline®. Laissez agir pendant 1/2 heure et lavez-la ensuite à l'eau chaude savonneuse.

Les taches d'herbe

Les glissades et les plongeons sont inévitables lorsque vous jouez au football. Mais comment faire pour enlever ces horribles traînées vertes sur votre short ? Appliquez de l'alcool dénaturé à l'endroit de la tache, et lavez à l'eau tiède. Vous pourrez ainsi retourner jouer avec une tenue immaculée.

Les Vêtements

Le repassage

Un accessoire indispensable

En plus de votre fer et de votre planche à repasser, l'un des accessoires les plus utiles pour repasser est la pattemouille. Elle vous permet de défroisser les tissus les plus délicats sans les lustrer, ni les faire roussir. Vous pouvez en acheter une dans un magasin de tissus, ou confectionner la vôtre avec un vieux mouchoir en coton ou une grande bande de mousseline. Veillez simplement à utiliser un tissu en coton blanc ou ivoire, d'environ 80 cm^2 minimum.

Pour utiliser votre pattemouille, aplatissez l'article que vous voulez repasser sur la planche, puis posez la pattemouille bien à plat, au-dessus. Réglez la température du fer en fonction du tissu que vous repassez. La chaleur va traverser la pattemouille pour défroisser le tissu du dessous. Il vous suffit de déplacer la pattemouille sur le vêtement à mesure que vous repassez.

Un fer oublié

Les légères marques de brûlures sur le linge laissées par un fer trop chaud peuvent être gommées très rapidement. Imbibez un chiffon de vinaigre blanc et placez-le sur la zone à réparer. Repassez à basse température, et les traces devraient disparaître.

Réparez les coups de chaleur

Un vêtement qui arbore une grosse marque roussie en forme de fer a de grandes chances de finir en chiffon. Il est pourtant possible d'effacer cette marque, surtout si le vêtement est composé de fibres naturelles comme le coton ou le lin. Voici une technique que vous pouvez essayer quand vous n'avez plus rien à perdre.

Dans un seau d'eau chaude, diluez 25 cl d'eau oxygénée à 3 %. Mélangez bien et plongez-y le vêtement roussi. Laissez tremper le vêtement une nuit, puis retirez-le et lavez-le séparément. Vous aurez ainsi économisé du temps, de la fatigue et de l'argent, en n'achetant pas de nouveau vêtement.

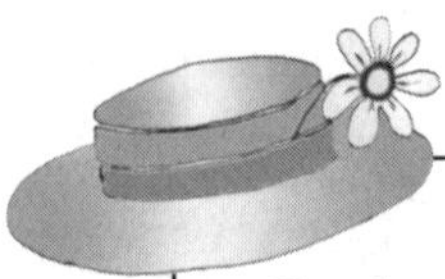

Secret d'antan

Gardez les contenants en papier glacé dans lesquels sont vendus les biscuits apéritifs. Ils font d'excellents nettoyants pour les fers à repasser, au lieu des petits blocs de paraffine, généralement utilisés.

Household Hand Book, 1860

Battez le fer pendant qu'il est chaud

Lorsque vous repassez plusieurs tissus qui nécessitent des températures différentes, repassez d'abord ceux qui demandent la température la plus basse. Si un fer chauffe rapidement, il met, par contre, un certain moment avant de refroidir.

Economisez de l'argent et de l'électricité lorsque vous repassez. Débranchez le fer environ 5 minutes avant la fin de votre repassage, et utilisez le résidu de chaleur pour finir le travail.

Les marques d'ourlets

Faire un ourlet à un vêtement peut être un excellent moyen de prolonger sa durée de vie. Cependant, un vieil ourlet laisse parfois un horrible pli dans le tissu. Essayez d'imbiber une éponge sèche avec du vinaigre blanc et de la tamponner le long du pli. Repassez ensuite à température moyenne et le pli devrait disparaître.

Recyclez votre housse de repassage

La couverture de votre planche à repasser réfléchissante est peut-être usée, mais elle peut encore servir à quelque chose. Découpez-la et utilisez les parties les moins abîmées pour faire des dessous-de-plat, des maniques ou des gants pour sortir les plats du four. Combinez-la avec du tissu et de la ouate pour confectionner des articles qui supportent la chaleur.

A toute vapeur

Pour avoir l'eau déminéralisée sous la main pour votre fer à vapeur, stockez-la dans une vieille bouteille d'eau en plastique avec un bouchon " sport ". Le petit goulot est d'une taille idéale pour verser l'eau dans le réservoir du fer.

Parez au plus pressé

Vous partez à un rendez-vous important, mais en sortant votre chemise de la penderie, vous découvrez un vilain faux pli sur le col. Pas le temps d'installer la table à repasser. Que faire ? Sortez votre sèche-cheveux et réglez-le à une température élevée. Dirigez le sèche-cheveux sur le pli, tout en lissant le col avec votre autre main. Reculez l'embout du séchoir de quelques centimètres, jusqu'à ce que le pli disparaisse. Continuez à tenir le col droit en attendant que le tissu refroidisse, et le pli aura disparu.

La couture et le raccommodage

La matière première

Regroupez les échantillons des tissus de votre maison dans un livre, et emportez-le avec vous lorsque vous faites votre shopping pour acheter des vêtements ou d'autres tissus. Scotchez ou collez de petites bandelettes de vos tissus sur des fiches bristol (plusieurs peuvent tenir sur une même fiche), en précisant la quantité qu'il vous reste. Agrafez les fiches ensemble, mettez-en une en guise de " couverture ", et glissez-les dans votre sac à main. La prochaine fois que vous ferez du shopping, vous pourrez choisir de nouveaux vêtements ou tissus pour les coordonner à ceux que vous avez déjà achetés. Vous serez ainsi plus tenté d'utiliser le tissu s'il va avec autre chose.

Un point à temps

Fabriquez-vous un nécessaire à couture de bonne qualité pour être prêt en cas de raccommodages imprévus. Coupez une bande de 8 cm de large sur 25 cm de long de feutre, de tissu épais ou de carton, et pliez-la en deux pour en faire un rectangle. Enfilez une aiguille avec une longueur de fil blanc ou ivoire, une autre avec du fil gris foncé ou noir, et une autre avec du fil marron clair ou moyen. Faites un nœud à l'extrémité de chaque fil et enroulez-les autour du rectangle de tissu ou de carton, en y plantant, à la fin, les aiguilles pour tenir le fil en place. Ajoutez 4 épingles à ce nécessaire, en les piquant dans le morceau de tissu ou de carton.

Placez ce nécessaire à couture dans le tiroir du haut d'une commode ou sur l'étagère d'une armoire, et rangez une petite paire de ciseaux à côté. La prochaine fois que vous aurez besoin de raccommoder un vêtement, vous pourrez le faire en quelques minutes au lieu de fouiller partout pour trouver du fil et une aiguille.

Marquez la mesure

Mesurez votre tissu avant de le ranger, et inscrivez la quantité et la largeur du tissu sur une fiche bristol coupée en deux dans le sens de la longueur. Glissez la fiche dans les plis ou le rouleau du tissu. Ainsi, la prochaine fois que vous voudrez en utiliser un morceau, vous saurez si vous en avez un métrage suffisant sans avoir à déplier le tissu pour le mesurer de nouveau.

La loi des moyennes

Passez en revue vos patrons et calculez la quantité moyenne de tissu dont vous avez besoin pour confectionner un pantalon, une jupe, un chemisier, une petite robe, une grande robe ou tout autre vêtement pour toute la famille. Inscrivez ces moyennes sur une fiche bristol, et glissez-la dans votre portefeuille. Lorsque vous trouverez le bon tissu, vous pourrez alors acheter exactement la quantité qu'il vous faut.

Comme du papier d'emballage

Le meilleur moyen de stocker le tissu en attendant d'en faire des vêtements ou des articles pour la maison, est de le rouler. Une étagère ou une boîte, tournée sur le côté, est un endroit de rangement idéal pour le tissu roulé. Pliez et roulez le métrage en fonction de la profondeur de vos étagères ou de vos boîtes, puis attachez chaque rouleau avec un élastique. Vous saurez alors, en un clin d'œil, si vous avez le bon vert ou la nuance de rose idéale.

Une pelote à épingles

Gardez les petits bouts de savon et enveloppez-les dans du tissu pour en faire une pelote à épingles. Cette lubrification permettra aux épingles de glisser plus facilement dans le tissu.

Recyclez les épaulettes

Vous pouvez recycler les épaulettes dont vous ne vous servez plus en en faisant bon usage. Pliez-en une en deux et cousez-la le long de la partie incurvée, pour en faire une petite trousse pour les ciseaux ou autres petits instruments de couture. Vous pouvez également les transformer en genouillères pour jardiner, en cousant ou en accrochant avec des épingles de sûreté les deux extrémités d'un morceau d'élastique de chaque côté de l'épaulette.

De fil en aiguille

Vous avez des difficultés à enfiler une aiguille ? Ces 2 astuces sont pour vous :

- Vaporisez un peu de laque sur vos doigts et faites glisser le morceau de fil entre vos doigts. La laque séchera immédiatement et raidira le fil suffisamment pour en faire une belle pointe.
- Essayez de tenir le fil entre votre index et votre pouce, et d'approcher le chas de l'aiguille vers le fil, au lieu d'enfoncer le fil dans l'aiguille. Cette vieille astuce de brodeuse vous permet de tenir le fil plus fermement lorsqu'il entre en contact avec l'aiguille.

Pour ne pas perdre le fil

Pour changer la couleur du fil sur la bobine de votre machine à coudre, optez pour la facilité. Placez la bobine dans votre poche et tirez sur le bout du fil, jusqu'à ce qu'il se soit totalement dévidé. De cette façon, il est impossible de le perdre.

Les bonnes affaires

Des vêtements au rabais

Pour faire de bonnes affaires avec les vêtements, achetez-les dans les vide-greniers, les magasins d'occasions et les dépôts-vente. On y trouve souvent des vêtements " légèrement " abîmés, voire neufs avec encore l'étiquette dessus, pour une fraction de leur prix d'origine. On peut parfois avoir des surprises et trouver des vêtements de très bonne qualité. Vous pouvez également organiser une réunion pour échanger vos vêtements avec des amies ou des voisines qui portent les mêmes tailles que vous ou que les autres membres de votre famille.

Limitez les frais de nettoyage

Pensez à votre porte-monnaie et achetez peu de vêtements nécessitant un nettoyage à sec. A l'exception des tailleurs et des manteaux, la plupart des vêtements peuvent souvent être lavés autrement. Par exemple, de nombreux articles portant la mention " nettoyage à sec uniquement " peuvent être lavés à la main avec précaution. Evitez simplement de les laver à la machine et de les faire sécher au sèche-linge.

Eviter le teinturier vous permettra de faire des économies et de préserver votre santé, en évitant les produits chimiques utilisés dans les solutions de nettoyage à sec. Ces produits chimiques déclenchent parfois des réactions allergiques lorsqu'ils s'évaporent des vêtements.

Restez au chaud

Pour être au chaud et bien confortable par un climat froid, choisissez des vêtements faits avec des matières naturellement chaudes. La laine, bien sûr, est réputée pour sa chaleur. Mais le coton est un concurrent, surtout s'il a une texture brute comme le velours côtelé ou la flanelle. Les tissus composés de plusieurs épaisseurs sont encore plus efficaces pour retenir votre chaleur corporelle.

L'entretien des vêtements

Des conseils avisés pour votre garde-robe

Voici quelques conseils pour prolonger la durée de vie de vos vêtements :

- Assurez-vous que vos vêtements soient propres lorsque vous les rangez. Une tache oubliée sur un vêtement risque de devenir indélébile. Nettoyez les taches le plus vite possible.

- Réparez les petits accrocs, déchirures et les mailles tirées dès qu'ils se produisent. Plus le vêtement est abîmé, plus l'accroc a tendance à s'agrandir, et plus il sera difficile à raccommoder par la suite.

- Rangez vos vêtements correctement. Gardez-les à l'abri de la lumière directe du soleil et de l'humidité. Mettez de l'antimite près des vêtements en laine. N'accrochez pas de vêtements lâches sur un cintre, il risquerait de les déformer.

Une garde-robe épicée

Voici un substitut épicé plus doux que l'antimite : les clous de girofle. Les insectes les redoutent autant que les boules de naphtaline. Confectionnez un sachet de clous de girofle avec un morceau de gaze pour le suspendre dans vos armoires, ou placez simplement quelques clous de girofle épars dans les poches de vos manteaux ou de vos vestes en laine.

C'est dans le sac !

Pour remplacer les armoires en bois de cèdre, vous pouvez trouver un substitut bon marché dans les rayons d'une animalerie. Recherchez un sac de copeaux de cèdre, utilisés pour garnir les cages des petits animaux. Remplissez plusieurs sacs en papier de copeaux de cèdre, puis fermez l'ouverture du sac avec des agrafes. Percez des trous dans chaque sac pour laisser s'échapper l'arôme, et placez-les au milieu de votre armoire ou de vos tiroirs.

Un buvard à taches

Des taches de graisse sur votre robe ou votre chemise en coton ? Prenez une houppe à poudre ou un morceau de coton propre, et trempez-le dans du talc ou de la farine de maïs. Frottez-le sur la tache. Enlevez l'excès de poudre avec une brosse lorsque la tache aura disparu. Pour les taches rebelles, répétez l'opération.

La tenue adéquate

Lorsque vous entreprenez une tâche où vous risquez de vous salir, habillez-vous en conséquence. Ayez une garde-robe spéciale " travaux " pour les tâches salissantes, et gardez-la dans un endroit pratique. Les vêtements qui ont déjà reçu des taches ou de la peinture sont le choix idéal. Evitez les accidents sur vos beaux vêtements et gardez-les pour de meilleures occasions.

Les fermetures Eclair®

Lorsque vos fermetures Eclair® refusent de glisser normalement, essayez de frotter les petites dents avec une bougie, une pointe de crayon ou une savonnette. Les dents devraient glisser plus facilement.

Les poignets distendus

Si votre pull préféré a les poignets distendus, ne croyez pas qu'il doit pour autant être relégué au rang des vêtements de travail. Trempez les poignets dans l'eau chaude et séchez-les avec un sèche-cheveux pour redonner à votre pull son allure d'origine.

La guerre des boutons

De nos jours, les boutons des vêtements de prêt-à-porter sont cousus avec la longueur de fil la plus courte possible, et se détachent parfois lors de la première utilisation. Pour éviter de perdre les boutons de vos nouvelles tenues, appliquez un petit peu de vernis à ongles sur le fil, sur le devant de chaque bouton. Faites juste attention à ne pas en mettre sur le tissu. Cela permet de renforcer le fil pour que le bouton reste en place.

Les peluches

Votre belle chemise noire est recouverte de petites fibres pelucheuses ? Pas besoin de brosse à vêtements sophistiquée pour les enlever. Enroulez tout simplement un peu de ruban de masquage ou de Scotch® autour de votre main, la face collante vers l'extérieur, et passez-le sur les peluches pour les retirer.

Une maille filée

Vous venez de filer une maille sur la manche de votre nouvelle veste en tricot et vous cherchez un moyen efficace et rapide de la remettre en place. Prenez un enfile-aiguille en métal ou en plastique et fil de fer, que vous pouvez trouver au rayon couture de votre supermarché, près des bobines de fils. En partant de l'intérieur de la manche, enfoncez l'enfile-aiguille sur la droite de la maille. Passez la maille filée dans la boucle de l'enfile-aiguille, puis tirez l'enfile-aiguille sur l'envers. La maille tirée restera sur l'envers de la manche et sera invisible de l'extérieur.

Des vêtements électriques

L'électricité statique est souvent un problème au cours des mois d'hiver froids et secs. Si votre jupe colle à votre jupon, essayez cette technique antistatique. Passez un cintre en fil de fer sur votre jupe ou entre votre jupe et votre jupon. L'électricité statique qui est sur vous devrait être absorbée par le cintre. Cela marche aussi avec les chevelures électriques.

Les chaussures et les collants

Chaussures à son pied

Si vous cherchez une paire de chaussures mais que la pointure n'est pas tout à fait la bonne, demandez à essayer une autre paire dans la même pointure. Chaque paire, même de a même taille, peut donner une sensation et un chaussant différents.

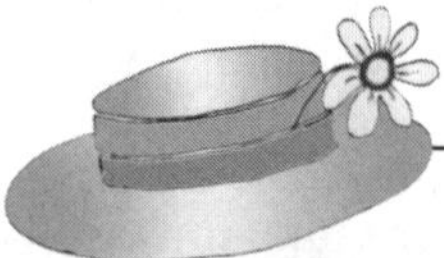

Secret d'antan

Voici comment imperméabiliser vos chaussures et prolonger leur durée de vie : préparez un mélange pâteux de 2 doses de cire d'abeille pour une dose de graisse de mouton. Appliquez cette pâte le soir et, au matin, frottez énergiquement les chaussures avec un morceau de flanelle. Vos chaussures sont désormais imperméabilisées, et cela ne vous a pratiquement rien coûté.

1003 Household Hints and Work Savers, 1947

Contre les lacets effilés

Enfiler le bout d'un lacet qui s'effiloche est quasiment mission impossible. La prochaine fois que cela vous arrive, trempez le bout effiloché dans du vernis à ongles transparent et laissez sécher avant de l'enfiler dans les œillets.

Contre les mauvaises odeurs

L'odeur des baskets de votre fils de 15 ans vous repousse ? Utilisez du journal pour en absorber l'odeur. Faites des boules de papier journal et bourrez-les dans chaque chaussure. Laissez reposer toute une nuit. Au matin, l'odeur devrait s'être nettement atténuée.

Recyclez les chaussures de sport

Que faire des chaussures de sport qui sont devenues trop petites ou usées ? Si votre fils les a très peu portées car elles lui sont rapidement devenues trop petites, essayez de voir s'il a un ami plus jeune ou plus petit à qui elles pourraient aller.

Ou bien, faites-en profiter une association caritative qui, grâce à vous, pourra chausser gratuitement un enfant défavorisé.

Faites briller vos chaussures

- La Vaseline® est un excellent " brillant " pour les chaussures en cuir verni.
- Pour les chaussures normales en cuir, essayez avec un peu de cire d'abeilles ou de cire pour voiture.
- L'encaustique pour les meubles peut également donner un bon brillant aux chaussures en cuir.

L'entretien des chaussures en daim

Faites disparaître les taches sur les chaussures en daim avec une gomme pour fusain, en vente dans les magasins de beaux-arts ou de travaux manuels. Frottez ensuite légèrement la tache avec un peu de toile émeri ou de papier de verre très fin, pour redresser les poils du daim.

Un autre moyen d'enlever une tache de graisse sur le daim est d'appliquer du vinaigre. Trempez une brosse à dents propre et sèche dans du vinaigre blanc et brossez la tache. Elle devrait disparaître le temps que le vinaigre s'évapore.

Un cirage naturel

Ne jetez pas cette peau de banane ! Vous pouvez en effet utiliser la face interne des peaux de bananes pour polir vos chaussures en cuir. Faites-les ensuite reluire avec un chiffon doux.

Plus vaut mieux que pas assez

Lorsque vous achetez une paire de collants, choisissez une taille légèrement plus grande plutôt qu'une taille légèrement plus petite. Le tissu durera plus longtemps s'il est moins tiré lorsqu'il est usé.

Des bouts renforcés

Les collants avec des bouts renforcés ont tendance à durer plus longtemps que les autres, puisque la zone au niveau des orteils se troue et se file alors moins facilement.

Attention danger !

Avant d'enfiler vos bas ou vos collants, repérez les dangers potentiels. Les bagues et les bracelets peuvent les filer, de même que les ongles longs ou les petites callosités sur les mains ou les pieds. Retirez vos bijoux et enduisez vos mains de crème pour éviter de filer ou de déchirer vos collants.

Les collants filés

Si vous avez filé une maille de votre collant qui est, pour le moment, encore cachée par votre jupe, stoppez-la dans sa course avant qu'elle ne dépasse votre ourlet. Appliquez une goutte de vernis à ongles transparent sur la maille filée pour l'empêcher de descendre plus bas. Si vous n'avez pas de vernis, essayez avec de la laque.

Des collants givrés

Vous avez peut-être déjà entendu cela et en avez ri. Blague à part, cette méthode permet réellement de prolonger la durée de vie de vos collants. Lavez et essorez vos collants, placez-les dans un sac en plastique et mettez-les au congélateur. Une fois congelés, laissez-les décongeler et étendez-les pour qu'ils sèchent.

Recyclez vos collants

Offrez une nouvelle vie à vos collants filés. Après les avoir lavés en machine puis séchés, coupez-les en larges bandes, en enlevant l'élastique de la taille, et utilisez-les pour rembourrer les oreillers, les coussins, les poupées ou les peluches. Gardez les élastiques pour empaqueter et ranger les couvertures d'hiver et les édredons.

Les accessoires

Un présentoir à boucles d'oreilles

Pour ranger les boucles pour oreilles percées, achetez un petit morceau de gaze métallique dans un magasin de bricolage. Arrondissez les coins et utilisez du galon en tissu adhésif pour recouvrir les bords. Enfoncez la tige de la boucle d'oreille dans une maille de la gaze et fixez le papillon de l'autre côté, pour maintenir la boucle bien en place. Posez la plaque dans un tiroir ou suspendez-la dans un endroit fonctionnel.

Une boîte à bijoux originale

Si vous avez beaucoup de petites boucles d'oreilles, essayez de les ranger dans un bac à glaçons en plastique. Chaque cube peut contenir plusieurs paires de boucles d'oreilles. Vous pouvez les regrouper par couleur pour savoir, en un clin d'œil, si vous avez une paire assortie à la tenue que vous voulez porter. Les bacs se glissent facilement dans le tiroir d'une commode ou dans un vanity-case, et vous pouvez même les empiler si le tiroir est suffisamment profond.

Les réparations d'urgence

Si vous perdez le papillon de votre boucle d'oreille au travail, coupez la petite gomme au bout d'un crayon à papier pour un remplacement temporaire. Retirez votre boucle d'oreille et enfoncez la tige dans la gomme pour percer un trou. Remettez ensuite votre boucle d'oreille en la fixant avec ce fermoir provisoire. Il tiendra jusqu'à ce que vous rentriez chez vous !

Une nouvelle vie pour vos vêtements

Si la plupart de vos vêtements sont plutôt classiques et durables, vous pouvez vous lasser de les porter après quelques années. Au lieu d'acheter de nouveaux vêtements, achetez plutôt de nouveaux accessoires. Une petite écharpe, une paire de boucles d'oreilles, une broche, une paire de chaussures ou un chapeau peuvent redonner à vos vêtements une touche du dernier cri, à moindre coût.

Les chapeaux de paille

Vous aimeriez porter des chapeaux de paille mais ne savez pas comment les entretenir ? Suivez ces conseils :

- Brossez-les souvent pour retirer la saleté et la poussière.
- Nettoyez les chapeaux de paille de couleur claire avec de l'eau oxygénée diluée.

- Utilisez un chiffon imbibé d'eau et de savon pour les chapeaux en paille foncée. Séchez aussitôt après avoir rincé.
- Blanchissez les chapeaux blancs en confectionnant vous-même une pâte à base du jus de 2 citrons et de 2 cuillerées à soupe de soufre. Appliquez la pâte avec un chiffon doux et laissez sécher. Enlevez ensuite la poudre séchée avec une brosse à poils durs.

Les Objets de valeur

Tableaux et œuvres d'art

Un entretien minutieux

Vous voulez savoir comment garder vos œuvres d'art en parfait état ? Soyez doux avec elles. Les tableaux et les sculptures doivent être époussetés occasionnellement avec un pinceau doux, en poil de chameau ou de martre. N'utilisez pas de chiffon à poussière ou de plumeau, qui risquerait d'attraper des particules de saleté et de rayer l'objet.

N'effacez pas la touche du maître

Résistez à la tentation de nettoyer une peinture à l'huile ou acrylique avec un nettoyant ou un solvant, y compris avec de l'huile de lin qui a parfois la réputation d'être bénéfique pour la peinture à l'huile. Si vous estimez que vos tableaux ont besoin d'un peu plus que d'un dépoussiérage, confiez-les à un professionnel. S'il s'agit d'un tableau de valeur, il sera plus rentable à long terme de le faire nettoyer correctement, en toute sécurité. Contactez un musée ou un magasin de fournitures pour artistes pour trouver une personne qui nettoie et restaure les tableaux.

Les animaux empaillés

Si vous êtes passionné de pêche ou de chasse, vous vous demandez certainement comment garder vos trophées en bon état.

Un taxidermiste professionnel nous donne les conseils suivants :

La meilleure façon de nettoyer les animaux empaillés est de passer l'aspirateur dessus. " Vous pouvez les aspirer avec un embout brosse ou utiliser un chiffon en coton et un dépoussiérant pour les meubles. Passez le chiffon de la tête vers la queue. "

Pour les poissons et les oiseaux, il recommande d'utiliser un plumeau. Toutes les parties en verre ou en bois peuvent être nettoyées avec un produit à vitres ou un dépoussiérant ordinaire.

Protégez votre Picasso

Pour empêcher l'environnement d'endommager insidieusement une peinture originale, attachez une planche de protection au dos du châssis de la toile (le support de bois sur lequel est tendue la toile), et non sur le cadre. Le carton de qualité " archives ", qui évitera que la peinture se détériore, est utilisé à cet effet. Il repoussera la poussière et donnera plus de stabilité au tableau si vous devez le déplacer ou changer l'encadrement. Le carton " archives " doit être découpé à la taille du châssis et vissé soigneusement dans celui-ci, pour empêcher la poussière et autres saletés de se déposer sur la toile. Vous pouvez vous procurer ce carton dans un magasin de fournitures pour artistes ou dans un magasin d'encadrement.

3 astuces pour accrocher les tableaux

- N'accrochez pas les peintures ou les photos sur un mur exposé à la lumière directe du soleil. A force, le soleil ternit les pigments et décolore le vernis.

- Fixez des petites cales en caoutchouc dans les coins inférieurs, à l'arrière d'un objet d'art encadré, pour favoriser la circulation de l'air et protéger les murs.
- N'accrochez jamais de tableaux au-dessus d'une cheminée. Bien que ce soit souvent l'endroit idéal pour afficher un paysage ou un portrait de famille, ce n'est pas un environnement sain. La chaleur et la suie risquent d'endommager le tableau. De même, n'accrochez pas d'objets de valeur près d'une bouche de chauffage ou de climatisation.

Les papiers précieux

Bas les pattes !

Avant de ressortir les vieux albums de photos de famille ou les livres souvenirs en vue de faire des améliorations pour les préserver, regardez vos mains. La saleté visible peut considérablement endommager les articles en papier, mais le sébum et les acides invisibles sur votre peau peuvent les abîmer encore plus. Lavez-vous toujours soigneusement les mains avant de manipuler vos papiers précieux et procurez-vous des gants blancs dans un magasin de photos. Ils sont conçus pour manipuler les photos et les négatifs, mais ils sont efficaces pour toutes les matières fragiles.

Hésitez avant de plastifier

Vous voulez conserver un document de famille historique afin de pouvoir le transmettre à vos enfants. Devez-vous le plastifier pour mieux le préserver ? Surtout pas ! Cette technique peut, au contraire, accélérer le processus de détérioration en raison de la chaleur élevée et de la colle utilisée. Voici quelques conseils sensés pour garder ce trésor de famille en bon état :

- Affichez une photocopie, mais rangez l'original.
- N'utilisez aucun procédé irréversible (comme la plastification) sur l'objet.

- Conservez l'objet dans les meilleures conditions possibles. Evitez la lumière directe du soleil, un fort taux d'humidité et le rangement près du sol ou près d'un mur extérieur, où les moisissures peuvent être un problème.
- Utilisez des produits de longue conservation pour garder vos documents précieux ou vos photos. Ces produits sont élaborés avec du papier ou du plastique sans acide, qui ne provoquera pas de réaction chimique avec l'article que vous rangez à l'intérieur. Vous pouvez trouver ces produits longue conservation dans les magasins de papier spécialisés, dans les magasins de photo, de dessin, de bricolage ou d'encadrement.

Plutôt que de plastifier vos documents, il existe une méthode plus sûre qui consiste à utiliser 2 feuilles de Mylar® (film de polyester). Refermez les bords avec du Scotch® double face, en faisant bien attention que celui-ci ne touche pas le document à l'intérieur. Vous pourrez ainsi afficher et transporter le document en toute sécurité.

Les livres

Saviez-vous qu'un livre ordinaire est confectionné avec du papier qui a une durée de vie d'environ 50 ans seulement ? Les collections de livres ont besoin d'un traitement particulier pour les protéger contre les ravages du temps. Dans la mesure du possible, gardez les livres dans une pièce ayant un degré d'humidité constant de 45 à 60 % et une température de 15 à 21°C. Ces conditions interdisent le stockage dans les caves et les greniers.

Les coupures de journaux

Les journaux ne sont pas faits pour résister à l'épreuve du temps, mais il vous arrive certainement de découper et de garder un article de temps en temps, surtout s'il s'agit d'un ami ou d'un membre de la famille. La mauvaise nouvelle est que ces coupures ne durent pas si elles sont conservées dans un cahier ou une enveloppe ordinaire. Elles peuvent même abîmer d'autres papiers ou photos avec lesquels elles sont rangées. Pour garder vos coupures de journaux en bon état, rangez-les dans des classeurs en Mylar® (film de polyester) et glissez des feuilles de papier buvard alcalines derrière chaque coupure. Rangez les classeurs dans des boîtes sans acide dans un endroit sec et frais, à l'abri de la lumière directe. Ainsi, vos arrière-petits-enfants auront peut-être la chance de les consulter un jour.

Sauvez vos livres de la noyade

Si un livre de valeur ou auquel vous tenez beaucoup se gorge d'humidité, mettez-le dans un endroit ventilé où il pourra sécher progressivement. Posez le livre à la verticale et écartez les pages, afin que l'air puisse s'y infiltrer. Si le livre est vraiment très humide, essayez de saupoudrer du talc de toilette entre les pages. Laissez-le ainsi pendant plusieurs heures, puis retirez le talc en frottant légèrement les pages avec un chiffon doux et propre.

Si un livre ou un papier de valeur développe une mauvaise odeur après avoir été mouillé, commencez par le faire sécher ; placez-le ensuite dans une boîte hermétique avec un bol de litière à chat ou de bicarbonate de soude. Laissez-le reposer plusieurs jours pour absorber l'odeur.

Prévenez les méfaits du soleil

Le soleil est l'une des choses les plus redoutables pour le papier. Il détériore rapidement les encres et les teintures, et le rend friable. Mais il n'est pas toujours évident d'entreposer les objets de valeur en papier dans l'obscurité. Pour les protéger des rayons UV du soleil et des lumières fluorescentes, gardez vos livres et vos papiers à l'abri de la lumière directe du soleil et installez des draperies épaisses dans les pièces où ils sont rangés. Conservez les différents papiers dans des chemises sans acide, à l'abri de la lumière directe.

Luttez contre les moisissures

Stocker des affaires dans l'obscurité peut parfois conduire au développement de moisissures. Si vous découvrez des moisissures sèches et volantes sur un papier de valeur, enlevez-les très doucement avec un pinceau en poil de chameau ou un chiffon doux. Laissez-le ensuite au soleil pendant une heure environ, pour tuer les moisissures restantes.

Un abri anti-poussière

Lorsque vous encadrez des documents précieux, assurez-vous que le cadre est bien hermétique. Cela permet de protéger le papier contre la pollution et la poussière.

Encadrez les tableaux pour la postérité

Vous souhaitez peut-être afficher certains de vos précieux papiers dans des cadres. Cela vous permet non seulement de les exposer afin de pouvoir en profiter, mais aussi de les recouvrir de matériaux adéquats pour mieux les protéger. Les cartons sans acide peuvent être utilisés pour l'encadrement des documents et des œuvres d'art. Vous pouvez même utiliser des matériaux spéciaux, en Plexiglas® ou en acrylique, qui filtrent les rayons UV (ultraviolets). Assurez-vous simplement que ces matériaux ne touchent pas le papier que vous voulez préserver. Vous devez placer des petites cales d'espacement entre le papier et le verre. Demandez l'avis de spécialistes, dans un magasin d'encadrement, pour connaître les derniers procédés pour la préservation du papier.

La température idéale

Si votre livre de valeur a pris l'eau, ne baissez pas les bras en le jetant à la poubelle. Mettez-le tout simplement au congélateur. Utilisez des feuilles de papier sulfurisé pour séparer les pages mouillées, afin qu'elles ne collent pas entre elles, et enveloppez tout le livre dans du papier sulfurisé. Cela permettra de gagner du temps, en attendant que vous réussissiez à contacter un spécialiste du papier ou un conservateur, pour savoir ce que vous devez en faire.

L'argent et autres métaux

L'entretien de l'étain

L'étain est souvent plaqué sur d'autres métaux pour les empêcher de rouiller. Si vous apercevez des taches de rouille sur de l'étain, c'est probablement une zone où l'étain s'est usé, laissant apparaître le métal qui est en dessous. Pour faire reluire les objets recouverts d'étain, utilisez un produit pour polir l'argenterie en l'appliquant avec précaution. Frottez très doucement pour éviter d'abîmer le revêtement en étain.

Avec ou sans rouille ?

Avant d'essayer de nettoyer la rouille sur les objets de valeur en fer, essayez de savoir si l'objet gardera toujours la même valeur une fois nettoyé. La rouille dense doit être examinée attentivement. Si la couche de rouille est épaisse, il est parfois préférable de laisser l'objet en l'état. Une fois que vous commencez le nettoyage, vous ne pouvez plus faire marche arrière ; sachez donc ce que vous voulez.

Pour enlever de la rouille sur du fer, utilisez un abrasif doux. Si la couche de rouille est fine, utilisez de la laine d'acier et des essences minérales ou une toile émeri très fine. Après avoir retiré toute la rouille, vous devez traiter la surface ainsi mise à nu. La cire d'abeille ou la silicone sont parfois utilisées sur les objets en fer, pour prévenir la réapparition de rouille. Les outils de jardin et les machines en fer peuvent, quant à eux, être nettoyés puis recouverts de peinture antirouille.

L'ennemi de l'argent

Le caoutchouc est le pire ennemi de votre argenterie. Il peut en effet corroder l'argent par le biais d'une réaction chimique, parfois si violente qu'elle nécessite des réparations. Ainsi, ne portez pas de gants en caoutchouc lorsque vous nettoyez ou polissez l'argenterie ; ils laissent souvent des empreintes de doigts gantés. De même, ne rangez pas les objets en argent sur une étagère recouverte d'un tapis en caoutchouc, ou dans le même placard que les élastiques et les joints d'étanchéité.

Les salières en argent

Si vous aimez utiliser votre salière et poivrière en argent pour les grandes occasions, veillez à retirer le sel de la salière avant de la ranger. Si vous laissez le sel à l'intérieur, il risque de ternir la salière et, éventuellement, d'abîmer l'argent.

L'argent est difficile

Une coupe ou un plateau en argent rempli de fruits, ou un pichet en argent contenant un bouquet de fleurs, peuvent donner une note élégante à votre table. Toutefois, si vous voulez conserver votre argenterie en bon état, faites attention à ce que vous mettez à l'intérieur. Les aliments contenant des acides, comme les fruits, les sauces des salades ou le vinaigre, peuvent endommager la surface de l'argent. Il en est de même des œufs, des aliments salés comme les olives et même des fleurs fraîches. Si vous servez ces aliments dans des plats en argent, pensez à utiliser un revêtement en plastique ou en verre. Si la taille de votre vase ou de votre pichet le permet, essayez d'y insérer un petit récipient en verre ou un gobelet en plastique avant d'y mettre les fleurs.

L'entretien des couverts en argent

La meilleure façon de nettoyer vos couverts en argent est de les laver à la main avec un savon doux et de les essuyer avec un chiffon. Si vos couverts sont en argent plaqué, ne les mettez pas au lave-vaisselle. La surface risquerait de s'abîmer et de s'user complètement après plusieurs lavages. Par contre, vous pouvez laver, sans aucun risque, votre vaisselle en argent massif au lave-vaisselle, en respectant les consignes suivantes :

- Mettez vos couverts en argent dans un compartiment différent du panier à couverts, à l'écart des couverts et ustensiles en inox, de manière à ce qu'ils ne se touchent pas. L'argent pourrait s'altérer au contact d'un autre métal, surtout dans des conditions où la température est élevée.

- Evitez de laver trop souvent au lave-vaisselle les couteaux avec un manche creux. La chaleur et le détergent peuvent finir par les décoller.
- Lorsque vous mettez la poudre de lavage dans le lave-vaisselle, évitez d'en renverser sur vos couverts en argent. Des taches brunes pourraient se former à la surface du métal.

Le polissage

Les objets en argent doivent être polis légèrement après 3 ou 4 utilisations. S'ils ne sont pas ternis sur toute la surface, polissez uniquement les zones ternies et ne nettoyez pas le reste.

Economisez l'huile de coude

Même les produits pour nettoyer l'argenterie que vous achetez dans le commerce sont souvent trop abrasifs, nettoyez donc très doucement. Vous pouvez essayer de confectionner votre propre pâte à polir avec de l'alcool dénaturé et du carbonate de calcium très fin, disponible dans certaines pharmacies. Sachez que, même en frottant très doucement, une petite pellicule d'argent se décolle à chaque polissage. Certaines zones peuvent finir par s'affiner sur les vieilles pièces qui ont été polies fréquemment pendant des années.

Précautions après polissage

Rincez toujours soigneusement vos pièces d'argenterie après avoir utilisé un produit pour les polir, puis frottez-les doucement avec un chiffon doux pour les sécher. Cela permet d'enlever les résidus de produit qui risqueraient d'endommager l'argent s'ils n'étaient pas nettoyés.

Emballez l'argenterie pour la protéger

Après avoir nettoyé et poli votre argenterie, prenez une petite mesure de prévention : enveloppez vos objets en argent dans du papier de soie sans acide. Assurez-vous que les objets sont propres et secs, puis placez l'argenterie ainsi emballée dans un sac en plastique.

Pour empêcher vos ustensiles et vos plats en argent de se ternir, vous pouvez également recouvrir le fond du tiroir où vous les rangez avec une flanelle. Elle absorbera les substances chimiques oxydantes de l'air. Achetez le tissu au mètre dans un magasin de tissus et coupez-le aux dimensions de vos espaces de rangement. Gardez un morceau de flanelle pour recouvrir l'argenterie.

Un autre moyen d'empêcher que votre argenterie se ternisse est de l'emballer dans un film plastique étirable.

Les marques du temps

Comme beaucoup d'autres métaux, l'étain se couvre d'une " patine ", c'est-à-dire d'un dépôt extérieur qui résulte des réactions chimiques avec d'autres éléments. Avant d'essayer d'enlever la patine sur vos pièces d'étain de valeur, demandez conseil à un professionnel. L'objet pourrait garder beaucoup plus de valeur avec la patine en témoignage de son âge. Si le nettoyage est conseillé, utilisez un abrasif très fin comme la combinaison de tripoli et d'huile minérale. Les abrasifs plus gros risqueraient de laisser des rayures. Vous pouvez vous procurer du tripoli dans les bonnes quincailleries et dans les catalogues de vente par correspondance.

Les nettoyants pour le cuivre

Evitez d'utiliser des produits de nettoyage à base d'ammoniaque sur les objets en cuivre et en laiton ; ils peuvent corroder la surface. Comme pour tout autre métal précieux, demandez conseil à un spécialiste avant de retirer la patine sur les pièces les plus anciennes, au risque de leur faire perdre de leur valeur.

Les polluants de l'étain

L'étain, le cousin direct de l'argent dans la famille des métaux, redoute les mêmes substances que l'argent. Il peut, en outre, être abîmé par l'huile et le fromage. Veillez à toujours utiliser des revêtements en verre ou en plastique dans vos objets en étain. L'étain ayant un point de fusion très bas, tenez-le à l'écart des sources de chaleur ou des flammes.

L'entretien du laiton

Vos objets en laiton sont peut-être vernis ou l'ont peut-être été. Le vernis est une protection brillante qui empêche le laiton de se ternir. Si le vernis est toujours en bon état, n'utilisez pas de produit nettoyant pour polir l'objet. Lavez-le simplement à l'eau chaude et savonneuse, rincez-le à l'eau tiède et séchez-le correctement.

Si le vernis de vos objets en laiton s'écaille ou se tache et doit donc être enlevé, essayez de les tremper dans l'eau savonneuse pendant 15 minutes environ, avant de les rincer à l'eau chaude. Frottez avec un chiffon doux jusqu'à ce que le restant de vernis commence à peler. Vous pouvez également utiliser de l'alcool dénaturé en l'appliquant avec un chiffon doux. N'oubliez pas qu'une fois le vernis enlevé, la surface exposée risque de se ternir plus rapidement, demandant alors un entretien plus fréquent.

Un séchage plus rapide

Lorsque vous nettoyez de l'argent, du cuivre ou du laiton, utilisez un sèche-cheveux réglé sur la température la plus basse, pour faciliter le séchage des endroits difficiles d'accès.

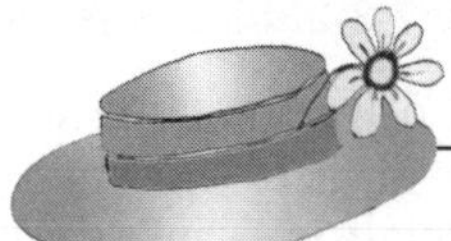

Secret d'antan

Pour faire briller le cuivre ou le laiton, humidifiez du tripoli avec une huile douce, appliquez-le avec un chiffon doux et frottez vigoureusement. Faites-le ensuite reluire avec un morceau de flanelle ou une peau de chamois. Essuyez-le avec du blanc d'Espagne ou du tripoli. Cela donne une finition beaucoup plus riche et profonde qu'en utilisant de l'acide.

1003 Household Hints and Work Savers, 1947

Les objets de famille en verre

Un environnement adéquat

Etonnamment, le verre réagit à l'environnement dans lequel il est stocké. On pourrait croire que la lumière, la chaleur et l'humidité n'affectent pas le verre, mais c'est faux. Faites particulièrement attention à bien protéger le verre ancien contre les changements brutaux de température, il deviendrait cassant et risquerait de se briser.

Prévenez les colorations

Certains verres réagissent chimiquement à l'excès de lumière ultraviolette, en changeant de couleur. Le verre transparent datant du début du XXème siècle peut devenir rose ou violet, en raison de sa teneur en manganèse. Le verre datant de la Première Guerre mondiale jusqu'aux années 30 peut contenir du sélénium, et peut donc prendre une couleur d'ambre en cas d'exposition excessive à la lumière. Ces changements étant irréversibles, la prévention est donc le seul remède. Evitez autant que possible d'exposer le verre ancien à la lumière directe du soleil.

Evitez les bains chauds

Il est déconseillé d'immerger les verres qui ont été réparés pour les nettoyer. Cela risquerait de ramollir ou de faire fondre la colle qui tient les morceaux. Mieux vaut les nettoyer avec un chiffon humide.

Effacez les traces de calcaire

Si vous vivez dans une région où l'eau est très dure, vous devez prendre des précautions pour éviter que des dépôts de calcaire ne se forment sur vos verres de famille lorsque vous les lavez. Pour cela, ajoutez un peu d'adoucissant, type Calgonit®, à l'eau de rinçage.

Nettoyez les verres anciens

Vous avez retrouvé un vieux flacon de pharmacie en verre au grenier ? Voici comment le nettoyer. Laissez-le tremper une journée entière dans une solution d'eau, de lessive et d'adoucissant. Après le trempage, remplissez le flacon à moitié avec cette eau et ajoutez quelques cuillerées à soupe de grains de riz cru ou de sable fin. Secouez et agitez le flacon pendant quelques minutes pour en nettoyer l'intérieur.

Pour enlever les taches à l'intérieur des vieux récipients en verre, remplissez-les de vinaigre blanc et de gros sel. Vous pouvez également essayer de les faire tremper dans une solution composée d'un volume de peroxyde d'hydrogène pour 4 volumes d'eau.

Assurance contre le bris de glaces

Lorsque vous nettoyez votre vaisselle en verre précieux, placez une serviette épaisse dans le fond de l'évier. Cela permettra d'amortir le choc si vous le laissez échapper ou de recueillir les bris de verre si, malheureusement, il se casse.

Fragile, à manipuler avec soin

Lorsque vous rangez vos vieux verres pour une longue durée, prenez la précaution de les envelopper soigneusement dans du papier de soie sans acide. S'ils doivent être empilés dans des boîtes ou sur des étagères, placez des couches de papier à bulles entre chaque.

Enveloppez les couvercles ou les bouchons séparément. Si vous n'arrivez pas à dévisser ou à enlever un bouchon ou un couvercle, mettez l'objet au réfrigérateur. Le verre se contractera très légèrement, vous permettant ainsi de retirer le couvercle. En sortant l'objet du réfrigérateur, enroulez-le dans une serviette afin qu'il remonte lentement à température ambiante. Un écart de température trop important risquerait de fêler le verre.

Réparez la porcelaine craquelée

Il faut le voir pour le croire, mais il existe une solution miracle pour réparer la porcelaine craquelée ! Confectionnez un mélange à base de lait et de sucre (beaucoup de sucre) dans une grande casserole. Plongez la pièce de porcelaine dans la solution laiteuse. Chauffez le lait progressivement, jusqu'à ce qu'il bouillonne légèrement. Laissez-le mijoter à feu doux pendant 45 minutes environ. Cette solution va permettre de reboucher et de durcir les craquelures.

Les bijoux

Des bijoux nickel

Certaines personnes sont allergiques aux métaux bon marché utilisés pour la confection des bijoux, notamment au nickel. Si vous remarquez qu'un bijou en or blanc ou en or 10 carats laisse une marque ou un cercle noir sur votre peau, remplacez-le par un bijou sans nickel. Votre bijoutier peut vous proposer des bijoux sans nickel, qui seront sans doute plus chers. Vous pouvez également passer 1 ou 2 couches de vernis à ongles transparent à l'intérieur de la bague, afin de pouvoir la porter sans risque d'allergie.

D'étranges effets secondaires

Si vous prenez des médicaments délivrés sur ordonnance, sachez qu'ils peuvent parfois décolorer les bijoux. Les antibiotiques, en particulier, peuvent modifier les propriétés chimiques de la sueur et ternir le métal. Veillez donc à retirer vos bagues lorsque vous suivez un traitement aux antibiotiques.

Retirez vos bagues sans forcer

Vous n'arrivez pas à retirer votre bague ? Vaporisez du nettoyant à vitres sur votre doigt et sur la bague. Cela vous permettra de la nettoyer et de pouvoir la retirer plus facilement.

Un nettoyant efficace

Voici un produit pour nettoyer les bijoux dont vous n'avez sans doute jamais entendu parler : les comprimés pour prothèses dentaires. Plongez vos bagues dans un verre avec un comprimé effervescent pour nettoyer les prothèses dentaires. Après les avoir laissés tremper pendant 1 heure ou 2, frottez-les doucement avec une brosse à dents, comme vous le feriez pour un dentier. Rincez-les bien et séchez-les avec un chiffon doux.

Les montures en platine

Si vous voulez transmettre un diamant ou autre pierre précieuse à vos descendants, envisagez de la faire monter sur un socle en platine. Même si le platine est plus onéreux que l'or, il a l'avantage d'être plus résistant à l'usure et d'être hypoallergénique. Pour encore plus de sécurité, vous pouvez faire remettre les griffes à neuf au bout de quelques années. Votre beau diamant aura toujours le même éclat au doigt de votre arrière-petite-fille.

Les attaque acides

Saviez-vous que la transpiration corporelle est néfaste aux bijoux en or et en argent ? Les acides contenus dans la sueur attaquent les soudures en argent et peuvent craqueler certains ors. Lavez ces bijoux de temps en temps avec un savon ou un détergent doux alcalin, pour enlever les acides.

L'entretien des émeraudes et des opales

Ne nettoyez jamais vos émeraudes ou vos opales dans un appareil de nettoyage par ultrasons. Du liquide peut s'infiltrer dans les pierres et les faire voler en éclats. Lavez-les plutôt à l'eau chaude savonneuse et frottez-les doucement avec une brosse à dents à poils souples.

Pomponnez vos opales

Pour empêcher vos opales de se dessécher et de se craqueler, essuyez-les chaque semaine avec un petit peu d'huile de toilette ou d'huile d'olive.

Un diamant propre est le meilleur ami d'une femme

Les diamants ont beau être éternels, cela ne les empêche pas de se salir. Pour garder vos bijoux en diamant étincelants comme au premier jour, administrez-leur un bon nettoyage de temps en temps.

Un plongeon dans un bain pétillant : Pour faire étinceler de mille feux vos diamants, plongez-les dans un verre d'eau dans lequel vous aurez, au préalable, jeté un comprimé effervescent pour dentier. Laissez-les s'y prélasser 2 minutes puis laissez-les sécher sur un chiffon doux.

Un bain de détergent : Diluez un peu de liquide vaisselle dans une tasse avec de l'eau tiède et plongez-y délicatement vos bijoux. Après les avoir laissés tremper pendant 1/2 heure, frottez-les doucement avec une brosse à dents. Rincez-les soigneusement à l'eau claire et laissez-les sécher sur un chiffon doux.

Un nettoyage ultrasonique : Vous pouvez acheter l'un de ces appareils pour nettoyer les bijoux ou les porter à nettoyer chez un bijoutier. Les ondes haute fréquence passent dans l'eau et décollent la saleté de vos bijoux, un peu comme un nettoyage sous pression.

Protégez vos perles

Pour que vos perles gardent leur chatoiement naturel, ne les portez jamais lorsque vous vaporisez de la laque ou du parfum. De minuscules particules de produits chimiques peuvent suffire à leur faire perdre leur éclat et seront indélébiles. Après les avoir portées, essuyez le rang avec un chiffon humide pour nettoyer les traces de sébum ou autres résidus. Laissez-les sécher complètement avant de les ranger. Si vous portez souvent vos perles, faites-les renfiler chaque année.

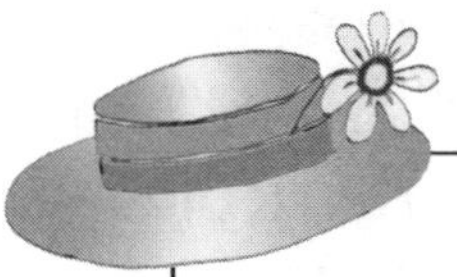

Secret d'antan

Les hommes trouvent que les perles fantaisies sont trop artificielles. Les femmes savent ce qu'il faut faire pour embellir leur décolleté. Pour ne pas risquer de les perdre en cassant la ficelle, une bonne idée est de les renfiler sur du fil dentaire. Les perles seront en sécurité et pendront gracieusement.

1003 Household Hints and Work Savers, 1947

Démêlez les nœuds

Pour défaire un nœud bien serré sur une chaîne en or, essayez cette méthode. Posez la chaîne sur une feuille de papier sulfurisé, et versez une goutte d'huile de table ou du savon liquide sur le nœud. Servez-vous de 2 épingles pour écarter et tirer les maillons jusqu'à ce qu'ils se dénouent.

Gare à la Javel

Faites attention à ne pas mettre d'eau de Javel sur vos bijoux en or blanc. Cela risquerait de les jaunir. Porter des bijoux en or blanc dans une piscine très chlorée peut avoir le même effet.

Nettoyez les bijoux en argent

Voici une méthode pour nettoyer les bijoux en créant une réaction chimique. Placez quelques bandelettes de papier d'aluminium dans un petit récipient, remplissez-le d'eau froide et ajoutez une cuillerée à soupe de sel.

Laissez tremper vos bijoux en argent dans cette solution pendant quelques minutes, puis rincez-les et laissez-les sécher à l'air libre. Placez un couvercle sur le récipient entre deux utilisations. Juste une précaution : assurez-vous que les bijoux ne sont pas en argent plaqué et qu'ils ne comportent aucune zone noircie ou oxydée comme décoration. Cette technique pourrait décoller le plaquage en argent ou blanchir ces zones noires.

Ne confiez jamais vos bijoux à votre mari bricoleur

Votre cher mari sait peut-être manier les pinces à bec effilé à la perfection, mais il pourrait casser accidentellement votre collier en essayant de le réparer. Chaque fois que vous avez besoin de réparer un bijou, confiez-le à un bon bijoutier qui garantit son travail. Ne vous adressez pas aux bijouteries bon marché de certaines galeries commerciales, qui envoient souvent les pièces cassées à d'autres bijoutiers pour les réparer. Trouvez un bijoutier local, auquel vous pourrez vous adresser directement, si vous avez besoin d'une réparation.

Evitez les embrouilles

Pour éviter que vos chaînes ne s'enchevêtrent dans la boîte à bijoux, détachez-les et passez chacune d'elles dans une paille en plastique avant de les rattacher. Il vous faudra peut-être découper les pailles aux dimensions de votre boîte à bijoux.

Un nettoyage rapide

Nettoyez vos bijoux tout en vous préparant. Pour les bijoux en or, mettez un peu de shampooing ou de dentifrice sur une brosse à dents à poils souples et frottez-les doucement. Pour les bijoux en argent massif, saupoudrez un peu de bicarbonate de soude sur un torchon et frottez-les jusqu'à ce qu'ils brillent.

L'histoire des bagues de fiançailles

Vous êtes-vous déjà demandé d'où venait la tradition d'offrir un diamant comme bague de fiançailles ? Voici la petite histoire. Il semble qu'en 1477, Maximilien, l'Archiduc d'Autriche, était fiancé à Marie de Bourgogne. Pour lui prouver son amour, il lui offrit un diamant serti sur une bague. La tradition est restée.

Les appareils photos

Un accessoire utile

L'un des accessoires à avoir toujours sous la main pour le nettoyage régulier de votre appareil photo est une bouteille de dioxyde de carbone ou d'air comprimé. Commencez par nettoyer l'intérieur de votre appareil photo avec de l'air comprimé ou un petit pinceau conçu spécialement pour le nettoyage des appareils photo. Nettoyez ensuite l'extérieur, puis l'objectif. Répétez l'opération à chaque fois que vous changez de pellicule.

Dépoussiérez l'objectif

N'oubliez pas qu'un objectif sale fera des photos troubles. Vous allez en effet enregistrer la saleté qui apparaît sur la lentille, comme si elle faisait partie du décor que vous photographiez. Veillez donc à bien nettoyer la lentille en la dépoussiérant à l'air comprimé, ou en la nettoyant avec un liquide de nettoyage pour lentilles et un chiffon spécial, avant de prendre vos photos.

Changez les piles

Les piles peuvent laisser des dépôts chimiques invisibles à l'intérieur des appareils photo. Nettoyez les piles et les contacts régulièrement, et changez-les au minimum une fois par an.

Rangez-les pour mieux les protéger

Le meilleur endroit pour ranger son appareil pour une longue durée est dans son carton d'origine. Si vous ne l'avez pas gardé, utilisez une boîte en carton solide ou une sacoche pour appareil photo. Retirez les piles et rangez-les dans une petite boîte sur laquelle vous inscrirez la date. Lorsque vous ressortirez votre appareil après l'avoir laissé de côté pendant longtemps, nettoyez-le puis remettez les piles.

Les appareils ménagers et électroniques

Un coup de tonnerre suffit

Si vous disposez d'appareils ménagers et électroniques types, vous êtes exposé à 2 types d'accident qui peuvent vous coûter cher. L'un est naturel, l'autre est provoqué. Le premier est un coup de tonnerre et le second est une surcharge qui provient de votre installation électrique. Tous deux peuvent engendrer des coûts importants et les nombreux maux de tête qui les accompagnent. Pour vous protéger contre ces 2 types d'avatars, vous devez brancher tous vos appareils ménagers courants et le matériel électronique onéreux dans des prises qui vous protègent des surtensions. Ce risque concerne même votre réfrigérateur.

Les prises parafoudre

Les multiprises parafoudre existent en plusieurs tailles et avec de nombreuses fonctions en option. Elles sont conçues pour empêcher toutes les variations de tension électrique de passer dans les appareils qui y sont branchés. Elles coûtent parfois assez cher, mais l'investissement en vaut le coup. Certaines prises sont même vendues avec une garantie, par laquelle le fabricant s'engage à remplacer la prise et tout le matériel qui y est connecté en cas de destruction par la foudre ou une surtension. Si vous calculez la valeur de votre ordinateur, de votre téléviseur grand écran ou de votre fax, entre autres, vous verrez qu'il est grand temps de les protéger des ravages d'une catastrophe électrique.

Efficace une fois allumée

Si vous voulez que votre prise parafoudre protège votre matériel électronique, vous devez l'allumer. Il ne suffit pas de brancher la machine sur cette prise pour la protéger. Les prises sont généralement dotées d'un interrupteur et d'un voyant lumineux, pour vous signaler qu'elles sont activées et qu'elles fonctionnent correctement. Vérifiez votre multiprise parafoudre régulièrement pour vous assurer que la lumière est allumée et qu'elle fonctionne bien.

Une surtension au bout du fil

N'oubliez pas votre téléphone lorsque vous planifiez la protection contre les surtensions. La foudre peut passer par les lignes électriques et le modem de votre ordinateur, détruisant à la fois le téléphone et l'ordinateur. Pour protéger votre téléphone et votre modem, installez une prise parafoudre spéciale pour téléphones.

La protection idéale

Le meilleur moyen de protéger vos appareils ménagers et votre matériel électronique contre la foudre est encore de les débrancher. Mais cela n'est pas toujours l'option la plus pratique, surtout s'il s'agit d'un réfrigérateur ou d'un congélateur. Et qu'en est-il des orages qui surviennent en votre absence ? Il existe une solution pour protéger toute l'installation électrique de votre maison contre la foudre et les surtensions. Il suffit pour cela d'installer un parafoudre au niveau du compteur électrique. Cet appareil n'a pas besoin d'être activé ou désactivé et vous évite d'avoir à débrancher tous les appareils en cas d'orage.

Une protection antivol

Pour faciliter la déclaration et l'identification de vos objets de valeur en cas de vol, faites-les enregistrer. L'enregistrement peut se faire de différentes manières. Faites une petite marque sur l'objet (de préférence près du numéro de série), prenez-en une photo, notez la marque, le type et les caractéristiques éventuelles. Ayez le réflexe de classer tout cela dans un dossier prévu à cet effet où vous y ajouterez toutes les factures de vos achats. Cela s'avérera très utile si vous deviez un jour (par malheur) faire une déclaration rapide pour votre assurance !

Les ordinateurs

Protégez les disques

Pour protéger vos données, gardez vos CD ou votre disque externe à l'abri de la chaleur et du froid. Si cela se produit, laissez-les revenir à température ambiante avant de les insérer dans l'ordinateur.

Rangez vos disques dans des boîtes de rangements, à l'écart de toute surface magnétique comme un téléviseur ou un moniteur d'ordinateur. Un aimant peut endommager les informations stockées sur votre disque.

Le disque dur de votre ordinateur est très sensible, et les données peuvent être corrompues si l'unité centrale reçoit un coup ou une secousse. Installez toujours votre ordinateur sur une table ou un bureau solide.

Aidez-le à refroidir

Les ventilations situées sur les côtés et au-dessus des composants de votre ordinateur sont très importantes, puisqu'elles permettent de faire sortir la chaleur qui s'accumule pendant que l'ordinateur fonctionne. Des surchauffes fréquentes peuvent réduire la durée de vie de l'ordinateur et corrompre les données. Laissez toujours beaucoup d'air et d'espace autour des ventilations afin qu'elles puissent refroidir correctement les composants. Laissez au moins 30 cm entre l'ordinateur et la paroi adjacente du mur ou du meuble.

Luttez contre la poussière

Ouvrez l'unité centrale de votre ordinateur au moins une fois par an et que pensez-vous y trouver ? Une montagne de poussière ! Les ordinateurs sont de véritables nids à poussière, ce qui peut engendrer tout un tas de problèmes. Une accumulation importante de poussière à l'intérieur de l'unité centrale peut faire surchauffer l'ordinateur ; si elle n'est pas nettoyée, elle peut même provoquer un incendie. Enlevez régulièrement la poussière avec une bouteille d'air comprimé, et nettoyez les ventilations avec un chiffon doux et propre. Faites néanmoins très attention à ne pas déplacer les composants internes.

Le nettoyage du clavier

A défaut d'être nettoyé régulièrement, le clavier de votre ordinateur peut abriter toutes sortes de saletés et de bactéries. L'accumulation de poussière peut rendre les touches collantes et les empêcher de fonctionner normalement, ce qui signifie qu'il faudra porter le clavier à un professionnel. Le nettoyer vous-même est un peu délicat (vous ne pouvez pas le tremper dans l'évier). Vous ne devez en aucun cas le mouiller avec un produit nettoyant. Utilisez plutôt un chiffon légèrement humide pour décoller la saleté et utilisez une bouteille d'air comprimé pour faire sortir toute la poussière entre les touches. Si vous renversez un liquide sur le clavier, débranchez-le et retirez les vis situées au dos. Retirez le panneau avant et utilisez un chiffon légèrement humide pour éponger le liquide. Laissez sécher à l'air libre et remontez-le.

Les cassettes vidéo

Un support fragile

Même s'il est si facile de filmer votre famille et vos amis, n'oubliez pas qu'une cassette vidéo a une durée de vie beaucoup plus courte que les autres supports. Même dans les conditions idéales, elle ne durera pas plus de 20 ans. Pour préserver vos images pour la postérité, faites recopier vos cassettes vidéo sur des DVD neufs tous les 5 ans environ, et surveillez les avancées technologiques à l'avenir.

Les vidéos craignent la chaleur

Ne rangez jamais vos cassettes vidéo au grenier ! Elles doivent être rangées dans un endroit frais et sec, à l'abri de la lumière directe du soleil. Si la température est trop élevée, la bande magnétique risque de coller et d'être définitivement abîmée.

Une vidéothèque bien rangée

Rangez toujours vos cassettes vidéo à la verticale, comme des livres. Réservez-leur une étagère spéciale, à l'écart des champs magnétiques produits par les téléviseurs et autres appareils ménagers.

Une tête bien nettoyée

Pour que votre magnétoscope ou votre lecteur DVD continue de bien fonctionner, recouvrez-le d'une housse lorsque vous ne l'utilisez pas. L'utilisation régulière d'un produit pour nettoyer la tête de lecture empêchera la saleté de se déposer sur les parties fragiles à l'intérieur du magnétoscope. Si ces pièces sont trop sales, elles peuvent endommager et même détériorer votre appareil et vos supports vidéo.

Détendez la bande

Pour des enregistrements de meilleure qualité, si vous utilisez encore un magnétoscope, passez votre cassette neuve en avance rapide puis rembobinez-la avant d'enregistrer quelque chose dessus. Cela permettra de détendre un peu la bande afin que l'enregistrement soit plus précis.

Videz les cartons

Gardez les cassettes vidéo auxquelles vous tenez dans des boîtiers individuels, en plastique. Ces boîtiers assurent une bien meilleure protection que les boîtes en carton dans lesquelles elles sont vendues.

Les tissus anciens

Pensez à l'antimite

Pour décourager les insectes comme les mites et les coccinelles de faire un festin de vos tissus anciens, pensez à utiliser des boules de naphtaline. Placez-les dans une vieille chaussette que vous suspendrez en haut de votre armoire. Ne recourez à cette méthode que pour une courte durée. Cette forme d'antimite contient du paradichlorobenzène, un produit chimique puissant qui ne doit pas toucher directement les tissus de valeur. Il doit également être placé hors de portée des enfants et des animaux domestiques. Le bois de cèdre offre une solution plus naturelle, mais il ne permet pas de repousser tous les insectes.

Le rangement idéal

Dans la mesure du possible, rangez les tissus et les vêtements anciens à plat. Un moyen de ranger facilement les édredons piqués est de les mettre à plat sur un lit, en les superposant si nécessaire. Si le linge doit être rangé plié, prenez le temps, une fois par an environ, de le déplier et de le replier différemment. Glissez des feuilles de papier de soie sans acide entre les plis avant de les ranger de nouveau.

Une autre méthode de rangement consiste à utiliser un tube en carton, comme ceux employés pour stocker les épreuves ou les plans. Enveloppez d'abord le tube dans des feuilles de papier de soie sans acide ou de la mousseline écrue non traitée. Enroulez ensuite le vêtement ou le tissu autour du tube ainsi recouvert, avec la face imprimée ou le motif vers l'intérieur.

Rangez les tissus dans le noir

La lumière, l'humidité et les températures extrêmes sont les ennemis de tous les tissus précieux. Les vêtements d'époque, les édredons piqués, les tissus brodés, le lin, les travaux d'aiguille et la dentelle doivent tous être protégés contre les conditions extrêmes d'humidité et de température. L'idéal est un taux d'humidité de 50 % et une température proche des 16°C. Les lumières fluorescentes et les ultraviolets ternissent les couleurs et abîment le tissu. Veillez donc à ranger vos tissus de valeur à l'abri de la lumière.

Rien de tel qu'un bon bain

Les vieux édredons piqués ou patchworks doivent être traités avec soin pour préserver leurs couleurs et les piqûres, ne les lavez donc jamais à la machine. Lavez-les plutôt dans une baignoire. Immergez le centre d'un grand drap blanc dans une baignoire remplie d'eau pour servir de support à l'édredon quand il sera bien imbibé et deviendra très lourd. Lavez ensuite l'édredon sur le drap avec un savon doux ou un produit spécial. Rincez-le soigneusement puis soulevez le drap pour le sortir de la baignoire. Posez-le sur une surface plane. Epongez l'édredon avec des serviettes et redonnez-lui sa forme. Ne le faites pas sécher au sèche-linge, ni sur une corde à linge car cela risquerait de détendre le tissu et de casser les coutures.

Dépoussiérez les édredons suspendus

Les vieux édredons font de magnifiques tentures murales, mais ils attrapent la poussière comme tout ce qui est accroché au mur. Nettoyez la poussière en passant l'aspirateur avec un morceau de bas en Nylon® autour de la brosse. Le haut de l'édredon sera certainement le plus sale, insistez donc sur cette zone.

Les secrets pour les ranger en lieu sûr

L'endroit où vous choisissez de les ranger fera une grande différence sur leur durée de vie. Les différentes matières qui ne doivent jamais être en contact direct avec vos textiles sont : le bois, le carton, le plastique et le papier de soie de couleur.

Vous pouvez ranger vos textiles dans des armoires en bois de cèdre, en veillant simplement à ce qu'ils ne touchent pas le bois nu. L'intérieur de l'armoire peut être recouvert de polyuréthane afin de pouvoir y ranger les textiles en toute sécurité.

Les boîtes de rangement en plastique ne constituent pas un environnement sain pour les tissus anciens. Elles peuvent retenir l'humidité, ce qui favorise les moisissures, et se décomposer avec le temps, libérant des gaz nocifs.

Les boîtes de rangement et le papier de soie sans acide vous permettent de ranger les vieux tissus délicats. Remplacez les feuilles sans acide tous les 3 ans environ, pour une protection durable.

La mousseline écrue, qui a été lavée pour éliminer le résidu de produits chimiques, constitue un emballage idéal et stable pour protéger les vieux tissus.

L'Extérieur

Protégez l'extérieur de votre maison

Quelle peinture choisir ?

Quelle peinture choisir pour recouvrir l'extérieur de la maison ? La couleur est une question de préférence, mais le type de peinture que vous allez utiliser est important. La peinture au latex est presque toujours le meilleur choix pour votre extérieur. Elle est facile à appliquer, sèche rapidement et se nettoie facilement. En raison de sa consistance souple, la peinture au latex dure vraiment longtemps. Choisissez de préférence une peinture 100 % latex, et non à base de latex et de vinyle.

Faut-il appliquer une sous-couche ?

Les nouvelles couches de peinture au latex ne réussiront peut-être pas à couvrir les vieilles peintures à l'huile ou au plomb, surtout si vous peignez une couleur claire sur une couleur foncée. Faites un test sur une petite zone et laissez sécher 24 heures, avant d'entreprendre de tout peindre. Si la nouvelle peinture ne couvre pas bien, neutralisez la première couche avec une sous-couche avant de peindre. Veillez à utiliser une sous-couche prévue spécialement à cet effet.

Faites un peu de géométrie

Pour évaluer la quantité de peinture nécessaire pour peindre l'extérieur de la maison, mesurez le périmètre et la hauteur des fondations jusqu'à la ligne du toit. Multipliez les 2 chiffres. Si le mur de pignon de votre maison est de forme triangulaire, ajoutez 65 cm à la hauteur totale de la maison. Si vous peignez une surface de maçonnerie, il vous faudra plus de peinture que pour le bois. Soumettez vos mesures et l'état de la surface à votre marchand de peinture. Il pourra alors déterminer exactement la quantité de peinture dont vous avez besoin.

Surveillez la météo

Lorsque vous peignez votre maison, la température extérieure peut vous faire transpirer ou grelotter, mais saviez-vous qu'elle peut aussi affecter le résultat de votre travail ? Le temps de séchage moyen des peintures au latex est en général de 24 heures pour une température supérieure à 10°C. Les murs qui sont très exposés au soleil peuvent absorber la chaleur en été et faire cloquer la peinture. Le mieux est de peindre lorsqu'il fait frais ou bon dehors, et d'évitez de peindre par des températures extrêmes.

Protégez vos chaussures

Pour protéger vos chaussures contre les gouttes de peinture lorsque vous peignez, enfilez de grandes chaussettes par-dessus vos chaussures. Lorsque vous aurez fini de peindre, il ne vous restera plus qu'à jeter les chaussettes ou à les garder pour la prochaine fois.

Décapez la façade

Avant de peindre la maison, la première chose à faire est de bien la nettoyer. Appliquée sur un mur sale, la peinture risquerait de se craqueler facilement. Si l'extérieur de votre maison est particulièrement sale, économisez du temps et de la fatigue en louant un nettoyeur à haute pression. Cet appareil permet de bien nettoyer la surface à peindre et de décoller en même temps la vieille peinture.

Le grattage de la peinture est une part importante de votre préparation, mais ne grattez pas la peinture qui adhère fermement à la surface.

Un vieil ouvre-boîte de type perforant est idéal pour gratter la peinture ou les joints dans les endroits difficiles d'accès.

Appliquez la nouvelle peinture

Peindre une surface propre et plane est relativement simple, ce sont les coins et les angles tarabiscotés qui vous poseront le plus de problèmes. Gardez ces quelques conseils à l'esprit :

- Utilisez le pinceau de la bonne taille ; il vous en faudra plusieurs. Vous ne pouvez pas peindre les petites craquelures et crevasses avec un gros pinceau large, il vous faut dans ce cas un petit pinceau fin. Pour les zones plus larges qu'un rouleau ne réussirait pas à peindre correctement, utilisez un pinceau moyen ou large.
- Pour que la finition soit digne de celle d'un professionnel, poncez les murs au papier de verre après avoir gratté la peinture.
- Utilisez un rouleau de bonne qualité pour éviter que de petites fibres pelucheuses ne se collent dans la peinture. Pour vous en assurer, enroulez un peu de ruban de masquage autour de votre main, face collante vers l'extérieur, et tapotez-le sur toute la surface du rouleau avant de peindre.

Travaillez proprement

Pour protéger votre environnement lorsque vous peignez, collez une assiette en carton sous le pot de peinture. Cela permettra de recevoir la peinture qui goutte ou bave le long du pot, sans avoir à déplacer cette soucoupe à chaque fois que vous bougez le pot.

Nettoyez la peinture

Vous ne voulez pas vous promener avec des taches de peinture sur les mains ? Pour faciliter le nettoyage de la peinture sur la peau, pensez à enduire vos mains de Vaseline® avant de commencer à peindre.

Lorsque vous peignez les fenêtres, ne craignez pas de mettre de la peinture sur les vitres. Vous pouvez la nettoyer facilement avec un grattoir à lame et un peu de produit à vitres. En peignant les bords qui séparent l'encadrement en bois et la vitre, vous avez plus de chances de repousser les moisissures qui pourraient finir par endommager vos fenêtres.

Evitez de gâcher votre travail

Rien ne détruit une belle surface de peinture fraîche plus vite qu'une branche de buisson qui griffe toute la hauteur du mur de la maison, parce qu'un pied de votre échelle s'est enfoncé dans la terre meuble et vous a fait voler dans les buissons. C'est également très mauvais pour les buissons !

Prenez 2 boîtes de conserve vides ou 2 vieux pots de peinture, et placez-les sous les pieds de votre échelle, comme des chaussures. Le fond plat vous offrira un peu plus de stabilité et vous évitera de finir dans les buissons.

Protégez vos lunettes

Si vous portez des lunettes, protégez-les de la peinture tout en continuant à voir ce que vous peignez. Recouvrez-les tout simplement d'une couche de film plastique transparent. Il collera aux lunettes sans avoir besoin de Scotch®. Changez le film plastique lorsque c'est nécessaire, jusqu'à ce que votre travail soit terminé.

Nettoyez la maison

Pour que le revêtement extérieur reste brillant et neuf, lavez votre maison une fois par an. Diluez 25 cl de nettoyant surpuissant et un litre d'eau de Javel dans 3,5 litres d'eau. Utilisez un balai-brosse à long manche pour nettoyer la façade, puis rincez-la au jet.

Le choix difficile du revêtement extérieur

Lorsque vous choisissez le revêtement extérieur, rappelez-vous que chaque matière comporte ses avantages et ses inconvénients.

Les revêtements en bois ont un aspect plus naturel, mais ils doivent être repeints régulièrement.

Les revêtements en aluminium de couleur sont déjà peints, mais avec l'usure, ils peuvent laisser apparaître le métal.

Les revêtements en vinyle étant généralement de la même couleur sur toute l'épaisseur, les rayures seront donc invisibles. Par contre, ils sont si hermétiques que les moisissures peuvent s'infiltrer sous le vinyle et endommager le bois.

Avant de choisir votre revêtement, étudiez la question sous tous les angles et choisissez celui susceptible de durer le plus longtemps sur votre maison.

Un ravalement de façade

Vous avez choisi une maison recouverte d'un revêtement en vinyle ou en aluminium car vous ne vouliez plus jamais hisser un pot de peinture en haut d'une échelle. Toutefois, si votre revêtement affiche désormais des marques d'usure, ou si vous en avez tout simplement assez de la couleur, il n'est peut-être pas utile d'enlever le revêtement et d'en remettre un neuf. Même si cette perspective ne vous réjouit guère, sachez que les revêtements en vinyle ou en aluminium peuvent être repeints.

Comme pour tous les travaux de peinture, la première tâche consiste à nettoyer le revêtement. Si vous apercevez des traces de rouille ou des résidus calcaires, utilisez de la laine d'acier médium ou fine pour les enlever. N'appliquez une sous-couche que si le revêtement d'origine est en mauvais état. Si vous utilisez une sous-couche, choisissez-la de la même marque que la peinture, puisqu'elles sont conçues pour aller ensemble.

Si vous voulez que votre peinture tienne bien, utilisez une peinture acrylique au latex pour l'extérieur, de bonne qualité.

Peignez vos clôtures

Peindre les clôtures n'est pas toujours amusant. Pour rendre le travail un peu moins désagréable, il est donc important d'utiliser un outil qui permette d'appliquer la peinture facilement.

Pour les piquets, utilisez un rouleau. Vous couvrirez la surface en 2 fois moins de temps qu'avec un pinceau.

Pour peindre une clôture en fils de fer, utilisez une éponge. Cela vous permettra d'appliquer une fine couche de peinture exactement là où vous voulez.

Calfeutrez votre maison

Vous voulez que votre maison soit confortable et chaude en hiver, et fraîche en été. Vous voulez également faire des économies d'énergie. Pour remplir ces 3 conditions à la fois, vérifiez que votre maison est bien hermétique. Pour cela, il peut être utile de calfeutrer les fenêtres, les portes, le revêtement mural et les finitions extérieures. Voici comment calfeutrer votre maison :

- ♦ Avant d'ajouter un nouveau calfeutrage, retirez l'ancien du mieux que vous pouvez. Lavez la surface à l'eau savonneuse. Utilisez de la Javel en présence de champignons. Rincez et laissez sécher. Le calfeutrage adhérera plus facilement sur une surface propre et sèche.
- ♦ Enfoncez de petits morceaux d'isolant dans les fissures larges et profondes, avant de calfeutrer.
- ♦ Consultez les prévisions météo avant de commencer. S'il pleut dans les 24 heures qui suivent la pose du calfeutrage, tout votre travail pourrait être à refaire.
- ♦ Coupez la buse du pistolet applicateur à un angle de 45°, et un cintre ou un clou pour percer l'opercule. En maintenant une pression constante, tenez le pistolet à un angle de 45° par rapport à votre surface de travail.
- ♦ Lissez la pâte avec un doigt mouillé ou une éponge humide, sans trop appuyer. Le joint risquerait de trop rétrécir en séchant et de ne pas boucher correctement la fissure.

Protégez vos murs

Si votre échelle n'est pas équipée d'embouts en plastique, enveloppez les pieds qui reposent contre le mur avec des chiffons. Cela évitera qu'ils n'abîment votre revêtement pendant que vous travaillez.

Venez à bout des moisissures et des champignons

Avez-vous déjà remarqué que lorsque vous laissiez quelque chose trop longtemps au réfrigérateur, une sorte de moisissure verdâtre commençait à apparaître ? C'est à peu près le même principe pour les moisissures et les champignons de la maison. Ils poussent et se développent dans les environnements humides. Outre le fait d'être très inesthétiques dans votre maison, ils peuvent également endommager la surface sur laquelle ils poussent. Ils ont besoin de nourriture pour pousser, et ils se nourrissent notamment de la saleté qui s'accumule sur la façade. Veillez donc à nettoyer correctement les zones sujettes aux champignons. Un peu de lessive, un seau d'eau et un balai brosse peuvent se révéler terriblement efficaces pour freiner le développement des champignons.

Les secrets d'une bonne ascension

Une bonne échelle est un outil essentiel pour la maintenance et les réparations extérieures de la maison. C'est également une source de danger potentiel, faites donc preuve de bon sens lorsque vous bricolez sur votre maison. Si votre échelle est vieille et bancale, achetez-en une neuve. Cela vous évitera peut-être une mauvaise chute.

Une échelle en aluminium est plus légère et dure plus longtemps qu'une échelle en bois. Toutefois, n'oubliez pas que l'aluminium est conducteur. Evitez d'utiliser une échelle en aluminium lorsque vous faites des travaux d'électricité ou lorsqu'il y a de l'orage dans l'air.

Priorité à la stabilité

Garder votre échelle stable et droite doit être votre priorité numéro 1. Pour encore plus de sécurité et de stabilité, utilisez des stabilisateurs, c'est-à-dire des barres qui s'attachent à votre échelle.

Posez une planche ou tout autre objet plat et stable sous les pieds de votre échelle avant de monter dessus. Cela permettra de la maintenir bien à plat et évitera qu'elle s'enfonce dans la terre.

La toiture

Un choix mûrement réfléchi

Lorsque vous changez votre toiture, rappelez-vous que les deux caractéristiques les plus importantes sont la protection et l'apparence. Etudiez attentivement le style de votre maison, la longueur du toit qui va dépasser et même la couleur des toitures des autres maisons du voisinage. Méfiez-vous des toitures claires si vous vivez dans une zone très arborée. Les arbres peuvent y laisser des marques inesthétiques. Essayez, si possible, de placer toutes les ventilations et les cheminées sur la pente arrière du toit.

Peignez-les de la même couleur que le toit pour qu'elles soient moins visibles.

Tout bien pesé

Faites attention en ajoutant une toiture lourde, en ciment ou en argile, sur une maison construite dans les années 1940 ou avant. Faites établir une expertise pour vous assurer que la charpente supportera cette charge supplémentaire.

Recommandations pour la toiture

Vous hésitez entre réparer ou changer la toiture ? Facilitez-vous ce choix en déterminant l'état de votre toiture au moyen des 4 stades ci-dessous.

Stade 1 : de petits morceaux de toit, ressemblant à du gravier très fin, s'accumulent dans les gouttières et sous les tuyaux de descente.

Stade 2 : des zones de goudron noir apparaissent lorsque ces petits morceaux se détachent du toit.

Stade 3 : le bout des bardeaux se vrille et devient friable.

Stade 4 : les bardeaux gondolés se cassent, les plaques de goudron s'usent et la tête des clous, ainsi que les raccords, sont apparents.

Si votre toiture est au stade 1 ou 2, les réparations peuvent être une solution suffisante à court terme. Au stade 3, et véritablement au stade 4, la solution la plus rentable est de refaire la toiture.

Remettez-en une couche

Si la couverture du toit n'est composée que d'1 ou 2 couches de feutre, vous pouvez envisager d'ajouter une troisième couche sans retirer les 2 autres. L'ajout d'une troisième couche vous coûtera environ 2 fois moins cher que d'enlever les couches précédentes et de recommencer à zéro.

Les fuites d'eau

Un plafond qui goutte est très énervant, mais localiser l'origine de la fuite peut l'être presque autant. N'oubliez pas qu'en général, la fuite n'est pas située exactement au-dessus de la tache qui se forme sur votre plafond. L'eau s'infiltre dans le toit, puis glisse le long de la pente avant de goutter sur votre plafond. Lorsqu'il pleut fort, montez au grenier et essayez de repérer les gouttes. Remontez ensuite le " chapelet de gouttes ", jusqu'à ce que vous localisiez le point d'entrée de l'eau. Marquez cet endroit en enfonçant un clou dans la toiture. Lorsque le soleil recommencera à briller, vous (ou votre réparateur) pourrez retrouver l'emplacement précis de la fuite, grâce au clou qui sortira du toit.

Inspection et détection

Une inspection régulière de votre toit pourra permettre d'éviter les fuites. Prêtez une attention particulière aux solins autour des cheminées et des ventilations du toit, car c'est là que la plupart des fuites apparaissent. Si vous ne vous sentez pas capable de marcher sur le toit, inspectez-le à distance, avec des jumelles.

Faites d'une pierre deux coups

Pendant que vous êtes sur le toit, profitez-en pour vérifier que tout est bien accroché et en bon état. Vous risquez de ne pas remonter sur le toit de si tôt. Voici les autres points à vérifier :

- Vérifiez la stabilité de votre antenne de télévision, de la girouette, des lucarnes et de tout ce qui dépasse.
- Vérifiez que les tuiles ou les ardoises ne sont pas endommagées. Des tuiles mal fixées ou cassées peuvent provoquer des fuites, mais peuvent également se détacher et boucher les gouttières.
- Examinez les noues et les saillies de votre toiture. Le faîte du toit, les angles autour de la cheminée et les rives sont des zones qui s'usent facilement.
- Observez les arbres qui entourent votre maison. Si possible, coupez toutes les branches qui débordent sur le toit. Même si elles ne risquent pas de se casser et d'abîmer la toiture, elles sont une source permanente de détritus pour vos gouttières.

Les gouttières et les tuyaux de descente

Evitez les bouchons

Les gouttières ne sont peut-être pas la partie la plus intéressante de votre maison, mais elles vous rendent un fier service en dirigeant l'eau dans les coins de la maison au lieu de la laisser goutter dans toutes les directions et détériorer lentement votre crépi. Malheureusement, les gouttières attirent également tout ce qui voltige autour de la maison, c'est-à-dire les feuilles, les branches et les glands. Cela peut finir par boucher les tuyaux de descente, bloquer l'eau de pluie, et parfois déposer plein de saletés sur votre sol. Les gouttières doivent être nettoyées au moins 2 fois par an, notamment à la fin de l'automne, quand toutes les feuilles sont tombées.

Curez les gouttières

Une pelle à sucre en plastique ou une truelle de jardin est un excellent outil pour enlever les feuilles accumulées dans les gouttières. Lorsque vous avez terminé, installez une grille sur l'ouverture de chaque tuyau de descente pour empêcher la formation de bouchons qui empêchent l'eau de s'écouler normalement.

Les signes avant-coureurs

Certains signes révélateurs peuvent vous aider à savoir si vos gouttières auraient dû être nettoyées depuis longtemps. Faites le tour de votre maison pour vérifier que des brindilles et des débris ne dépassent pas des gouttières et des tuyaux de descente par le haut ou entre les fissures. Les bouchons se forment généralement aux endroits où les gouttières tournent ou changent de direction. Des traces d'eau et de décoloration sur le mur indiquent que les gouttières ont refoulé l'eau de pluie, qui a alors coulé aux mauvais endroits. Sur le sol, vérifiez les marques d'érosion le long des fondations de la maison. Faites également attention aux fuites qui pourraient apparaître dans le sous-sol. Les infiltrations d'eau dans la maison doivent vous indiquer que la pluie n'est pas correctement détournée des fondations.

Prenez de la hauteur

Le printemps et l'automne sont les périodes idéales pour inspecter les gouttières. Pour cela, le meilleur moyen est d'utiliser une échelle et de faire le tour de la maison. C'est de là que vous verrez le mieux, mais cela peut aussi être dangereux. N'oubliez pas que la sécurité est toujours la priorité absolue. Si votre mobilité est limitée, ce n'est pas le moment de tester vos limites. Demandez à quelqu'un de le faire pour vous, ou louez les services d'un professionnel pour inspecter et nettoyer vos gouttières.

Secret d'antan

Les regards doivent être nettoyés fréquemment pour éviter que les détritus véhiculés par l'eau de pluie ne les bouchent et inondent le sous-sol.

1003 Household Hints and Work Savers, 1947

Protégez vos gouttières

Vous pouvez installer des protections grillagées sur vos gouttières afin de filtrer les débris tout en laissant passer l'eau. Toutefois, les experts considèrent que cela ne vous dispense pas pour autant de les nettoyer. Le nettoyage est même beaucoup plus difficile que lorsque les gouttières n'ont pas de grille de protection.

Une fois sur le toit

Si vous pouvez vous déplacer sans risque sur votre toit ou réussissez à atteindre les zones à problèmes avec une échelle, vous pouvez nettoyer vous-même vos gouttières. Voici plusieurs choses auxquelles il faut penser :

- ♦ Nettoyez toutes les gouttières, tout autour de la maison. Les débris qui ne provoquent pas de bouchon pour le moment pourraient finir par se déplacer. Veillez donc à tout retirer.
- ♦ Nettoyez tous les tuyaux de descente après avoir nettoyé les gouttières. Pour être sûr qu'ils s'écoulent normalement, laissez tomber une bille par le haut et écoutez sa progression. Encore mieux, faites couler de l'eau avec un jet dans le tuyau de descente pour retirer toutes les petites particules restantes.

Orientez les tuyaux de descente

Vérifiez l'inclinaison et la position des tuyaux de descente. Vérifiez qu'ils se dirigent bien vers l'extérieur de la maison et que l'eau s'évacue en aval.

Les fenêtre et les portes

Résolvez le problème des portes coulissantes

Vous en avez assez de cette porte-fenêtre qui coulisse mal ? Regardez si elle est équipée d'une vis de réglage dans la glissière inférieure. Vous pouvez vous en servir pour soulever l'encadrement de la porte par rapport au rail. Si le problème persiste, nettoyez les rails inférieur et supérieur avec de l'eau savonneuse et un pinceau à poils durs. Dès que les rails sont secs, graissez-les avec de la graisse au lithium blanc. Vos portes devraient normalement glisser comme sur des roulettes.

Contre les fenêtres difficiles à ouvrir

Si vous pensiez que votre roulette à pizza ne vous servirait que pour votre dîner du vendredi soir, sachez qu'elle peut avoir au moins une autre utilisation. Pour ouvrir une fenêtre qui colle à cause de résidus de peinture qui ont séché, faites glisser la roulette à pizza le long de l'ouverture.

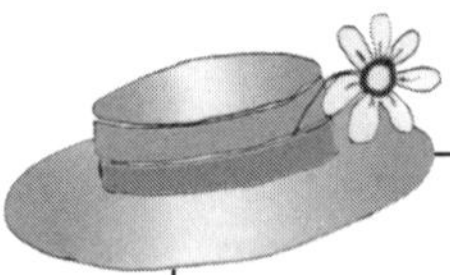

Secret d'antan

Inutile de vous énerver après une fenêtre qui refuse de s'ouvrir. Une fine couche de cire d'abeille sur les montants devrait la faire coulisser normalement.

1003 Household Hints and Work Savers, 1947

Rapiécez les moustiquaires

Si la moustiquaire installée sur votre fenêtre a un accroc, il n'est peut-être pas utile de la changer. Voici 2 méthodes pour la réparer :

- Rapiécez les petits trous dans une moustiquaire en appliquant plusieurs fines couches de vernis à ongles transparent. Tamponnez-le légèrement et laissez sécher entre chaque couche pour empêcher le vernis de former un paquet et de goutter. Effectuée de la sorte, cette réparation sera quasi invisible.
- S'il vous reste un peu de toile métallique sous la main, vous pouvez réparer un petit accroc dans la toile en en collant un petit morceau sur le trou. Utilisez une colle permanente, résistante à l'eau et qui reste transparente au séchage.

Le danger des portes de garage

Les portes de garage électriques sont très pratiques, mais elles peuvent également être dangereuses, surtout avec des enfants. La plupart sont équipées d'un système qui leur permet de se refermer si elles touchent un objet solide, mais ne se renfermeront pas forcément si elles touchent le corps léger d'un enfant. Testez votre porte de garage en la faisant se refermer sur un rouleau d'essuie-tout. Si elle ne se referme pas, contactez le fabricant pour savoir si elle peut être réglée. Sinon, changez-la.

Le réaménagement de la maison

La maison de vos rêves

L'agrandissement ou la réorganisation d'une maison peut être un rêve, ou un cauchemar. Voici quelques points auxquels il faut penser :

- Prenez le temps de bien réfléchir à ce que vous voulez faire. Tout doit être prévu en détail avant de réellement commencer les travaux de démolition ou de construction.
- Il revient parfois presque aussi cher de faire une petite extension à votre maison, que d'en faire une grande. Assurez-vous que l'extension répondra vraiment à vos attentes en termes de confort et d'espace.
- Ne construisez pas une extension qui vous revienne au prix de la maison la plus chère du quartier, ce serait faire de fausses économies. Il serait peut-être plus simple de déménager dans une maison qui réponde mieux à vos besoins.
- Assurez-vous que vous connaissez toutes les réglementations de zonage et de construction dans votre quartier et que vous détenez les permis nécessaires. C'est avant de commencer les travaux que vous devez vérifier que vous avez le droit de construire une extension.
- Prenez conscience que ces travaux ne se feront pas en un jour et qu'il faudra vous armer de patience avant d'aboutir aux résultats que vous attendez. Ne planifiez pas de réception importante, comme un mariage, dans votre maison avant d'être sûr de la date de fin des travaux.
- Tout au long des travaux, communiquez clairement avec votre architecte et votre constructeur.

Coopérez avec l'entrepreneur

Si vous décidez d'entreprendre des travaux de rénovation importants dans votre maison, envisagez de ne faire faire qu'une partie des travaux et de réaliser le reste vous-même. Par exemple, si votre réorganisation inclut la peinture extérieure de la maison, vous pouvez peut-être faire le travail de préparation, comme le lavage, le décapage et le ponçage. L'entrepreneur pourrait ensuite intervenir pour faire la peinture. Cela vous permettrait de réduire nettement les coûts, tout en ayant un résultat d'excellente qualité.

Certains entrepreneurs acceptent ce type d'arrangement, et d'autres pas. Assurez-vous-en avant d'entreprendre la phase de préparation. Une mise en garde : vérifiez que la garantie du travail de l'entrepreneur est toujours valide si vous préparez le travail vous-même.

Attention au plomb

Jusqu'à ce qu'ils découvrent que le plomb est dangereux pour la santé, les fabricants en utilisaient souvent dans la peinture. Même si cette pratique n'a plus cours, des millions de litres de peinture à base de plomb recouvrent toujours les murs des maisons et des entreprises, notamment des plus anciennes. Les personnes qui respirent la poussière de peinture au plomb et les enfants qui en avalent de petits éclats peuvent développer diverses maladies. Si vous devez faire des réparations sur une zone que vous suspectez d'être recouverte de peinture à base de plomb, soyez particulièrement prudent. Ne laissez pas d'enfants ou de femmes enceintes s'approcher de la zone sur laquelle vous travaillez. Essayez de toujours mettre vos déchets dans des sacs, et de bien nettoyer la zone à l'aide d'une serpillière ou de chiffons humides. N'utilisez pas de balai ou d'aspirateur, car cela risquerait de propager les particules de plomb dans l'air.

Une solution à base de poudre pour lave-vaisselle contenant des phosphates est ce qu'il y a de plus efficace pour nettoyer la poussière de plomb. Faites attention à l'endroit où vous jetez votre eau de nettoyage, et lavez soigneusement les torchons et les serpillières avant de les réutiliser.

Que faire pour réduire les risques

Si votre maison a été construite avant 1978, elle peut contenir de la peinture au plomb, et si elle a été construite avant 1960, elle a très certainement été peinte avec une forte concentration de peintures au plomb. Si vous pensez que votre maison peut abriter cette dangereuse substance, évitez de :

- Gratter, poncer ou décaper l'ancienne peinture avant de repeindre.
- Faire des trous dans les murs pour y faire passer des tuyaux ou des câbles.
- Casser des murs pour agrandir une pièce.

Les terrasses

Empêchez les remontées d'humidité

L'humidité du dessous peut poser des problèmes pour votre terrasse ou votre véranda. Pour empêcher les remontées d'humidité, recouvrez le sol situé sous la terrasse avec des plaques de polyéthylène, recouvertes de sable sur une épaisseur d'environ 5 cm.

Evitez les nettoyages agressifs

Nettoyer la terrasse avec de l'eau sous pression est simple et rapide, mais le nettoyage haute pression peut également faire pénétrer les spores de moisissures vivantes dans le bois et le faire pourrir. Vous pouvez utiliser un nettoyeur haute pression, mais réglez-le sur une pression plus basse.

Protégez les murs

Lorsque vous nettoyez votre terrasse, protégez le revêtement des murs de la maison contre les solutions de nettoyage puissantes, qui risqueraient de laisser des taches. Prenez de vieux morceaux de polystyrène ou des chutes de revêtement, et posez-les contre les murs de la maison pendant que vous nettoyez.

L'entretien de la terrasse en bois

Nettoyez et imperméabilisez votre terrasse au moins une fois par an pour la protéger contre les intempéries. Si votre terrasse n'est pas piquée par l'humidité, utilisez un nettoyant ordinaire. Pour enlever les moisissures, utilisez une solution à base d'eau et de Javel ou un produit spécial pour le nettoyage du bois. Rincez abondamment et laissez sécher le bois complètement, avant de l'imperméabiliser.

Une barrière anti-humidité

Les plantes en pots peuvent joliment agrémenter votre terrasse et la rendre plus cossue, mais faites attention à ce qu'elles ne l'abîment pas. La plupart des pots sont dotés de trous de drainage pour éviter que l'eau s'accumule et ne pourrisse les racines des plantes. Le problème est que l'eau qui s'écoule des pots n'a aucun moyen de s'évaporer si le pot est posé directement sur le sol de la terrasse. Cela peut faire pourrir le bois. Utilisez des supports ou placez des bûches entre les pots et la terrasse. Il est également conseillé de changer souvent les plantes de place.

Respectez les distances

Veillez à ne pas laisser s'accumuler la saleté, les brindilles et les feuilles dans les interstices qui séparent les dalles de bois de votre terrasse. Ces interstices sont prévus pour permettre à l'eau de s'évacuer et à l'air de circuler autour du bois, pour éviter qu'il ne pourrisse.

Les allées et les bordures

Nettoyez les taches de graisse

Vous travaillez dur pour embellir votre maison, alors pourquoi laisser cette tache d'huile ou de graisse sur votre allée en béton ? Nettoyez-la en versant du white-spirit ou un diluant à peinture sur la zone tachée. Vérifiez que toute la zone est correctement recouverte. Prenez ensuite un sac de litière à chat, du sable ou une grande boîte de bicarbonate de soude (voire de la farine de maïs puisqu'il suffit que la substance soit sèche et absorbante), et saupoudrez-en sur la tache. Laissez agir pendant 12 heures environ avant de balayer. La tache d'huile devrait être absorbée par la litière.

Nettoyez les dernières traces de white-spirit avec de l'eau chaude, un nettoyant ménager ordinaire et une serpillière. Vous pouvez utiliser cette méthode sur du ciment sec, mais dans ce cas, laissez la litière plusieurs jours avant de balayer.

Les flaques d'huile

L'huile est un ennemi difficile à affronter dans la guerre contre les taches, notamment lorsqu'elle s'est imprégnée profondément. Mais voici une arme secrète qui vous permettra peut-être de remporter la victoire. Préparez une solution avec un volume de phosphate trisodique (PTS) pour 4 volumes d'eau. Plongez une vieille serviette dans cette solution, appliquez-la sur la tache et laissez reposer. Vous pouvez également faire pénétrer la solution dans la tache avec une brosse, mais vous obtiendrez de meilleurs résultats avec la serviette. Cette méthode ne permettra peut-être pas de faire disparaître la tache complètement, mais elle l'atténuera nettement.

Misez sur la sécurité

Si vous ne savez pas exactement de quelle nature est la surface que vous nettoyez, mieux vaut être prudent. Il existe dans le commerce de nombreux produits pour nettoyer le béton, les dalles et autres types de surfaces pour les terrasses. Ces produits sont en vente dans les magasins de bricolage ou de peinture. Lisez les instructions figurant sur l'emballage pour savoir si vous pouvez nettoyer votre surface sans l'abîmer.

Eliminez les taches rebelles

Essayez de frotter les taches de graisse tenaces avec du détergent concentré, dilué dans de l'eau. Utilisez une brosse à poils durs, puis rincez au jet. Vous pouvez également essayer avec de la poudre pour lave-vaisselle. Saupoudrez la poudre sur une surface humide et laissez-la agir quelques instants. Versez un seau rempli d'eau bouillante sur la zone pour la rincer, puis frottez et rincez de nouveau.

Pelletez la neige

Pour retirer la neige plus facilement, enduisez votre pelle avec de la cire pour lustrer les voitures. La neige glissera nettement mieux. Si vous n'avez pas de cire sous la main, essayez de vaporiser de l'huile de table.

Un outil pour les petites surfaces enneigées

Une grande pelle est idéale pour les allées, mais n'est pas très pratique pour les marches. Utilisez une raclette pour les sols en caoutchouc, pour enlever une fine pellicule de neige tombée sur les marches ou le porche. Le caoutchouc est également beaucoup plus doux que la pelle pour nettoyer la surface de votre terrasse.

La sécurité de la maison

Eclairez la maison

Les jardins non éclairés sont une invitation aux intrus. En effet, sont plus rares les effractions sur une scène bien éclairée. Quelques lumières extérieures bien placées peuvent efficacement régler ce problème. Vous pourrez trouver, à un prix abordable, des éclairages d'extérieur munis d'un détecteur de mouvement. Ils s'allument lorsqu'ils détectent un mouvement et vous évitent ainsi d'allumer et d'éteindre un interrupteur.

Protégez vos ampoules

Les ampoules de lampes de sécurité à l'extérieur de la maison doivent être équipées d'un système de protection, recouvertes d'une grille, par exemple. Il serait dommage que les rôdeurs puissent éteindre les lumières en dévissant simplement les ampoules.

Cadenassez vos outils

Un jardin mal rangé est non seulement inesthétique, mais constitue également un risque en matière de sécurité. Ne laissez jamais traîner vos outils de jardin, vos pelles ou autres instruments, s'ils peuvent être utilisés comme une arme. Même si le rôdeur ne s'en sert pas comme d'une arme, il peut utiliser ces outils pour entrer par effraction dans la maison. Si vous n'avez pas de garage ou de remise qui ferme à clé, rangez-les au sous-sol ou dans un placard de la maison.

Les mesures de sécurité pour les portes

Les portes qui donnent sur l'extérieur doivent avoir les charnières situées à l'intérieur pour empêcher les cambrioleurs de sortir la porte de ses gonds pour entrer. Ces portes doivent être solides et correctement montées. Vérifiez-les régulièrement pour vous assurer que l'encadrement et les serrures sont solides et ne se sont pas dévissés. La même chose vaut également pour les fenêtres et les portes vitrées coulissantes. Pensez à vérifier les vis et les verrous qui les maintiennent en place. Toutes les pièces qui peuvent se dévisser ou se casser facilement ne doivent pas être accessibles de l'extérieur.

Une protection à double tranchant

Les clôtures sont utiles pour empêcher les gens de rentrer, mais elles peuvent également cacher un cambrioleur qui a pénétré dans votre jardin. Pour cette raison, optez de préférence pour des clôtures à claire-voie.

Aidez la police

Le numéro de votre maison doit être lisible de jour comme de nuit, afin que les policiers, les pompiers ou les ambulanciers puissent localiser rapidement votre maison en cas d'urgence. Coller de petits numéros sur la boîte aux lettres n'est pas suffisant.

Vous pouvez trouver, dans la plupart des magasins de bricolage, des numéros d'adresse fluorescents, qui ont l'avantage d'être bon marché et faciles à installer. Placez le numéro de votre maison à un endroit visible. C'est votre protection qui est enjeu !

Laissez des signes de présence

Si vous devez vous absenter plusieurs jours, évitez de laisser le courrier ou les magazines s'accumuler dans votre boîte aux lettres. Les cambrioleurs utilisent ce procédé pour savoir si la maison est occupée. Demandez à un voisin de passer de temps en temps dans votre maison pour ramasser votre courrier et sortir la poubelle.

Laissez de la lumière

N'éteignez pas toutes les lumières lorsque vous partez en vacances.

Une maison qui reste non éclairée pendant plusieurs nuits de suite est un leurre bien attractif pour les voleurs. Pour une somme tout à fait abordable, vous pouvez installer des programmateurs qui allumeront et éteindront les lumières à votre place, en votre absence. Installez ces programmateurs sur des lampes situées à des endroits stratégiques et programmez-les à des tranches horaires différentes. Cela devrait dissuader les rôdeurs.

Le Bricolage

La boîte à outils

Vissez droit

L'une des choses les plus difficiles à accomplir pour un menuisier amateur est de visser droit. Heureusement, les bricoleurs ont un truc pour résoudre le problème. Avant d'enfoncer la vis, frottez du savon sur la partie filetée. Le savon permet à la vis de rentrer plus facilement dans le bois, et de s'enfoncer plus droit.

Attention les yeux

Enfoncer une vis ou une rondelle au-dessus de sa tête n'est pas une mince affaire. Lorsque vous devez fixer quelque chose au plafond ou sur un appareil situé au-dessus de votre tête, essayez de passer une fine pellicule d'une substance collante, comme de la colle Néoprène® ou caoutchouc, sur la vis, l'écrou ou la rondelle. Cela permettra à la pièce d'adhérer à vos outils au lieu de vous tomber dans les yeux. Lorsque vous avez terminé, essuyez l'excès de colle avec un chiffon.

Protégez les murs

Vous en avez assez de faire des marques ou des trous dans les murs lorsque vous manquez le clou en frappant avec le marteau ? Pour que cela ne se reproduise plus, prenez un couvercle en plastique, comme celui d'une boîte de fromage blanc ou d'un vieux Tupperware®. Percez un trou au centre du couvercle, suffisamment large pour y laisser passer le clou, puis placez cette protection autour du clou avant de donner le coup de marteau. Ainsi, si votre coup n'atteint pas sa cible, ce sera le couvercle en plastique, et non le mur, qui amortira le coup.

Techniques de survie pour les doigts

Les petits clous représentent un danger pour les gros doigts. Pour éviter de vous donner un coup de marteau sur les doigts lorsque vous plantez un petit clou, piquez-le au préalable dans un petit morceau de carton. Enfoncez ensuite le clou en tenant le carton par un coin. Il ne vous restera plus qu'à déchirer le carton, et vos doigts seront sains et saufs.

Un autre moyen d'enfoncer les petits clous et les broquettes est d'utiliser un peigne. Placez le clou entre deux dents du peigne. Le plastique sert à la fois à maintenir le clou en place et à protéger et le mur et vos doigts des coups de marteau mal dirigés.

Clouez dans le placo

Si vous avez des cloisons en Placoplâtre®, essayez cette méthode pour éviter que le plâtre ne s'effrite lorsque vous y enfoncez un clou. Collez un petit morceau de ruban de masquage ou de Scotch® à l'endroit où vous voulez enfoncer le clou. Après avoir planté le clou, enlevez le morceau d'adhésif. Mais, allez-y doucement. Si le Scotch® a une bonne adhérence, vous risquez d'arracher un peu de peinture au passage.

Retirez un clou

Lorsque vous enlevez un cadre du mur, le trou laissé par le clou n'est pas forcément le problème principal. Si vous extirpez le clou à l'aide des griffes d'un marteau, vous risquez d'abîmer la peinture avec la tête du marteau. Pour éviter cela, placez un magazine ou une serviette de toilette pliée en quatre contre le mur, et apposez-y la tête du marteau lorsque vous faites levier pour extraire le clou.

Serrez la vis

Voici une petite technique pour réparer les vis qui tournent sans mordre. Procurez-vous 1 ou 2 " tortillons ", les attaches en fil de fer plastifié utilisées pour fermer les sachets de pain. Coupez-les ou pliez-les afin qu'ils soient à peu près d'une longueur égale à la profondeur du trou. Retirez ensuite la vis du mur et enfoncez les tortillons dans le trou. En resserrant la vis, elle devrait mordre dans le tortillon. Cette épaisseur supplémentaire devrait permettre de la maintenir en place.

Desserrez les boulons

Impossible de desserrer ce boulon ? Le problème peut avoir de multiples origines, mais la plus probable est la rouille. Pour le forcer à bouger, appliquez un peu d'huile sur le pas de vis. Si cela ne marche pas, versez du vinaigre dessus et laissez agir quelques minutes. Enfin, certains ont parfois recours au soda. Enveloppez le boulon dans un chiffon imbibé de n'importe quelle sorte de boisson gazeuse, et cela vous permettra bien souvent de faire entendre raison à ce boulon rouillé.

Evitez la rouille

L'humidité est probablement le pire ennemi de votre atelier, surtout en ce qui concerne les outils. Une petite tache de rouille peut finir par détruire toute votre boîte à outils. C'est pourquoi, dans la mesure du possible, essayez de choisir des outils en acier inoxydable. Cependant, le fait que l'inox résiste mieux à la rouille que les autres types de métaux ne vous dispense pas de prendre bien soin de vos outils.

Nettoyez vos outils après chaque utilisation, surtout les outils de jardin ou ceux exposés à l'eau et à la terre. Séchez-les correctement et rangez-les dans un endroit propre et sec. Ne laissez pas traîner les outils dans le jardin ou appuyés contre le mur extérieur du garage. La prévention est le meilleur moyen de vaincre la rouille.

Eclairez les endroits difficiles d'accès

Vous devez planter un clou dans un endroit difficile d'accès et mal éclairé et vous avez du mal à voir votre cible. Que faire ? Improvisez ! Avec un morceau de rouleau adhésif, fixez une petite lampe torche sur la perceuse, et voilà ! Cette technique peut être utilisée sur tous les outils qui doivent atteindre un recoin mal éclairé.

Vendez la mèche

Casser une mèche en perçant un trou à la perceuse est énervant, mais surtout dangereux. Pour éviter cela, vaporisez un peu de silicone sur les mèches avant de commencer à percer. Cette lubrification rendra également les mèches plus tranchantes.

Mettez la rouille au repos

Si vous devez entreposer un outil pendant un certain temps, vaporisez un peu d'huile dessus avant de le ranger. Une couche très fine permettra de protéger le métal contre l'humidité. Si votre outil est souvent exposé à l'eau (surtout à l'eau salée) ou est constamment utilisé dans des conditions difficiles, appliquez de la Vaseline® sur les parties métalliques avant de le ranger. Si vous découvrez des traces de rouille sur vos outils, pas de panique.

Enlevez la rouille en la frottant avec du papier de verre. Commencez avec le grain le plus fin que vous ayez, puis augmentez la taille du grain si les plus fins sont inefficaces. La laine d'acier peut également être efficace sur certains types de rouille. Assurez-vous qu'il ne reste plus aucune trace de rouille. N'hésitez pas, pour cela, à poncer jusqu'au métal. Mieux vaut enlever un peu de sa surface avec le papier de verre que de laisser un peu de rouille. Elle pourrait s'étendre et détériorer les outils.

Comptez vos euros

Qui dit que l'argent rétrécit comme une peau de chagrin ? En fait, un billet de 5 euros a toujours la même longueur, c'est-à-dire 12 cm. Les billets de banque peuvent donc vous servir d'unité de mesure. Chaque valeur unitaire a une longueur spécifique. Pensez-y la prochaine fois que vous oubliez votre mètre.

Mesurez les courbes

Pour mesurer des objets ronds ou courbés, une règle ne fait généralement pas l'affaire. Utilisez cette astuce de couturière. Procurez-vous un mètre de couturière qui sera idéal pour prendre ce type de mesures. Vous pouvez également enrouler un morceau de ficelle autour de l'objet, comme vous le feriez avec le mètre ruban. Tendez ensuite la ficelle le long d'une règle graduée pour obtenir une mesure tout à fait précise.

Une règle à portée de main

Combien mesure votre main ? En effet, si vous connaissez la largeur de votre main, vous pouvez obtenir une mesure fiable lorsque vous n'avez pas de règle ou de mètre. La meilleure façon de mesurer votre main est de la poser à plat et de calculer la distance qui sépare votre pouce de votre auriculaire.

La menuiserie

Le stockage du bois

Ne jamais laisser le bois sur le sol est la première règle du menuisier. Ne posez jamais de bois sur le sol ou sur la terre si vous voulez le protéger de la saleté, des insectes et surtout, de l'eau. Une petite dose d'humidité peut rapidement transformer une belle pièce de bois en une planche gondolée, décolorée et pourrie. Stockez vos planches de bois à au moins 3 cm du sol. Deux vieux pneus constituent une plateforme idéale pour cet usage.

Poncez les détails

Les petits objets sont parfois difficiles à poncer. Le meilleur moyen de poncer une petite pièce est, bien souvent, de coller le papier de verre et de frotter l'objet contre le papier, au lieu de faire l'inverse. Pour les petits angles et le travail de détail, entourez le papier de verre autour d'un crayon ou d'un bâtonnet d'esquimau. N'oubliez pas qu'une lime à ongles n'est rien d'autre qu'une feuille de papier de verre sur du carton. Il n'y a aucune loi qui vous oblige à l'utiliser uniquement sur vos ongles.

Le ponçage est un art délicat. Pour repérer les zones qui n'ont pas été poncées, enfilez le bout d'un vieux collant autour de votre main, comme un gant, et passez la main sur la surface. Le Nylon® s'accrochera sur la moindre rugosité du bois, ce qui vous permettra de repérer directement les zones qui restent à poncer.

Le ponçage manuel

Pour poncer des surfaces plus importantes, il est conseillé d'enrouler les feuilles de papier de verre autour d'une cale de bois pour avoir une meilleure prise. Si vous pratiquez cette technique bien connue, pensez à humidifier le dos du papier avant de l'enrouler autour de la cale. Cela évitera que le papier se déchire, il sera donc plus efficace et durera plus longtemps.

En dents de scie

Les scies égoïnes sont un peu comme un sourire : les dents sont la partie la plus importante. Protégez les dents de votre scie en les recouvrant lorsque vous ne vous en servez pas. Un bon moyen de le faire est de découper une fente sur la longueur d'un morceau de tuyau d'arrosage, puis d'y glisser les dents de la scie. Cette petite précaution permettra également de protéger vos doigts.

Scions, scions du bois

Lorsque vous sciez les nervures du bois, la lame peut se coincer, se plier et même se casser. Si cela se produit, insérez la face d'un tournevis à tête plate au bout de la coupure. En agrandissant le trou de cette façon, la découpe sera plus propre et plus agréable.

Sciez le contreplaqué

Le contreplaqué n'est pas toujours facile à utiliser. Le bois a tendance à se fendre et à s'écorner, surtout lorsqu'on le scie. Pour mettre un terme à ce désagrément, collez un morceau de ruban de masquage à l'endroit exact où vous voulez scier. Cette substance collante permet de renforcer légèrement le bois, jusqu'à ce que vous ayez fini de scier.

L'organisation

De l'ordre dans vos outils

Vous ne demandez pas mieux que de ranger votre atelier, mais vous avez trop d'outils, de pièces et de vis dépareillées qui traînent. Ne prenez pas de retard dans le nettoyage de votre plan de travail, ou vous serez bientôt incapable de retrouver ce que vous cherchez et vous serez donc beaucoup moins efficace.

Pouponnez les vis et les écrous

Rangez les vis, les pointes et autres petites pièces, en les triant et en les plaçant dans des pots différents. Les petits pots de bébé sont de taille idéale pour cela. Vous pouvez clouer les couvercles sous une étagère afin d'y suspendre les petits pots et y avoir rapidement accès, sans encombrer votre établi.

La solution à double face

Lorsque vous démontez un objet composé de beaucoup de petites pièces, comme une montre ou une maquette, collez un morceau de Scotch® double face sur la surface où vous travaillez, et posez-y les petites pièces au fur et à mesure que vous les retirez. Cela évitera qu'elles ne s'éparpillent et vous permettra de savoir exactement où elles sont pour les remettre en place.

Etiquetez vos tiroirs

Si vous préférez les placards aux petits pots suspendus, trouvez-en un qui contienne beaucoup de petits tiroirs. Répartissez vos vis, vos écrous, vos boulons, vos punaises et vos clous dans les différents tiroirs. Collez ensuite un petit morceau de pâte de fixation adhésive (utilisée pour accrocher les posters) sur le devant de chaque tiroir et enfoncez un exemplaire du contenu de chaque tiroir dans la pastille adhésive. Vous n'aurez plus jamais à ouvrir et refermer 16 tiroirs avant de retrouver la bonne rondelle, et cette petite commode aura fière allure.

Mettez tous vos œufs dans le même panier

Pour certains travaux de réparation, il est non seulement important de ne pas perdre les petites pièces à mesure que vous les démontez, mais aussi de pouvoir les remonter dans le bon ordre. Pour les défis de ce type, utilisez cette méthode astucieuse. Numérotez de 1 à 12 les compartiments d'une boîte à œufs en carton et déposez chacune des pièces que vous démontez dans un compartiment. Placez la première pièce dans le compartiment 1, la deuxième dans le compartiment 2, etc. Vous ne vous torturerez plus les méninges pour savoir quelle vis doit être remise en premier. Utilisez autant de boîtes que nécessaire afin d'avoir un compartiment pour chaque pièce.

Ramassez vos papiers

Où que ce soit, les papiers semblent s'accumuler, et l'atelier n'est pas une exception. Gardez vos notes, vos mesures, vos schémas et feuilles d'instructions sous vos yeux, bien rangés, en plaçant un panneau en liège sur le mur au-dessus de votre établi. Les plaques de polystyrène peuvent avoir le même usage et vous permettent, par la même occasion, de recycler l'emballage de vos nouveaux appareils.

Les réparations courantes

Un inventaire des travaux

Au fil des ans, vous avez probablement effectué de nombreux travaux dans votre maison, et avez fait appel à d'autres personnes pour vous donner un coup de main. Si ce n'est pas déjà fait, commencez dès maintenant à tenir un inventaire de tous ces travaux. Notez dans un carnet la liste de toutes les réparations effectuées dans votre maison, en notant la date à laquelle ils ont été faits, par qui, et combien ils vous ont coûté. En gardant ces informations sous la main, vous pourrez contacter plus facilement le responsable si un problème imprévu survient dans une partie réparée de votre maison. De plus, si vous vendez un jour votre maison, ce carnet constituera une preuve irréfutable de votre bon entretien, ainsi que des dépenses que vous avez effectuées.

Un arsenal d'outils

Chaque type de réparation nécessite un outil particulier. Malheureusement, il est impossible de tout avoir. Pour un prix raisonnable, vous pouvez vous constituer une boîte à outils assez complète. Concentrez-vous sur les outils de base et commencez par acheter ceux que vous allez utiliser le plus souvent. Les outils indispensables à avoir dans votre maison sont :

- Un marteau de menuisier
- Des tournevis plats et cruciformes, de différentes tailles
- Un assortiment de clous et des vis de différentes tailles, des agrafes et de l'adhésif
- Une pince multiprise, une pince à bec effilé, une clé à molette de 30 cm
- Une perceuse à vitesse variable et des mèches
- De l'huile, du dégrippant et un col de cygne
- Une scie à métaux, un burin, un couteau, une paire de ciseaux, des lames de rasoir à une face
- Un rabot de coupe, un racloir, du papier de verre et une cale à poncer, de la laine d'acier
- Des pinceaux, un couteau de peintre, une truelle à mortier, des joints isolants pour intérieur et extérieur
- Une équerre combinée, un niveau à bulle, un mètre à ruban métallique enroulable, des crayons
- Des torchons propres, un balai et une pelle à poussière, un aspirateur universel (facultatif)
- Un établi, une boîte à outils, un escabeau, une rallonge électrique, une baladeuse, une lampe torche

Acheter ou louer ?

Si vous prévoyez d'entreprendre un projet qui nécessite des outils onéreux, envisagez de les louer plutôt que de les acheter. Essayez d'évaluer combien de temps vous allez devoir les louer et quel est le tarif de location à la journée. Si cela vous revient moins cher que le coût des outils, vous avez intérêt à les louer. Vous pouvez également les louer une journée, par exemple, pour voir si le procédé vous plaît, avant de décider si vous voulez acheter.

La question à vous poser

La question utile à vous poser lorsque vous avez besoin d'un outil pour une tâche spécifique est : combien de fois vais-je être amené à l'utiliser par la suite ? Surtout pour un outil très spécialisé et très onéreux, vous devez bien réfléchir pour savoir si vous allez le réutiliser un jour. Si cela paraît peu probable, mieux vaut le louer.

Les brouettes

Vous en avez assez d'acheter une nouvelle brouette tous les 2 ou 3 ans parce que l'ancienne a rouillé ? Il vous suffit pour cela de la stocker à la verticale lorsque vous ne vous en servez pas. L'eau de pluie coulera le long au lieu de stagner à l'intérieur.

Une bonne politique de voisinage

Au moment d'entreprendre de gros travaux compliqués, pensez à faire appel à vos " relations d'outillage ". Avoir des amis qui partagent votre passion du bricolage est non seulement sympathique, mais aussi économique. Vos voisins d'en face ont peut-être le marteau dont vous avez besoin, et vous avez peut-être la perceuse qu'il leur faut pour leur nouveau projet.

Une autre paire de manches

Vous est-il déjà arrivé d'avoir un balai dont le manche se déboîtait constamment ? Le type de balai où vous passez la moitié du temps à balayer et l'autre moitié à revisser le manche. Pour que cela ne risque plus de vous arriver, maintenez le manche de tous vos outils (balais, pelles, etc.) fermement en place, à l'aide de ruban isolant électrique noir. Enroulez du ruban adhésif sur le pas de vis du manche avant de le visser. Cela vous évitera de " perdre la tête " en cours de route.

Des lames bien aiguisées

Pour aiguiser une paire de ciseaux aux lames émoussées rapidement et sans effort, utilisez-la pour découper plusieurs fois une feuille de papier de verre à grains fins, pliée. Veillez à placer la partie rugueuse à l'extérieur de la pliure.

Cette vieille lame de rasoir a-t-elle déjà connu des jours meilleurs ? Ne croyez pas qu'elle a fait son temps. Pour redonner une nouvelle vie à vos lames de rasoir, passez-les plusieurs fois de suite sur le frottoir d'une boîte d'allumettes.

La Voiture

L'entretien courant

Qui veut voyager loin...

Le saviez-vous ? Une voiture bien entretenue est une voiture plus sûre et plus efficace, qui aura une durée de vie d'environ 50 % plus longue, ce qui signifie des milliers de kilomètres gratuits ! Un problème aussi bénin qu'une bougie qui a des ratés à l'allumage peut réduire de 30 % le kilométrage effectué avec le plein d'essence. Vous pouvez prévenir ce type de problème en faisant régler le moteur régulièrement. Vérifiez dans la notice du constructeur à quelle fréquence doivent avoir lieu ces réglages. Marquez ensuite les dates sur un calendrier et prenez rendez-vous chez le garagiste.

Rechargez vos batteries

Les batteries peuvent vous lâcher à n'importe quelle période de l'année. La plupart des batteries sans entretien, vendues de nos jours, doivent être contrôlées par un professionnel. Vous pouvez néanmoins en faire l'entretien courant. Enlevez les traces de corrosion sur les bornes en plomb et les câbles de connexion, essuyez toutes les surfaces et resserrez toutes les connexions. Si vous pouvez retirer les capuchons pour vérifier le niveau de liquide, faites-le une fois par mois. Protégez-vous avant d'effectuer ces tâches, y compris vos yeux.

Evitez le ralenti

L'une des pires choses à faire pour le moteur de votre voiture est de le laisser tourner au ralenti, ou tout du moins le laisser fréquemment ou pendant longtemps à ce régime. Si vous devez arrêter votre voiture pendant plusieurs minutes, arrêtez le moteur. De même, les matins d'hiver, faites " chauffer " la voiture pendant quelques minutes seulement. De nos jours, les voitures sont conçues pour chauffer rapidement. Cela vous permettra d'économiser du carburant et de protéger votre moteur.

Les limitations de vitesse

Les limitations de vitesse ne sont pas uniquement des mesures de sécurité. Vous économiserez également beaucoup de carburant en roulant à 90 km/h maximum. La consommation augmente fortement au-delà de cette vitesse.

Pensez à la vidange

Après avoir fait la vidange, certains garagistes collent un petit autocollant sur le pare-brise. Cela permet de vous rappeler quand doit avoir lieu la prochaine vidange, normalement tous les 10 000 kilomètres. Si vous faites la vidange vous-même, notez simplement le kilométrage de votre voiture à la date de la vidange, puis ajoutez 10 000 km. Inscrivez ce chiffre sur un petit morceau de Scotch® et collez-le sur votre pare-soleil.

Pomponnez votre voiture

Pour votre propreté comme pour celle de votre voiture, gardez une boîte de lingettes imprégnées dans la boîte à gants. Utilisez-les pour vous essuyer les mains après avoir vérifié le niveau d'huile ou trifouillé sous le capot, ainsi que pour essuyer les liquides renversés dans la voiture avant qu'ils ne tachent la moquette. Elles sont également utiles lorsque la pompe à essence continue un peu à couler après avoir fait le plein. Essuyez le trop-plein d'essence sur votre carrosserie avec une feuille d'essuie-tout, puis finissez de bien nettoyer la tache avec une lingette.

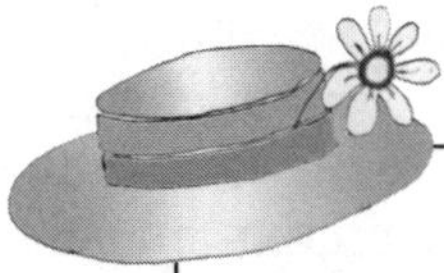

Secret d'antan

En conduisant, passez les vitesses progressivement. Augmentez la vitesse par degrés de 15 km/heure avant de passer la seconde, puis attendez d'avoir atteint 50 km/heure avant de passer la troisième. Conduisez lentement pendant les 10 premières minutes, avant de commencer à prendre de la vitesse.

1003 Household Hints and Work Savers, 1947

Aérez votre moteur

Si vous voulez que votre moteur consomme moins d'essence, commencez déjà par augmenter l'arrivée d'air. Un filtre à air encrassé ne laisse pas entrer suffisamment d'air dans le moteur pour qu'il puisse brûler l'essence correctement. Cela se traduit par des passages plus fréquents à la pompe à essence. Vérifiez votre filtre à air aussi souvent que votre niveau d'huile. S'il vous paraît bouché ou très sale, changez-le. Pour savoir s'il a besoin d'être remplacé, placez-le devant une source de lumière. Si vous ne voyez pas vos doigts à travers, c'est qu'il est temps de le changer !

Evitez les coups de chaleur

Dépenser un peu d'argent est parfois le meilleur moyen d'en gagner. Si le liquide de refroidissement de votre voiture n'a pas été changé depuis des années, il est probablement temps de le vider. Vidanger et remplacer le liquide de refroidissement permet d'enlever les petites particules de saleté ou de rouille qui pourraient provoquer des problèmes dans le système par la suite.

Nettoyez vos antennes

L'antenne de votre voiture est probablement la dernière pièce à laquelle vous pensez. Sachez pourtant qu'elle s'use comme le reste. Pour empêcher votre antenne de coller ou de grésiller, cirez-la de temps en temps. Frottez simplement un morceau de papier sulfurisé le long de la tige. Cette petite protection permettra à votre antenne de mieux fonctionner, afin que vous puissiez continuer à écouter vos chansons sans parasite.

Une voiture qui dure

Si vous voulez savoir combien de temps peut encore durer votre voiture, rendez visite à un professionnel comme Bill Desch. En tant que réparateur de vieilles voitures, Bill est ravi de montrer à ses visiteurs que, dans la plupart des cas, ce sont les propriétaires qui lâchent leur voiture, plutôt que l'inverse. Comment empêcher cela ?

" Changez l'huile, explique Bill, tous les 5 000 km, indépendamment des recommandations du fabricant. Peu importe que votre voiture soit neuve ou que ce soit une pièce de collection, la vidange est la première chose à faire pour prolonger la durée de vie de votre voiture ". Il recommande également de changer le filtre à huile à chaque vidange, car c'est là que s'accumulent les saletés qui encrassent le moteur.

Suivez donc les conseils d'un expert. Tout comme vous surveillez votre alimentation, faites attention à ce que vous mettez dans votre voiture. C'est le meilleur moyen de la garder en bon état de marche pour une longue durée.

Une astuce contre les fuites d'huile

Qu'y a-t-il de plus sale que le sol d'un garage ? Rien, si vous avez une fuite d'huile. Même une petite flaque peut faire une grosse tache en très peu de temps, une tache qu'il est très facile de rapporter à la maison. Pour résoudre rapidement ce problème, placez un récipient sous la fuite. Posez quelques feuilles de carton ondulé sur une plaque à biscuits et disposez ce plat sous la voiture, à l'endroit de la fuite. Vous pouvez également utiliser de la litière à chat, des flocons d'avoine ou de la sciure de bois dans un plat.

Si vous avez déjà une grosse tache d'huile sur le sol du garage ou dans l'allée, étalez l'une de ces substances absorbantes à l'endroit de la tache, laissez agir quelques instants, puis balayez et jetez-les.

Prolongez la durée de vie de vos pneus

Avez-vous déjà fait permuter vos pneus ? Vous devriez. Le fait d'intervertir les pneus de la voiture permet à chacun d'eux de s'user de la même manière et d'équilibrer le véhicule. Faites intervertir vos roues tous les 5 000 km environ, pour une meilleure utilisation des pneus et une usure plus uniforme.

Faites monter la pression

Voici quelques conseils pour vérifier la pression de vos pneus.

- Vérifiez toujours la pression des pneus " à froid ". Si vos pneus sont chauds après avoir roulé trop longtemps, la chaleur peut fausser la lecture. Veillez à contrôler la pression de vos pneus au moins une fois par mois. Cela ne prend que quelques minutes et cela est possible dans de nombreuses stations services. Faites-en une habitude ; jetez un coup d'œil à vos pneus 1 fois sur 3 ou 4, lorsque vous faites le plein d'essence.
- Voici un point qui est souvent négligé. Lorsque vous vérifiez la pression de vos 4 pneus, contrôlez également celle du cinquième. A quoi sert une roue de secours si elle n'est pas correctement gonflée et prête à rouler lorsque vous en avez besoin ?

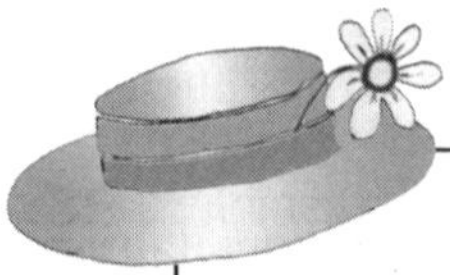

Secret d'antan

Roulez doucement. La vitesse est beaucoup plus néfaste pour les pneus lorsqu'il fait chaud que lorsqu'il fait froid. Roulez particulièrement doucement sur les routes où vous risquez de recevoir des projections de gravillons. Prenez les courbes et les tournants lentement. Accélérer dans les virages multiplie l'usure des pneus, par 10 dans certains cas.

1003 Household Hints and Work Savers, 1947

Ne dégonflez jamais

Voici une erreur fréquente à ne pas commettre. Bien que certaines personnes le recommandent, ne dégonflez jamais vos pneus pour mieux accrocher sur la glace ou sur la neige. Cette pratique est non seulement inefficace, mais pourrait abîmer vos pneus et même les faire éclater.

Le pneu qui venait du froid

Une autre mise en garde par temps froid : essayez d'éviter de regonfler vos pneus lorsqu'il fait très froid, surtout en dessous de - 10°C. Dans des conditions de froid pareilles, la valve d'air pourrait geler et, en l'espace de quelques secondes, laisser s'échapper tout l'air de votre pneu.

Evitez de vous mettre des bâtons dans les roues

Pour éviter les problèmes, pensez à vérifier régulièrement l'état des roues et des pneus de votre voiture. Les pneus doivent contenir la quantité d'air recommandée pour fonctionner correctement ; des pneus sous-gonflés consomment plus d'essence, font davantage travailler le moteur et s'usent plus vite. Des roues mal équilibrées font également davantage travailler le moteur et provoquent une usure anormale des pneus.

Faites vérifier l'état de vos pneus et éventuellement réaligner vos roues. Cette révision n'est pas très onéreuse, mais peut vous faire réaliser de grosses économies.

Lâchez du lest !

Qu'y a-t-il dans le coffre de votre voiture ? Des outils, une poussette de bébé et quelques briques pour votre jardin ? Saviez-vous que ces objets alourdissent votre consommation d'essence ? Allégez votre voiture et vous verrez qu'elle consommera moins. Pour les longs trajets, utilisez le coffre au lieu de mettre les valises sur le toit. Les galeries freinent la voiture, qui consomme alors plus d'essence.

Chassez la rouille

N'oubliez pas que le capot et les pare-chocs ne sont pas les seules parties de votre voiture que vous devez surveiller. La rouille peut s'incruster là où vous l'attendez le moins, ou plutôt là où vous avez le moins de chances de la voir. Le sel, la saleté et l'huile déposés sur la route peuvent s'accumuler sur le châssis de votre voiture et provoquer des dégâts importants.

Pour prévenir l'apparition de rouille, nettoyez le sous-châssis de votre voiture de temps en temps. Placez un arroseur ou un tourniquet sous la voiture et ouvrez le robinet d'eau. Déplacez-le de temps en temps pour que toutes les parties soient bien nettoyées.

Une nouvelle vie pour les vieilles roues

Bill Desch connaît quelques astuces pour tirer le meilleur parti d'un vieux véhicule. Passionné par la restauration des vieilles voitures, Bill passe la majeure partie de son temps sous le capot de sa vieille Chevrolet de 1972. Il recommande aux passionnés d'automobiles d'être patients et de faire bien attention lorsqu'ils choisissent une voiture à restaurer.

" Trouvez si possible une voiture qui n'a pas de peinture, dit-il. De cette façon, vous pouvez voir si elle est rouillée et si cela vaut ou non la peine de refaire la carrosserie. Investissez un peu d'argent pour la transporter dans un garage où vous pourrez la monter sur un pont élévateur, afin de regarder si le châssis est rouillé, abîmé ou présente d'autres types de problèmes. "

Ce mécano autodidacte estime qu'il n'est pas obligatoire d'avoir un garage, ni de dépenser des fortunes pour se lancer dans la restauration de voitures. " Pour commencer, vous n'avez besoin que des outils de base. Achetez de bons outils avec une garantie à vie. " C'est-à-dire ? "Choisissez un jeu de clés à pipe de diamètre 8 à 13 et un assortiment de clés à section carrée ou polygonale, et mettez-vous au travail."

Une manucure pour votre voiture

Catastrophe ! Un caddy du supermarché a éraflé un petit morceau de peinture de votre voiture. Ce n'est pas trop grave, mais comment l'empêcher de s'étendre ? Avec du vernis à ongles. Une fine couche de vernis à ongles transparent permettra de prévenir la formation de rouille et d'éviter que l'éclat de peinture ne s'élargisse.

Un inventaire détaillé

Il est toujours utile de tenir un inventaire de toutes les réparations et opérations d'entretien effectuées sur votre voiture. Gardez-le avec les papiers de votre véhicule ou dans la boîte à gants. Noter le nom du garagiste qui a effectué les réparations sera également très utile en cas de problème relatif à cette réparation. Cela pourra également vous aider au moment de vendre votre voiture. Si vous gardez les factures de vos vidanges et du changement de batterie avec cette liste, vous aurez la preuve que votre voiture a été bien entretenue, ce qui est un plus indéniable pour les acheteurs potentiels.

Le garage

Le temple de votre voiture

Votre garage est aussi important pour votre voiture que votre maison l'est pour vous. Ranger son véhicule à l'abri des intempéries peut en améliorer les performances, préserver son apparence et prolonger sa durée de vie. La pluie, la neige, le vent, la grêle et les températures extrêmes provoquent des dégâts que vous pouvez prévenir en rangeant votre voiture dans un endroit abrité. Si votre garage est rempli de choses qui vous empêchent d'y mettre la voiture, rangez-le et utilisez-le pour stocker ce bien si précieux.

Faites des emplacements de parking

Evidemment, la voiture n'est généralement pas le seul résident de votre garage. Les tondeuses à gazon, les vélos, les outils et bien d'autres choses peuvent finir par encombrer cet espace normalement réservé à la voiture et rendre le stationnement difficile. Pour éviter que cette situation ne devienne ingérable, suivez ce conseil : créez des places de parking. Peignez des lignes ou des boxes sur le sol pour aider vos enfants, vos petits-enfants (ou vous-même) à se rappeler comment remettre chaque chose à sa place. Cela vous évitera également de chercher un endroit pour ranger la tondeuse, surtout si vous peignez également une place de parking pour la tondeuse.

Contre les auto-tamponneuses

Bien sûr, personne n'est parfait. Des accidents peuvent arriver de temps en temps dans un garage trop chargé. Si ce genre de problème vous arrive, voici une solution. Utilisez de la mousse de caoutchouc, des morceaux de pneus ou de chutes de moquette pour recouvrir les surfaces que pourraient heurter les portes de votre voiture si vous vous garez trop près.

Garez votre voiture dans l'axe

Pour vous aider à garer votre voiture dans la bonne position, peignez une bande au milieu du mur du fond de votre garage. Ce repère vous aidera à centrer la voiture lorsque vous rentrez dans le garage, et devrait vous éviter d'enfoncer votre portière si vous êtes garé trop à droite ou trop à gauche.

Eclairez le garage

De nos jours, la plupart des garages sont équipés d'une porte automatique, sur laquelle se trouve souvent un plafonnier également automatique. Toutefois, si votre garage ou votre auvent n'est pas éclairé, ce n'est pas une raison pour ne pas y ranger votre voiture. Collez simplement quelques bandes de ruban fluorescent sur les objets que vous ne voulez pas heurter. Cela comprend les murs, les poubelles et tous les objets qui ont tendance à se mettre en travers de la route lorsque vous entrez dans le garage.

Le nettoyage

Un brillant étincelant

Pour un brillant qui donne l'impression que la voiture sort de chez le concessionnaire, astiquez les parties en vinyle et en plastique dur à l'intérieur avec une bombe d'encaustique pour les meubles. Cette couche brillante en améliorera l'aspect et empêchera la poussière de se redéposer.

Enlevez les autocollants

Pour enlever un horrible autocollant sur le pare-chocs arrière de votre voiture, utilisez un peu d'alcool à brûler ou d'essence à briquet. Humidifiez l'autocollant (ou les traces de colle), laissez le produit s'imprégner, puis frottez doucement pour le décoller. Il peut être nécessaire de répéter l'opération plusieurs fois pour faire disparaître tous les résidus de colle. Veillez à bien nettoyer les traces d'alcool à brûler ou d'essence à briquet après coup. Ces produits peuvent attaquer la peinture de la voiture s'ils restent trop longtemps en contact avec.

Le meilleur ami des voitures sales

Rien n'est plus efficace que de gratter les insectes écrasés sur la grille et les phares de la voiture avec ses ongles. Epargnez-vous cette tâche désagréable grâce à la magie du bicarbonate de soude. Appliquez cet abrasif doux avec un bas en Nylon® et regardez les taches disparaître. Le bicarbonate de soude est également très efficace sur le chrome et l'émail.

Au moment où vous vous apprêtiez à ranger votre boîte de bicarbonate de soude... voilà que vos essuie-glaces ont besoin d'un bon nettoyage. Frottez-les vigoureusement avec de l'eau et du bicarbonate de soude pour les remettre en état en un rien de temps.

Les traces de goudron

Ah, ce maudit goudron sur votre belle carrosserie ! Vous en viendriez presque à regretter qu'ils aient rebouché les nids de poule en face de chez vous. Mais, pas de panique, vous possédez une arme secrète. Les vaporisateurs de détachant pour le linge enlèvent parfaitement le goudron sur les surfaces de voiture.

Délogez la saleté

La saleté ne semble pas avoir beaucoup de mal à se loger dans tous les recoins des roues de votre voiture, mais il est parfois difficile de l'en déloger. Pour nettoyer vos roues et vos jantes beaucoup plus facilement, utilisez un grand pinceau à poils durs. Plongez-le dans l'eau savonneuse et à l'attaque !

Pour les travaux de finition spéciaux, confectionnez-vous une petite trousse à outils de précision. Vous avez besoin d'un petit pinceau en mousse, d'un pinceau à poils moyens et de quelques cotons-tiges. Utilisez ces petits accessoires pour atteindre les recoins du tableau de bord, les coutures des sièges, les cendriers, les rebords et les minuscules surfaces des boutons et de l'autoradio. Si vous ne parvenez pas à enlever la poussière avec un pinceau, humidifiez un coton et utilisez-le comme un aimant liquide. Votre voiture sera prête pour l'inspection de poussière en deux temps trois mouvements.

Une solution simple et efficace

Si vous nettoyez votre voiture en plein soleil, vous risquez de la retrouver pleine de marques de savon. Evitez ce problème en la nettoyant à l'ombre.

Une bonne visibilité

Même si vous n'avez pas le temps de laver toute la voiture, gardez au moins votre pare-brise propre. Un pare-brise sale fatigue les yeux et peut poser des problèmes de sécurité.

Vous voudriez que votre pare-brise retrouve son éclat d'origine ? Lavez-le tout simplement avec du vinaigre blanc, rincez-le à l'eau et séchez-le.

Si votre pare-brise a tendance à s'embuer à l'intérieur, essayez cette solution toute simple. Gardez une brosse à tableau noir dans la boîte à gants. Si la fonction de dégivrage ne fonctionne pas correctement, ce petit accessoire permettra d'enlever la buée en un clin d'œil.

Le pare-brise n'est pas la seule glace qui doit être nettoyée. Les phares peuvent se couvrir de saleté, de boue, de sel, de neige, d'insectes écrasés et autres lorsque vous roulez. Tout objet qui se colle sur vos phares réduit votre capacité à voir la route. Veillez donc à garder vos phares propres et nets.

Les pannes

Attention aux coups de chaleur

La principale cause de panne en été est la surchauffe. Faites réviser, vidanger et re-remplir votre système de refroidissement tous les 2 ans. Périodiquement, surveillez le niveau du liquide de refroidissement pour vous assurer qu'il n'y a pas de fuite.

Si votre moteur commence à chauffer dans les embouteillages, pas de panique. Mettez-vous au point mort puis faites vrombir le moteur plusieurs fois. Cela devrait permettre de faire circuler le liquide de refroidissement. Si cette technique ne marche pas, essayez de tourner le chauffage au maximum. Cela permettra de faire partir la chaleur accumulée près du moteur. N'oubliez pas de descendre la vitre !

Le privilège d'être membre

N'avez-vous jamais été tenté de devenir membre d'un club ? Pourquoi ne pas commencer par un Automobile club ? L'Automobile Club de France propose un service de dépannage à ses membres. Généralement, il vous suffit de vous inscrire et le club organise le remorquage, un dépannage ou autres petits services.

Renseignez-vous bien avant de vous inscrire. Comparez les prix, ainsi que les différents avantages proposés par les différents clubs. Parfois, les frais d'inscription vous sont offerts pour vous inciter à acheter certains produits, des pneus ou des téléphones portables, par exemple. Si vous êtes prêt à devenir membre de ce type de club, renseignez-vous pour obtenir votre adhésion sans contrepartie.

Une idée lumineuse

Pensez à toujours garder une lampe torche et quelques élastiques avec votre trousse d'urgence. Si jamais vous devez ouvrir le capot en pleine nuit, vous pourrez ainsi fixer la lampe à l'outil que vous utilisez, ce qui sera beaucoup plus pratique que de coincer la lampe entre vos dents ou sous votre bras.

Un parcours à la carte

Il est toujours conseillé de planifier son trajet avant de prendre la route. Les cartes routières sont bon marché et peuvent vous faire gagner du temps, tout en vous épargnant les ennuis et de terribles maux de tête en cours de route.

Achetez toujours une carte si vous voyagez dans une nouvelle région en voiture. Et pourquoi pas dans votre propre ville ? Si vous habitez dans une grande ville, il est fort probable que vous ne connaissiez pas toutes les petites villes environnantes. Il peut donc être utile d'avoir quelques plans des localités voisines, au cas où. Vous pouvez également photocopier les plans dans un guide touristique ou dans un bottin de téléphone, et les ranger dans la boîte à gants.

Un recyclage utile

Vous voulez garder un ouvrage de référence dans votre boîte à gants ? Voici un petit projet à réaliser vous-même. Prenez un vieux bottin de téléphone, découpez les cartes, les informations d'urgence et les numéros de téléphone importants. Placez ces feuilles dans une petite pochette et rangez ce fichier de référence dans la boîte à gants.

Si vous avez la place et ne craignez pas de rajouter un peu de poids, pourquoi ne pas garder l'exemplaire des Pages Jaunes de l'an dernier dans le coffre ou sur le siège arrière ? Ainsi, vous ne chercherez plus jamais de numéro de téléphone lorsque vous quittez la ville.

Toujours prêt

Mis à part l'essence, quelle autre chose devez-vous toujours avoir dans votre voiture ? Une trousse d'urgence. Vous pouvez remplir votre trousse avec tout ce que vous jugez utile d'avoir sous la main, mais quelques produits sont néanmoins incontournables. Veillez à emporter :

- Une roue de secours
- Une trousse à outils
- Un extincteur
- Un jerricane d'eau
- Une couverture et une serviette
- Un triangle de signalisation fluorescent
- Un parapluie et une parka imperméable
- Une lampe torche
- Des câbles de démarrage
- Des balises lumineuses
- Une trousse de premiers secours

Personnalisez votre trousse

Une trousse de secours complète pourrait non seulement vous sauver la vie dans une situation critique, mais vous permettra également d'être serein au quotidien, en sachant que vous pouvez faire face à toute éventualité.

Vous devez, bien sûr, adapter votre trousse aux besoins de votre propre voiture et de votre environnement. Si votre voiture a tendance à trop chauffer, par exemple, vous devriez peut-être avoir quelques jerricanes d'eau supplémentaires et un bidon de liquide de refroidissement. Si vous conduisez dans une région où le climat est souvent extrême, emportez quelques vêtements de rechange pour rester au chaud et au sec.

Une pince à tickets

Avez-vous déjà essayé de sortir un ticket de stationnement de votre poche de pantalon avec la ceinture de sécurité attachée ? Si vous cherchez la simplicité, accrochez une grosse pince à linge sur le pare-soleil de la place du conducteur. C'est un moyen très pratique d'accrocher les tickets de stationnement, les tickets d'autoroute ou la liste des articles que vous devez acheter au supermarché.

L'auto-dépannage

Vous espérez ne jamais vous retrouver dans la situation où vous devez pousser votre voiture pour la faire démarrer. Malheureusement, si le pire se produit, quelques connaissances rudimentaires sur la procédure à suivre vous permettront peut-être d'économiser les frais de remorquage et de dépannage et vraisemblablement des réparations importantes sur votre voiture. Voici la marche à suivre :

- Demandez à un automobiliste ayant un moteur plus puissant que le vôtre, si possible, de vous aider. Alignez les 2 voitures afin que les câbles de démarrage puissent atteindre les 2 batteries. Faites bien attention à ce que les 2 voitures ne se touchent pas. Ne fumez pas et n'allumez pas de flamme près de la zone.

- Démarrez la voiture qui fonctionne et laissez-la tourner au ralenti.
- Branchez le câble rouge (positif) à la cosse positive (signalée par un "+") sur la voiture qui tourne au ralenti. Puis, attachez le câble noir à la cosse négative. Assurez-vous que le câble de démarrage ne soit pas pris dans une pièce qui tourne.
- En tenant les 2 pinces métalliques restantes sans qu'elles se touchent, fixez la pince rouge à la cosse positive de la batterie de votre voiture, et la noire à la cosse négative. Faites attention. Si vous vous trompez et connectez la pince positive sur la cosse négative (ce que l'on appelle "polarité inversée"), vous pouvez provoquer des dégâts importants et onéreux. De même, si vous mettez en contact les 2 pinces métalliques, vous risquez de provoquer de fortes étincelles et de vous blesser.
- Essayez de démarrer le moteur de votre voiture. Une fois qu'il a démarré, laissez-le tourner au ralenti pendant quelques minutes pour recharger la batterie, avant de retirer les câbles.
- Si votre voiture refuse de démarrer après plusieurs tentatives, appelez le dépanneur.

Roulez par temps froid

Dégagez la neige

Le meilleur moyen de retirer une épaisse couche de neige sur une voiture est d'utiliser un balai. Un petit grattoir à vitres n'est pas assez robuste et une pelle risquerait de rayer le pare-brise ou la peinture. Gardez un petit balai dans le coffre de votre voiture pour les jours où il neige beaucoup, mais gardez-en un autre dans votre maison. Après une nuit très froide, il est fort probable que votre voiture ne sera pas recouverte uniquement de neige et le petit balai ne vous sera pas d'une grande utilité, s'il est resté dans le coffre gelé que vous n'arrivez pas à ouvrir.

Déblayez sur les chapeaux de roues

Votre voiture est prise sous un amas de neige et vous n'avez pas de pelle sous la main ? Improvisez ! Si vous avez vraiment besoin de dégager quelque chose, qu'il s'agisse de neige, de sable, de terre ou de boue, démontez tout simplement l'enjoliveur d'une de vos roues et servez-vous-en comme d'une pelle. Vous verrez que cette technique est terriblement efficace et rapide.

En panne de sable

Lorsque votre voiture est bloquée sous la neige, jeter un peu de sable sous les roues peut parfois vous sauver la mise. Mais le sable n'est pas toujours facile à trouver, et c'est lourd à transporter. Emportez plutôt un sac de litière à chat. La litière est une substance très graveleuse qui peut aider vos pneus à accrocher et vous aider à repartir.

Conseils pour faire chauffer la voiture

Si vous devez faire chauffer la voiture en hiver, ne la laissez pas tourner pendant plus de 5 minutes et veillez à le faire dans un endroit bien ventilé. Il est préférable de ne jamais faire chauffer la voiture dans le garage attenant à votre maison, car le monoxyde de carbone risque de s'infiltrer dans la maison sans que vous ne vous en aperceviez. Ne laissez jamais tourner la voiture avec la porte du garage fermée.

Une couverture contre le givre

Une tâche décourageante de l'hiver : gratter le pare-brise de la voiture tous les matins. Pour que cette corvée hivernale ne soit plus qu'un mauvais souvenir, utilisez cette couverture astucieuse. Découpez un rideau de douche aux bonnes dimensions. Cousez des aimants sur les côtés pour qu'il reste bien collé à la voiture et posez-le sur le pare-brise chaque soir. Finis les grattages matinaux et les doigts tellement gelés qu'ils ne peuvent plus tenir le volant.

Des tapis antidérapants

La neige fondue peut faire glisser les tapis de sol de votre voiture et les empêcher de protéger correctement la moquette. Pour résoudre ce problème, attachez des bandes Velcro® aux quatre coins des tapis. Ainsi, ils colleront à la moquette et resteront à leur place et vous pourrez toujours les retirer facilement pour le nettoyage.

Changez les balais

Si votre voiture est équipée d'essuie-glaces avec des balais en caoutchouc, pensez à les changer lorsque la température extérieure est élevée. Les balais en caoutchouc empêchent la formation de givre ou de neige sur le pare-brise lorsqu'il fait froid, mais ils alourdissent les essuie-glaces et provoquent une usure inutile du moteur des essuie-glaces. Vous rendrez service à votre voiture en les remplaçant par des balais ordinaires, en été.

Achetez une voiture

Les voitures d'occasion

Vous êtes sur le point d'acheter une voiture d'occasion. Elle a l'air de fonctionner correctement. Mais comment savoir si elle ne comporte pas de vices cachés ? Un moyen de le savoir est de découvrir si la voiture a déjà été rappelée par le fabricant. Pour cela, copiez le numéro de série du véhicule. Une plaque de métal sur laquelle est gravé ce numéro se trouve généralement près du tableau de bord. Demandez à votre concessionnaire de vérifier ce numéro ; il pourra vous dire si la voiture a déjà subi des réparations importantes. Si c'est le cas, vous feriez bien de réfléchir à deux fois avant de l'acheter.

La peur du vendeur

La plupart des gens ont peur d'acheter des voitures, peut-être en raison du regrettable stéréotype du concessionnaire sordide et malhonnête. Que cette figure mythique ait ou non un rapport avec la réalité, cela ne doit pas empêcher qui que ce soit d'acheter une voiture. Tout ce que vous avez à faire est d'avoir l'air informé, sûr de vous et cohérent. Si vous avez l'impression de ne pas être traité avec toute l'honnêteté et la transparence qu'il se doit, pliez bagages et allez voir ailleurs.

Votre arme secrète

Il existe une règle d'or concernant l'achat d'un véhicule, et vous devez toujours l'avoir présente à l'esprit. La principale peur du vendeur est que vous vous leviez et ressortiez sans acheter de voiture. C'est pourquoi, votre meilleur atout est de montrer que vous êtes prêt à le faire. N'oubliez jamais que vous détenez cette arme redoutable. Mais vous devez également être prêt à vous en servir, si nécessaire. Si le vendeur croit que vous êtes sur le point de partir, il fera en général tout son possible pour vous en empêcher, et baissera le prix de la voiture, par exemple.

Ignorez l'étiquette

En parcourant les voitures exposées chez le concessionnaire, ne prêtez pas trop attention aux prix indiqués sur la voiture. Ce prix est en général celui suggéré par le fabricant. Vous pouvez, bien souvent, acheter la voiture à un prix bien inférieur à celui indiqué sur l'étiquette. Ne soyez donc pas trop impressionné si le concessionnaire vous offre une "grosse remise" par rapport au prix affiché.

Sans concession avec les concessionnaires

Le prix facturé en usine est un chiffre difficile à trouver. Il reflète ce que le concessionnaire a réellement payé pour la voiture, et cette somme est la même pour tous les concessionnaires. Cependant, ce prix ne correspond pas à leur coût réel, donc même si vous la payez à ce prix-là, il leur restera quand même une marge. Il y a un système de retenues et de primes qui permet au concessionnaire de discuter le prix avec les acheteurs avertis. Comme il est assez difficile de garder tous ces chiffres en tête, la meilleure façon d'aller acheter une nouvelle voiture est de demander les prix à plusieurs concessionnaires. Si l'un d'entre eux pense qu'il est en concurrence avec d'autres collègues, il sera beaucoup plus enclin à vous accorder une remise.

Tenez bon !

Les concessionnaires automobiles sont rarement durs et inflexibles. Si le vendeur estime qu'il doit négocier et marchander avec vous, il le fera. Si vous êtes calme, bien informé et prêt à repartir à tout moment, il reconnaîtra que vous êtes un acheteur avisé et vous traitera comme tel.

L'assurance auto

La guerre des polices

L'assurance est l'une des dépenses les plus importantes lorsque vous êtes propriétaire d'une voiture. Elles ne sont jamais bon marché et il y a tellement de compagnies et de polices différentes sur le marché, qu'il semble quasi impossible de trouver celle qu'il vous faut au meilleur prix. Des milliers de personnes payent plus qu'elles ne devraient pour leur assurance auto. Comparez ! Il y a généralement une gamme de prix très étendue pour les mêmes prestations. Ne restez pas fidèle à une compagnie d'assurance sous prétexte que vous y êtes habitué ou qu'elle a un nom connu. Faites marcher la concurrence.

Soyez raisonnable

Achetez une voiture simple, pas une voiture tape-à-l'œil. Les voitures à profil bas sont moins souvent volées, coûtent moins cher en réparations et sont moins onéreuses à entretenir. De plus, vous l'avez deviné, l'assurance de ces voitures est souvent beaucoup moins chère.

Faites des économies

Cherchez à payer moins cher. La majorité des sociétés d'assurances offrent des réductions en échange de gages de sécurité. Celles-ci concernent à la fois le véhicule et le conducteur. Le fait d'avoir des airbags, un freinage ABS ou un garage peut souvent vous permettre d'obtenir un prix plus intéressant. Du côté du conducteur, les réductions peuvent s'appliquer en cas de kilométrage peu important dans l'année ou si le conducteur est étudiant.

Attention aux doublons

Comparez votre assurance santé et votre assurance auto pour être sûr que vous ne payez pas 2 fois la même couverture. Si vous êtes couvert contre certains dommages corporels par votre assurance santé, vous pouvez faire annuler certaines clauses de votre assurance auto.

Jouez à quitte ou double

Si vous vous considérez comme un conducteur à faibles risques, demandez à augmenter votre franchise. Plus votre franchise est élevée, moins l'assurance est chère. Bien sûr, vous paierez plus en cas d'accident si votre responsabilité est engagée, mais pour les conducteurs prudents, il est souvent plus intéressant de prendre ce risque.

La valeur sentimentale ne compte pas

N'en faites pas trop. Si vous conduisez une vieille voiture ou une voiture sans valeur, ne payez pas des sommes exorbitantes pour l'assurer. Assurez la voiture uniquement pour le montant de sa valeur. Pourquoi payer pour des réparations éventuelles alors qu'il reviendrait moins cher de changer de voiture ?

Le Jardin et la Pelouse

Déclarez la guerre aux mauvaises herbes

Conseils pratiques pour utiliser les herbicides

La première étape dans la lutte contre les mauvaises herbes est de connaître son ennemi. Faites-vous aider d'un spécialiste pour identifier précisément les mauvaises herbes de votre jardin, ou procurez-vous un ouvrage sur les plantes et mauvaises herbes courantes pour pouvoir les identifier vous-même. Suivez ensuite les étapes ci-dessous pour tuer les mauvaises herbes :

- Choisissez un herbicide qui soit spécialement adapté à vos mauvaises herbes.
- Portez toujours des vêtements protecteurs, des lunettes et des gants lorsque vous appliquez les herbicides.
- Utilisez ces produits les jours où il n'y a pas de vent.
- Ne tondez pas la pelouse juste avant ou juste après l'application d'herbicides.

La technique de la bouteille de soda

Lorsque vous appliquez des herbicides sur différentes mauvaises herbes, vous devez éviter d'en projeter sur les bonnes plantes qui poussent à côté. Essayez donc cette technique pour empêcher l'herbicide de voler. Découpez le fond d'une bouteille de soda en plastique de 2 litres. Posez la bouteille sur la mauvaise herbe que vous voulez tuer. Insérez le bec de votre pulvérisateur ou la lance du tuyau dans le goulot de la bouteille de soda et pulvérisez le produit. Attendez quelques secondes que l'herbicide soit absorbé, puis passez à la mauvaise herbe suivante.

Attaquez le mal à la racine

Si vous avez un problème avec les mauvaises herbes vivaces, n'essayez pas de les tuer avec un motoculteur. Vous ne ferez que casser leurs racines en laissant à leurs stolons une chance de repousser. Les déterrer demande beaucoup de travail, mais si vous en avez la patience, c'est aussi efficace que les herbicides. C'est une opération délicate et minutieuse. Un vieux vide-pomme est un outil très efficace pour déterrer les mauvaises herbes car il s'enfonce profondément dans la terre et coupe la racine au passage.

Ne tondez pas trop court

Faites attention à ne pas tondre votre pelouse de trop près. Si l'herbe est coupée trop courte, le soleil atteindra plus facilement la surface du sol et stimulera la pousse des mauvaises herbes.

6 façons de liquider les mauvaises herbes

- Entretenez votre pelouse en lui mettant de l'engrais, en l'arrosant et en la tondant régulièrement.
- Dans les parterres de fleurs, mettez un paillis de 5 à 10 cm d'épaisseur pour empêcher les graines des mauvaises herbes de germer.
- Plantez les arbustes très près les uns des autres et sur de l'herbe pour étouffer les mauvaises herbes.
- N'arrosez pas trop ; versez juste le volume d'eau nécessaire, en fonction des besoins de la plante.

- Arrachez les mauvaises herbes aux pieds des arbres et des plantes en pot que vous repiquez dans le jardin.
- Lorsque vous voyez une mauvaise herbe, arrachez-la délicatement à la main, en essayant d'extraire la racine.

Des désherbants naturels

Vous pouvez détruire les mauvaises herbes, du moins temporairement, avec de l'eau bouillante. Faites chauffer de l'eau dans une bouilloire, emportez la bouilloire à l'extérieur et versez une bonne quantité d'eau sur les mauvaises herbes. Une autre méthode de désherbage efficace, qui n'abîme pas la terre, consiste à verser une solution de vinaigre et de sel directement sur les mauvaises herbes.

Alerte aux produits à base de pétrole

Evitez d'utiliser de l'essence ou du kérosène pour tuer les mauvaises herbes. Vous risqueriez de polluer le sol et les nappes phréatiques avoisinantes.

Compte à rebours pour un jardin sans mauvaise herbe

- Au printemps, appliquez un désherbant avant que les mauvaises herbes commencent à pousser. La période la plus propice est lorsque les cornouillers sont en fleurs.
- En été, essayez de voir quelles mauvaises herbes ont survécu à votre première attaque. Appliquez une dose supplémentaire ou un autre désherbant sur les différentes herbes ou arrachez-les à la main.
- A l'automne, après la dernière tonte, appliquez une nouvelle fois un

désherbant général. Désherbez à la main toutes les mauvaises herbes qui ont résisté à vos attaques.

- L'année d'après, votre pelouse ne devrait plus avoir une seule mauvaise herbe.

Manipulez-les avec soin

Si vous utilisez des herbicides ou des pesticides dans votre jardin, vous devez faire bien attention à ne pas contaminer vos vêtements ou votre peau. Portez toujours un pantalon et une chemise à manches longues. Protégez-vous les yeux et mettez des gants. Si vous vaporisez du produit sur vos vêtements, ne les lavez pas avec le reste de votre linge. Ne les touchez pas à mains nues ; pensez à mettre des gants en caoutchouc. Laissez les vêtements dans un sac en plastique jusqu'à ce que vous les laviez. Utilisez le cycle de prélavage, puis utilisez un cycle de lavage normal avec de la lessive liquide et une eau assez chaude. Laissez sécher les vêtements à l'air libre pour que le soleil et le vent finissent de bien les nettoyer.

Les nuisibles volants et rampants

Des insecticides biologiques

Les feuilles de rhubarbe peuvent constituer un insecticide naturel. Après avoir utilisé les tiges pour faire une tarte, récupérez les feuilles de rhubarbe et faites-les bouillir pendant une heure environ. Laissez refroidir et passez le liquide, puis versez-le dans un pulvérisateur. Vaporisez ensuite cet insecticide naturel sur vos plantes. N'utilisez jamais ce liquide sur les herbes aromatiques, les fruits et les légumes, puisque les feuilles de rhubarbe sont aussi toxiques pour l'homme.

Asphyxiez-les avec de l'ail

Repoussez les pucerons avec cette terrible infusion. Emincez 2 gousses d'ail et mettez-les dans un saladier avec 1/2 litre d'eau bouillante. Laissez refroidir, passez le liquide et versez-le dans un vaporisateur. Vaporisez les nouvelles pousses et les boutons pour les protéger des assauts des pucerons.

Un coup fumant

Eloignez les cochenilles qui rôdent autour de vos plantes grâce à ce poison mortel. Plongez les restes de tabac des mégots de cigarettes dans de l'eau et utilisez celle-ci pour arroser les plantes.

Eloignez les nuisibles

Si vous avez des problèmes avec les fourmis, les cafards et autres insectes d'extérieur qui rentrent dans votre maison, essayez ce remède. Dans un récipient jetable, mélangez du borax et du lait concentré sucré à l'aide d'une cuillère ou d'un couteau en plastique. Enfilez des gants en plastique ou en caoutchouc et formez des petites boules avec ce mélange collant. Répartissez-les le long des murs de la maison, des portes, des fenêtres, des ouvertures du sous-sol et du vide sanitaire. Les nuisibles penseront avoir trouvé un délicieux repas et vous n'en entendrez plus jamais parler. Pensez bien à jeter le récipient, la cuillère en plastique et les gants, et à garder ce poison-maison hors de portée des enfants et des animaux domestiques.

Des solutions anti-limaces

Voici un remède efficace contre les limaces qui s'infiltrent dans votre jardin pendant la nuit. Placez des couvercles ou autres récipients peu profonds à différents endroits du jardin et remplissez-les avec de la bière. Le lendemain matin, emportez un petit seau dans le jardin et débarrassez-vous des limaces en les plongeant dans de l'eau chaude savonneuse. Chaque soir, remplissez de nouveau les couvercles avec de la bière, jusqu'à ce que ce problème de limaces disparaisse.

Le sel d'Epsom est une substance toxique pour les limaces. Essayez d'en saupoudrer un peu autour de leurs plantes favorites, pour les éloigner. Surveillez l'apparition de brûlures sur les feuilles en cas d'utilisation excessive. Le magnésium contenu dans ce sel est bon pour la terre mais peut finir par s'accumuler et abîmer les plantes.

Gardez les coquilles d'œufs et broyez-les finement. Saupoudrez-les ensuite sur le sol, près du pied des plantes auxquelles s'attachent les limaces. Elles n'aiment pas la texture des petits éclats de coquille et quitteront donc les lieux.

L'entraide végétale

Le fait de faire pousser certaines plantes ensemble a commencé il y a longtemps, bien avant l'apparition des traitements chimiques prêts à l'emploi. Les Indiens d'Amérique plantaient ensemble le maïs, les courges et les haricots d'Espagne. Les feuilles de courge apportaient de l'ombre, le maïs servait de tuteur aux haricots grimpants et les haricots ajoutaient du nitrogène à la terre, ce qui nourrissait les autres plantes.

Les fleurs et les herbes aromatiques sont souvent utilisées comme plantations de compagnie. Lorsqu'elles sont plantées à proximité, le parfum de certaines fleurs et les huiles aromatiques de certaines herbes repoussent les insectes des plantes fruitières et potagères. Quelle que soit la nature de la relation qui unit les plantations de compagnie, il est beaucoup plus facile, grâce à elles, de faire pousser un potager sain sans utiliser de produits chimiques nocifs.

Tournés vers le soleil

Voici un excellent moyen de vous débarrasser des perce-oreilles et des cloportes. Faites pousser des tournesols d'une variété géante avec une très grosse fleur. Coupez-les et posez les fleurs sur le sol à tous les endroits où vous avez des plantes mortes, des branchages ou des feuilles. Les insectes seront attirés par les tournesols. Laissez les fleurs ainsi quelques jours, puis jetez-les avec les insectes qui les colonisent.

Des associations anti-nuisibles

Au moment de décider ce que vous allez planter dans votre nouveau potager, pensez à ces " plantes de compagnie " pour réduire l'invasion de nuisibles :

- Plantez les radis à côté des courgettes pour repousser les punaises de la courge.
- Les soucis repoussent les pucerons, les doryphores, les mouches blanches et même les lapins.
- Faites pousser du basilic autour des aubergines et des tomates pour repousser les insectes.
- Essayez de planter de la sauge, du romarin et du thym avec les choux pour repousser les piérides.
- Les oignons éloignent les insectes des betteraves.
- La bourrache protège les tomates contre le redoutable sphinx de la tomate.
- L'ail repousse les pucerons sur pratiquement toutes les plantes.

La ronde des chats

Lorsque les oiseaux deviennent nuisibles autour du potager ou dans les arbres fruitiers, attirez vos chats à cet endroit en plantant de l'herbe à chat. Les oiseaux se chercheront un endroit plus sûr.

Un épouvantail à oiseaux

Pour empêcher les oiseaux d'élire domicile dans votre jardin ou votre potager, fabriquez un épouvantail en réutilisant vos vieux CD. Suspendez-les avec un fil aux branches de vos arbres. Les reflets du soleil sur vos CD vont effrayer les oiseaux. Ils auront l'impression que cet environnement n'est pas très sûr et quitteront les lieux.

Les nuisibles à quatre pattes

Débarrassez-vous des rongeurs

Si votre jardin est colonisé par les souris, faites-leur une proposition qu'elles ne pourront pas refuser. Mettez des graines de citrouille dans vos pièges à souris pour les appâter. Les souris raffolent de ce délicieux repas.

Repoussez les taupes

Essayez cette astuce pour vous débarrasser des taupes. Creusez un trou dans un de leurs tunnels et remplissez-le de litière à chat. La litière fraîche peut être efficace, mais la litière usagée leur laissera une impression plus durable.

Un peu de piquant dans votre jardin

Apprenez aux rôdeurs à rester à l'écart de votre potager, en mélangeant 3,5 litres d'eau et 85 grammes de poivre de Cayenne. Mélangez bien et versez-le sur les plantes que vous voulez protéger.

Chassez les chats

Il n'y a rien de plus pénible que d'avoir les chats des voisins vous rendre des visites régulières pour faire leurs besoins dans votre jardin, généralement au même endroit. Cette odeur est particulièrement tenace. Pour leur faire comprendre qu'ils ne sont pas les bienvenus, vous pouvez vaporiser du vinaigre à l'endroit des délits. Les chats détestent l'odeur du vinaigre. A renouveler régulièrement pour plus d'efficacité.

Une barrière anti-chats

Si des chats rôdent dans votre potager et s'en servent comme litière, voici un moyen naturel et sans danger pour les repousser. Placez une bande d'écorces d'orange et du marc de café aux pieds de vos plantes.

Un répulsif à chiens

Vous avez des problèmes avec le chien du voisin qui ne cesse d'uriner sur vos belles plantes et vos arbustes ? Tenez-le à distance en concoctant rapidement une fournée de cette purée redoutable. Mettez quelques têtes d'ail et quelques piments (les plus épicés possible) dans un mixeur et réduisez-les en purée. Ajoutez un peu d'eau et déposez ce mélange autour de la zone que vous voulez protéger. Les chiens comprendront le message et ne s'en approcheront plus.

Des savons parfumés contre les intrus

Les savons distribués dans les hôtels ou les vieux morceaux de savonnette peuvent permettre de repousser les daims ou les cerfs de votre jardin. Suspendez le savon au bout d'une ficelle ou placez-le simplement dans les arbres, aussi près du sol que possible, pour qu'il serve de répulsif. Des études informelles ont montré que les savonnettes parfumées effraient les daims car l'odeur les dérange et leur signale la présence d'un prédateur. Ce répulsif savonneux semble plus efficace par temps humide que par temps sec.

Embellissez votre jardin

Troquez vos plantes

Observez votre jardin. Vous avez peut-être trop d'une certaine plante et pas assez d'une autre. Si vous vivez dans un quartier résidentiel où la majorité des gens ont des jardins, pourquoi ne pas organiser une journée " plantes ouvertes ". Chacun apporterait les plantes, les arbustes ou les arbres qu'il a en trop et les échangerait contre d'autres qu'il souhaiterait avoir. Encouragez les gens à troquer pour éviter les échanges d'argent. Les enfants peuvent également se faire un peu d'argent de poche en vendant leurs propres semis lors de cette réunion. Vous améliorerez ainsi votre jardin et vos relations de voisinage, sans dépenser un centime.

A l'ombre des arbres

La plupart du temps, l'herbe ne pousse pas bien sous les gros arbres. Au lieu de vous battre contre cette herbe qui refuse de pousser, essayez quelque chose qui va embellir votre jardin tout en réduisant votre degré de frustration. Les plantes qui aiment l'ombre, comme les hostas, les fougères, les ancolies et les impatiens, ainsi que les plantes grimpantes comme le lierre et les pervenches, orneront ces zones nues sous les arbres avec des couleurs et des volumes que l'herbe ne peut égaler.

Installez des dalles

Voici un moyen simple et bon marché de fabriquer des dalles pour votre jardin. Utilisez n'importe quelle sorte de récipient en plastique ou jetable d'environ 30 cm de diamètre, comme une boîte à congélation ou un seau en plastique, puis suivez la procédure ci-dessous :

- Etalez une fine couche de Vaseline® sur la surface intérieure du récipient.
- Mélangez un sac de béton dans votre brouette, en suivant les instructions figurant sur l'emballage.
- Avec un petit seau ou un verre en plastique en guise de louche, remplissez le récipient sur une profondeur de 5 centimètres. Remuez doucement le béton pour enlever les bulles et lissez le dessus.
- Au bout d'une heure environ, ajoutez quelques touches décoratives comme de petits objets, des pierres, des empreintes de feuilles ou des inscriptions.
- Laissez sécher le béton pendant quelques jours avant de démouler vos dalles.

Un goutte-à-goutte pour les fleurs

Voici une technique qui donnera l'impression que vos fleurs viennent d'être arrosées, même sous la chaleur la plus torride. Prenez un grand bidon de lait et coupez-en le fond. Percez quelques trous sur les côtés et sur le bouchon. Mettez-le à l'envers et plantez-le dans la terre, à quelques centimètres de vos plantes, de préférence caché à l'arrière du parterre de fleurs ou derrière une grosse plante. Dans les parterres plus vastes, espacez les bidons de 30 centimètres environ. Remplissez le bidon d'eau tous les 2 ou 3 jours. L'eau s'en écoulera lentement et se répartira uniformément dans la terre. Cette technique vous évitera d'arroser avec un jet et réduira le gaspillage d'eau dû à l'évaporation et à l'écoulement. Si vous n'avez pas de bidon de lait, utilisez n'importe quelle autre bouteille en plastique.

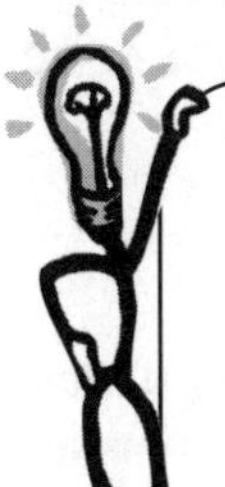

Attirez les papillons dans votre jardin

Si vous voulez sublimer la beauté de votre jardin par la présence de papillons, plantez des orties dans un coin retiré du jardin. Les papillons s'en approcheront pour pondre leurs œufs.

Les engrais naturels

Les résidus de la tonte

Certaines tondeuses à gazon sont équipées d'un broyeur qui a pour but de pulvériser l'herbe coupée et les feuilles mortes, et de les propulser sur la pelouse comme engrais de recyclage. Si vous avez une tondeuse ordinaire, vous utilisez le bac pour ramasser l'herbe ou la ratisser après la tonte. D'une façon comme d'une autre, les déchets du jardin sont une source toute trouvée de nutriments naturels comme le nitrogène, ne les jetez donc pas. Laissez l'herbe sur votre gazon lorsque vous tondez, étalez-la sur le gazon ou faites-en de l'engrais en la déposant sur votre compost.

Pensez à composter

Le compost améliore et enrichit la terre de votre jardin et est un moyen aisé de recycler les déchets de la cuisine et du jardin. Vous pouvez commencer un tas de compost avec différentes variétés de déchets organiques, comme des feuilles, du gazon coupé et du fumier animal. Vous pouvez acheter un silo à compost, mais vous pouvez obtenir le même résultat avec un simple tas de gazon et une fourche.

Ajoutez-y les côtes et les feuilles de salade et de chou, les fruits qui ont pourri dans votre bac à légumes et les carottes flétries. Vous pouvez utiliser un vieux parterre de fleurs ou tout autre endroit de votre jardin pour y enterrer les déchets organiques. Installez un système de compostage et vous transformerez ainsi les déchets de votre cuisine et de votre jardin en " or noir ", pour nourrir vos fleurs et vos légumes.

Les choses à ne jamais mettre sur le compost

De la viande ou de la graisse animale, cuite ou crue.

Des pommes de terre crues ou des épluchures de pommes de terre.

Des os, de la peau, du cartilage, des articulations ou des organes d'animaux.

Des produits laitiers comme le fromage, le lait, les glaces, le beurre ou la margarine.

Des déchets alimentaires d'origine animale ou végétale contenant du beurre, de la margarine, des sauces, des assaisonnements, des marinades ou du jus.

Fumez la terre

Le fumier est un élément important du compost de votre jardin. Renseignez-vous auprès des fermes alentour. Certaines vous donnent le fumier gratuitement si vous venez le chercher vous-même. Le fumier est riche en nitrogène, l'un des 3 nutriments les plus importants pour cultiver la terre. Le fumier de cheval est le plus riche en nitrogène, suivi par le fumier de poule et de cochon. Le fumier de poule peut progressivement provoquer une accumulation de sel dans le compost et la terre, ne l'utilisez donc pas trop longtemps au même endroit.

Sans s'arracher les cheveux

Encore mieux que le fumier, les cheveux sont une source importante de nitrogène pour les plantes de votre jardin. Si vous connaissez quelqu'un qui travaille dans un salon de coiffure, demandez-lui s'il est possible de récupérer les cheveux coupés. Epandez-les sur la terre meuble et faites-les pénétrer dans le sol. Cela empêchera également les animaux de faire des trous dans votre potager.

Les germoirs

Recyclez les boîtes à gâteaux

Ne dépensez pas d'argent pour acheter des germoirs dans une jardinerie. Ce ne sont rien de plus que du plastique un peu amélioré. Vous pouvez fabriquer très simplement une " miniserre " pour y faire germer vos graines, à partir des boîtes en plastique dans lesquelles sont conditionnées les viennoiseries en supermarché. Optez de préférence pour les boîtes en plastique transparent avec un couvercle fermé par des gonds. Ouvrez-les et remplissez les 2 parties avec du terreau ou, si vous préférez, remplissez uniquement le bas et refermez le couvercle pour retenir l'humidité. Pensez à cette utilisation la prochaine fois que vous achèterez des croissants au supermarché.

Un germoir en carton-pâte

Un autre récipient pouvant constituer un germoir idéal : des coquilles d'œufs vides. Mettez du terreau dans 1/2 coquille d'œuf, plantez-y vos graines et reposez la coquille dans sa boîte en carton. Placez la boîte sur le rebord d'une fenêtre ensoleillée. Lorsqu'il sera temps de repiquer les jeunes plants, craquez la coquille à différents endroits et plantez-la directement dans la terre de votre jardin. La coquille apportera des nutriments qui stimuleront la croissance de la plante.

En un coup d'éponge

Vous avez une fenêtre ensoleillée, une éponge et une assiette ? Alors, vous n'avez plus besoin que de graines et d'eau pour commencer votre jardin. Humidifiez l'éponge et posez-la sur l'assiette, étalez les graines uniformément sur l'éponge et disposez l'assiette sur un rebord de la fenêtre ensoleillé. Veillez à ce que l'éponge reste humide en l'arrosant souvent. Dès que les semis commencent à avoir de belles racines et de petites feuilles, repiquez-les dans des pots de tourbe pour les préparer à vivre dans le jardin.

Shampouinez vos semis

Voici une solution simple et bon marché pour vos semis : mélangez une cuillerée à café de shampooing pour bébé dans un litre d'eau et utilisez régulièrement ce liquide pour arroser vos bacs à semis et vos pots de tourbe. Le shampooing empêche la surface de la terre de durcir afin que les jeunes plants puissent la percer facilement.

Un endroit chaud et confortable

Le dessus de votre réfrigérateur, où la température constante oscille entre 21°C et 24°C, est un bon endroit pour entreposer vos germoirs. Gardez vos plateaux dans cet environnement douillet pour que les graines germent plus vite. Lorsque le temps est nuageux ou qu'il fait nuit, posez les semis déjà germés au-dessus de votre réfrigérateur pour stimuler leur pousse, avant de les repiquer en extérieur.

Un arrosage en douceur

Les jeunes plants qui sont en train de pousser vous paraissent peut-être vigoureux, mais ils sont pourtant encore très fragiles. Ne versez pas l'eau directement dessus avec un pichet ou un arrosoir. Utilisez plutôt la méthode d'arrosage " de bas en haut ". Si vous plantez vos graines dans des petits pots individuels, laissez un pot vide vers le centre et versez toujours l'eau dans ce pot. L'eau s'écoulera lentement dans le plateau du dessous et s'infiltrera progressivement dans la terre de tous les semis. Si vous utilisez une boîte qui ne contient pas de compartiments individuels, omettez tout simplement de planter des graines au centre de la boîte et versez l'eau à cet endroit.

Préservez et protégez vos plantes

Une fois repiqués dans la terre, vos jeunes plants sont beaucoup plus sensibles aux intempéries et aux nuisibles. Vous pouvez utiliser des petites barquettes de fraises ou de tomates cerises pour protéger les graines nouvellement plantées dans le jardin. Il vous suffit de les enfoncer dans la terre, au-dessus d'une jeune pousse. Vous pouvez également recycler vos bouteilles d'eau pour en faire des protections pour vos jeunes plants repiqués. Coupez le fond de la bouteille et enlevez le bouchon. Enfoncez la bouteille dans la terre au-dessus de vos plantes. Ces dômes en plastique retiendront la chaleur et protégeront les semis des intempéries, le temps qu'ils se solidifient.

Des solutions économiques

Voyez grand

La plupart des pépiniéristes vous accorderont une réduction conséquente si vous achetez une plante en grosses quantités. Pensez-y avant de concevoir un jardin rempli de spécimens différents. Le fait d'avoir de grandes plantations de la même espèce simplifiera également beaucoup leur entretien.

Des plantes amidonnées

Ne jetez pas l'eau de la casserole lorsque vous faites cuire des pâtes ou des pommes de terre. Laissez-la plutôt refroidir, portez-la dehors dans le jardin et versez-la sur vos plantes. Elles adoreront ce petit complément nutritionnel amidonné.

Les plantes aiment le thé

Utilisez les sachets de thé usagés pour faire pousser vos semis. Faites une petite fente d'un côté du sachet, placez-y la graine et " plantez " le sachet de thé dans un pot de tourbe. Humidifiez-le jusqu'à ce que les graines germent et soient repiquées. Mélangez ensuite les feuilles de thé contenues dans le sachet dans la terre d'une plante verte ou d'une plante en pot. Les fougères apprécient particulièrement le thé.

Un fertilisant gélifié

Il vous reste un sachet de gélatine dans votre garde-manger ? Mettez-le à profit pour fertiliser vos plantes. Mélangez une feuille de gélatine dans un litre d'eau et versez ce mélange sur vos plantes d'intérieur ou d'extérieur. Elles apprécieront ce petit coup de fouet, riche en nitrogène.

Des tuteurs en bambou

Essayez de trouver un endroit où poussent des bambous et coupez quelques tiges que vous utiliserez comme tuteurs pour les plantes molles à longue tige. Le bambou est beaucoup plus esthétique que les piquets ou les fils métalliques, et est suffisamment robuste pour durer plusieurs années.

De bons tuyaux pour faire des économies

Les supports en plastique pour tuyaux d'arrosage sont bien pratiques, mais un peu onéreux, surtout quand il est possible de les faire soi-même. Au lieu de jeter la jante de votre pneu (la partie métallique qui soutient le pneu en caoutchouc) la prochaine fois que vous changez vos pneus, gardez-la ! Elle vous permettra d'enrouler sans effort votre tuyau d'arrosage pour éviter qu'il ne s'emmêle. Fixez-en une au mur, près du robinet d'eau. Vous pouvez même la peindre de la même couleur que votre maison. Le tuyau sera plus facile à utiliser et vous pourrez employer l'argent ainsi économisé à autre chose.

Un autre moyen bon marché pour enrouler votre tuyau d'arrosage est d'utiliser un seau en métal, solide, de 20 litres. Accrochez fixement le fond du seau sur le mur de votre maison ou de votre remise, en dirigeant l'ouverture du seau vers l'extérieur. Enroulez le tuyau autour du seau ainsi fixé. Utilisez l'intérieur du seau pour ranger les jets, les vaporisateurs d'engrais et vos gants de jardin.

Paillez sans vous mettre sur la paille

Pour obtenir du paillage gratuitement, contactez la déchetterie la plus proche ou un service d'élagage des arbres. La plupart des communes disposent désormais d'installations pour recycler les déchets organiques de jardin. Si ce n'est pas le cas dans votre commune, faites appel à un élagueur. Ces sociétés doivent payer pour décharger les débris dans les déchetteries, elles seront donc ravies de vous les donner.

A l'aide d'une machine à couper et à broyer le bois, vous pouvez transformer les souches et les branches en paillis pour vos plantations. Même si vous devez louer cette machine une journée, vous pouvez créer une montagne de paillis pour un coût largement inférieur à celui vendu dans des sacs.

Sauvez vos derniers légumes

Vous ne voulez pas que votre dernière récolte de légumes soit gâchée par l'arrivée du gel ? Placez des feuilles de papier d'aluminium sur le sol, aux pieds des plantes, pour qu'elles mûrissent plus vite.

Testez les graines avant de semer

Si vous trouvez des vieux sachets de graines dans votre remise, faites ce test pour voir si elles sont toujours utilisables. Humidifiez une feuille d'essuie-tout et disposez les graines à plat sur cette feuille. Posez une autre feuille d'essuie-tout humide par-dessus. Mettez délicatement le tout dans un sac en plastique et laissez reposer pendant 3 jours. Ouvrez alors le sac et regardez ce qu'il s'y passe. Si seulement 1/3 des graines a germé, jetez les. Si presque la moitié a germé, vous pouvez les utiliser mais en veillant à planter les graines très proches les unes des autres. Si les 3/4 des graines ont germé, plantez-les normalement.

Apprenez à partager

Partagez vos outils avec vos voisins et ils vous le rendront. Votre voisin possède peut-être une binette spéciale dont vous avez justement besoin, et lui recherche peut-être un pulvérisateur à engrais que vous pouvez lui prêter. Echangez vos outils avec vos voisins jardiniers, cela vous évitera d'acheter autant d'outils si onéreux.

Des vitamines pour les fougères

Voici un engrais bon marché pour vos fougères : mélangez une cuillerée à soupe d'huile de ricin et une cuillerée à soupe de shampooing pour bébé, dans un litre d'eau tiède. Donnez à vos fougères l'équivalent de 3 cuillerées à soupe de ce mélange, avant de les arroser normalement. Vos fougères seront bientôt en pleine forme.

Des pots de fleurs gratuits

Si vous achetez du lait dans des briques en carton, vous avez une source gratuite de pots de fleurs. Rincez bien le carton et coupez la moitié supérieure. Découpez quelques fentes dans le fond du carton ou coupez légèrement les angles pour le drainage. Il ne vous reste plus qu'à ajouter la terre et vos fleurs.

Pour commencer à faire pousser des semis ou des petites plantes dans votre jardin, confectionnez vous-même des petits pots en papier mâché au lieu de les acheter dans le commerce. Faites une pâte à base de farine et d'eau (n'utilisez pas la pâte du commerce), en ajoutant 10 cl d'eau pour 100 grammes de farine, et en mélangeant jusqu'à ce que la pâte soit lisse. Rassemblez quelques vieux journaux et un verre. Retournez le verre et collez des bandelettes de papier journal (de 4 cm de large environ) sur la moitié inférieure du verre, en le recouvrant avec la pâte pour obtenir la forme d'un pot. Vous pouvez ajouter 1 ou 2 couches de papier supplémentaires pour obtenir un pot un peu plus solide. Lorsque le papier est complètement sec, retirez le verre et ajoutez la terre et la plante. Plantez ce pot en papier mâché directement dans la terre. Il protégera vos semis et se désintégrera progressivement dans le sol.

Des paysagistes en herbe

Contactez les écoles d'agriculture locales pour rechercher des étudiants horticulteurs ou architectes paysagistes. Ils accepteront peut-être de venir chez vous gratuitement, ou à un prix réduit, pour dessiner le plan de votre jardin.

Multipliez vos plantes

Un moyen d'obtenir de nouvelles plantes à partir de plantes existantes consiste à faire des boutures. Veillez simplement à utiliser un couteau propre et bien aiguisé. Dans le cas contraire, vous risquez de faire une plaie sur la plante qui peut s'infecter et endommager à la fois la plante " mère " et le " bébé " plante.

La hauteur ne fait pas tout

Faites des économies en choisissant les bonnes plantes dans une pépinière. Même si les plantes à fleurs " à longues pattes " sont celles qui attirent en premier votre regard, ce n'est pas forcément le meilleur choix. Recherchez plutôt les plantes plus touffues et plus épaisses, avec moins de fleurs. Ces dernières s'acclimateront beaucoup plus rapidement et auront probablement plus de fleurs par la suite.

Des jardinières pneumatiques

Au lieu d'investir du temps et de l'argent à construire des jardinières pour cultiver des melons ou autres plantes grimpantes, récupérez de vieux pneus de voiture et confectionnez de petites jardinières rondes. Coupez la partie latérale d'un pneu, posez-le à plat sur le sol, la face coupée vers le bas, et remplissez-le avec de la tourbe ou de la terre. Plantez vos semis de plantes grimpantes au centre du pneu, qui leur offrira un environnement chaud leur permettant de pousser plus rapidement. Dans les régions où le climat est plus froid, cette astuce peut permettre de cultiver des melons quand la belle saison est trop courte.

Laissez-leur une chance

Lorsque vous achetez des plantes dans une jardinerie ou une pépinière, n'oubliez pas qu'elles sortent d'un environnement très spécial, avec des conditions optimales de lumière et de nourriture. Ne les mettez pas en terre directement, en espérant qu'elles commencent tout de suite à pousser. Accordez-leur 1 semaine ou 2, en les laissant dans un endroit abrité le temps qu'elles s'adaptent à la vie en extérieur. Déplacez-les progressivement vers le lieu où vous voulez les planter. Elles auront ainsi beaucoup plus de chances de survivre.

Connaissez votre climat

Avant de tomber en pâmoison devant une fleur ou un arbuste, assurez-vous que vous vivez dans une région où il sera facile de les faire pousser. Vous perdrez du temps et de l'argent en vous obstinant à vouloir faire pousser des plantes qui aiment le froid sous une chaleur humide, ou inversement, à cultiver des plantes tropicales dans une région où le climat est glacial. Ces informations sont souvent indiquées sur le paquet de graines ou dans les catalogues de plantes. Vérifiez cette information afin de ne pas vous tromper en les plantant.

Jardinez dans les petits espaces

Une plantation superposée

Lorsque vous avez très peu de place pour planter vos tulipes et vos crocus, essayez de les planter au même endroit. Plantez les bulbes des tulipes à 20 centimètres de profondeur et les bulbes des crocus à 10 cm de profondeur, au-dessus des tulipes. Les crocus pousseront normalement et il en sera de même des tulipes, quelques semaines plus tard. Le jardin restera donc fleuri et dense plus longtemps.

Une plantation portable

Si vous habitez en appartement, vous pouvez quand même faire pousser des légumes et des plantes aromatiques, il suffit simplement de les mettre dans des contenants. Les moules à tartes et autres moules à gâteaux légers constituent des jardinières bon marché pour les plantes à racines courtes, comme les herbes aromatiques et les fraises. Avec les changements de saisons et l'orientation différente du soleil sur votre balcon ou votre terrasse, vous pouvez déplacer les récipients pour tirer le meilleur parti possible de la chaleur et de la lumière. En cultivant quelques légumes et herbes aromatiques, vous économiserez de l'argent et mangerez des produits de première qualité.

Des idées créatives

Vous cherchez des jardinières bon marché mais néanmoins originales ? Essayez ces solutions de remplacement créatives :

- Des parpaings posés sur la tranche
- Des boîtes de conserve avec des trous percés dans le fond
- Une vieille baignoire qui peut se vider normalement
- Une vieille brouette un peu rouillée

Des mères porteuses

Pour commencer des plants de tomates, semez quelques graines dans la terre de vos plantes d'intérieur. Les plantes matures abriteront les petites pousses et vous les nourrirez toutes les deux en même temps, en les arrosant. Lorsque les jeunes plants seront capables de survivre par eux-mêmes, déterrez-les doucement et replantez-les ailleurs.

Le sens de la mesure

Lorsque vous choisissez des jardinières, essayez d'évaluer combien va peser l'objet lorsqu'il sera rempli de terre mouillée et de plantes. Voyez petit et léger. Si la jardinière est trop grande ou trop lourde, elle sera peut-être impossible à soulever une fois que vous y aurez mis la plante. Si votre cœur penche pour un tonneau ou un autre récipient volumineux et lourd, placez-le sur des roulettes avant de le remplir, afin de pouvoir le déplacer à volonté.

Les petits ont plus souvent soif

N'oubliez pas que plus la jardinière ou le pot de fleur est petit, plus il faudra arroser les plantes fréquemment. Il peut être utile de placer des soucoupes sous les pots ou de regrouper plusieurs petits pots sur un plateau recouvert de galets. Le plateau ou la soucoupe doit pouvoir contenir une profondeur de 3 cm d'eau environ.

Les arbres et les arbustes

Des conseils pour les planter

Pour accroître ses chances de survie, choisissez l'arbre le plus grand possible, de préférence d'une hauteur de 1,80 m à 2,50 m. En arrivant chez vous, faites trempez les racines de l'arbre dans l'eau pendant 8 à 10 heures. Creusez un trou légèrement plus profond que la hauteur de la motte et d'un diamètre supérieur de 60 cm, afin que l'arbre commence rapidement à pousser.

Une fois que l'arbre est dans le sol et que le trou a été rebouché, faites un petit monticule circulaire avec de la terre à une distance de 60 cm à 1 mètre du pied de l'arbre. Cela permettra de retenir l'eau lorsqu'il pleut et lorsque vous arrosez.

Paillez la zone qui entoure le tronc, sans le toucher, pour empêcher l'écoulement d'eau et protéger les racines de l'arbre contre les rayons du soleil. Essayez, si possible, de vous procurer du paillis de cyprès, car il a l'avantage de repousser les insectes.

Protégez vos jeunes arbres

Les tondeuses à gazon et les coupe-bordures peuvent laisser des cicatrices indélébiles sur l'écorce et freiner ainsi la croissance de votre arbrisseau. Protégez-le avec une gaine. Vous pouvez en acheter une en jardinerie ou la fabriquer vous-même à partir d'un vieux tapis de bain épais avec le dessous en caoutchouc.

Enroulez le tapis autour du tronc de l'arbre, au niveau du sol, attachez-le avec un morceau de ficelle, et tondez ou passez le coupe-bordure autour. Vous pouvez ensuite détacher la gaine et l'utiliser sur un autre arbrisseau.

Les secrets pour élever les jeunes arbres

Ne taillez pas les jeunes arbres au cours des premières années. Ils ont besoin de toutes leurs feuilles au départ pour s'alimenter correctement et développer un réseau de racines solides.

Veillez à ce que votre jeune arbre reste stable en lui posant un tuteur. Cela l'aidera à pousser droit. Des tuteurs spéciaux sont en vente dans les jardineries, mais vous pouvez les remplacer par de vieux collants et des piquets de tente.

Combattez la sécheresse

Lorsque la chaleur de l'été s'installe, il peut se passer de longues périodes sans pluie. Pensez à mettre beaucoup de paillis au pied des arbres pour réduire les mauvaises herbes et ralentir le processus d'évaporation. Lorsque vous arrosez, ne vous contentez pas de mouiller la couche de terre supérieure, vous risqueriez d'abîmer les racines de surface. Arrosez bien et profondément environ une fois par semaine.

Taillez au bon moment

Pour ne pas risquer d'affaiblir les arbustes ou les buissons, ne commencez pas à les tailler avant la fin du printemps, lorsque les nouvelles branches mesurent au moins quelques centimètres. Vous pouvez même attendre le début de l'été. Il est préférable de tailler les buissons et les arbustes à feuilles persistantes en juin. A l'automne, arrêtez de tailler au moins 6 semaines avant la date annoncée des premières gelées.

Les arbustes qui fleurissent à l'automne doivent être taillés au printemps. Inversement, ceux qui fleurissent au printemps doivent être taillés en automne. Les exceptions sont les plantes qui fleurissent sur les pousses de l'année précédente, comme les lilas.

Ne taillez plus vos lilas après le début du mois de juillet. A cette période, ils ont déjà commencé à former des boutons pour l'année suivante. Si vous taillez les branches, vous couperez les boutons et ne verrez donc aucune fleur l'année d'après.

Entretenez vos outils

Maintenez les cisailles et les sécateurs bien affûtés pour tailler les haies. Des lames émoussées peuvent écraser ou casser les branches, ouvrant ainsi la voie aux maladies et aux nuisibles.

L'entretien des rosiers

Si vous en avez assez que les insectes dévorent vos superbes rosiers floribunda ou grandiflora en été, essayez cette technique. Laissez pousser les premières fleurs à la fin du printemps, puis taillez les rosiers. Même si vous n'en profitez pas pendant plusieurs mois, ils recommenceront à fleurir, en force, dès le mois de septembre. Cette technique permet en outre de contrôler la maladie des feuilles tachées, qui a également tendance à frapper au milieu de l'été. Toutefois, n'essayez pas cette technique sur les rosiers qui poussent sur du vieux bois, comme les grimpants, parce que la taille couperait les branches où se forment les fleurs.

Taillez les haies

Taillez les haies en pyramide, en laissant un peu plus de branchages à la base qu'au sommet. Si vous taillez trop la base, les branches inférieures n'auront plus assez de lumière et auront l'air décharné.

Une coupe d'entretien

La plupart des haies et des arbustes pourraient être taillés une fois par mois. Toutefois, certaines espèces apprécient une coupe encore plus fréquente. Les troènes, le houx, les genévriers et le buis peuvent tous être taillés plus souvent, avec de bons résultats.

Soignez les arbres

Si la branche maîtresse (celle qui pousse au centre) d'un jeune arbre de votre jardin a été abîmée au cours d'un orage, vous pouvez la récupérer grâce à ces quelques outils de base.

Prenez du ruban isolant adhésif et créez une nouvelle branche maîtresse en penchant la branche saine la plus proche vers la branche maîtresse abîmée, et en la fixant ainsi avec le ruban adhésif. Laissez l'adhésif en place pendant le reste de l'année. La nouvelle branche maîtresse va commencer à se développer et finira par prendre le relais. Au printemps suivant, taillez la branche abîmée juste en dessous du ruban adhésif.

L'entretien de la pelouse

Une benne à ordures

Si vous êtes exaspéré par les détritus, les pommes de pin (à moins de garder celles-ci pour un feu de cheminée chaleureux et parfumé) et autres débris qui se mettent en travers de votre chemin lorsque vous tondez la pelouse, ne vous contentez pas de les mettre sur le côté. Essayez plutôt cela. Attachez un sac poubelle épais à la poignée ou à la barre de votre tondeuse. Dès que vous trouvez des détritus ou des déchets, ramassez-les et mettez-les dans le sac. Cela vous évitera de retourner les ramasser plus tard.

Piquez le gazon

Ne jetez pas vos vieilles chaussures de golf ou d'athlétisme (à pointes). Elles sont idéales pour aérer la terre. Portez-les à chaque fois que vous tondez, que vous taillez ou que vous ratissez. Les petits trous qu'elles laissent dans le sol permettent à l'eau de pluie, aux nutriments et à l'air de s'infiltrer dans la terre compacte. Voici un excellent achat à faire dans un vide-greniers si vous n'en avez pas.

Une boisson stimulante pour les graines

Si vous avez besoin de ressemer quelques zones de votre gazon, donnez un coup de fouet aux graines en les plongeant dans du thé au réfrigérateur, pendant 1 jour ou 2. Laissez-les sécher sur des feuilles d'essuie-tout, puis semez-les normalement.

Entretenez votre tondeuse

Bill Desch, mécanicien autodidacte et bricoleur de nature, utilise la même tondeuse depuis 1985. Elle est comme neuve. Son secret ? Il l'entretient bien. " L'entretien préventif est le secret pour faire durer toutes les machines à moteur ", dit-il. Si vous prenez soin de vos outils, ils vous le rendront."

L'entretien de la tondeuse commence par une révision annuelle. Chaque printemps, Bill fait la vidange, installe un nouveau filtre et vérifie que les bougies sont encore en bon état. Il conseille également d'aiguiser la lame, qui s'use autant que le reste.

Même si vous n'avez pas les talents de mécanicien de Bill, vous pouvez toujours porter votre tondeuse à réviser chez un réparateur. La révision n'est généralement pas trop onéreuse. Le moteur de votre tondeuse vous en remerciera en durant plus longtemps et en fonctionnant plus efficacement.

Ramasser ou ne pas ramasser ?

Les anciennes tondeuses à gazon laissaient tomber l'herbe à l'endroit de la tonte. Ensuite, on décida que l'herbe devait être aspirée comme la saleté sur la moquette et les sacs à ramassage devinrent à la mode. Il semble que l'on retourne désormais à l'ancienne méthode. Au lieu de ramasser l'herbe et de la mettre dans des sacs, laissez-la donc sur la pelouse. Elle sert d'isolant contre la chaleur, retient l'humidité et nourrit le sol en se décomposant. Simplifiez-vous la vie

Si tondre la pelouse vous épuise, envisagez de planter de l'herbe plutôt que du gazon qui demande beaucoup d'entretien. Certaines espèces d'herbe poussent facilement, n'ont besoin d'être tondues qu' 1 ou 2 fois par an, et consomment très peu d'eau.

Un bon arrosage

Vous savez qu'il est temps d'arroser votre pelouse lorsque vous voyez vos empreintes de pas à l'endroit que vous venez de traverser. Si l'herbe est en bonne santé et bien arrosée, elle doit se redresser immédiatement lorsque vous marchez dessus. N'arrosez jamais votre pelouse sous la chaleur, en plein après-midi. Arrosez-la le matin ou tard le soir, lorsque le taux d'évaporation est le plus faible.

Les outils de jardins

Egayez vos outils

Il est facile d'égarer les petits outils lorsque l'on travaille dans le jardin. Peignez les manches de vos outils de jardin avec des couleurs vives, jaune ou rose bonbon, par exemple. Vous les retrouverez ainsi plus facilement si vous les oubliez dans des herbes hautes ou des buissons. Cela vous évitera également de racheter des outils à chaque fois que vous les perdez.

Les roues de brouette

Pourquoi le pneu de votre brouette est-il toujours à plat ? Parce que la plupart du temps, les brouettes sont équipées de pneu sans chambre à air. Le pneu tient à la jante grâce à la pression de l'air insufflé. Malheureusement, si vous crevez le pneu en roulant sur un caillou ou en butant dans quelque chose, il se dégonflera très rapidement. Il est alors quasiment impossible de le regonfler chez soi avec une pompe à vélo. La solution ? Achetez une chambre à air dans un magasin de bricolage ou une jardinerie. Il existe des chambres à air conçues spécialement pour les roues de brouettes. Gonflez-la correctement et elle durera certainement plus longtemps que la brouette.

Huilez vos cisailles

Avant de commencer la taille, vaporisez un peu d'huile végétale sur les lames de votre cisaille ou de votre sécateur. Vous pourrez ainsi nettoyer la sève sans effort après avoir taillé.

Une protection contre les infections

Comme les humains, les plantes peuvent attraper des infections qui les rendent malades. Il est très facile de propager les maladies d'une plante à l'autre lorsque vous les taillez avec le même sécateur. Nettoyez régulièrement les lames avec une solution composée de 10 volumes d'eau pour 1 volume de Javel, afin d'éviter de propager les maladies.

Un bac à sable antirouille

Les truelles et autres petits outils de jardin s'abîment et rouillent facilement lorsqu'ils sont beaucoup utilisés. Voici comment éviter ce problème. Remplissez un petit seau avec du sable et environ 25 cl d'huile de moteur. Chaque fois que vous utilisez vos outils, nettoyez-les puis piquez-les dans le sable. En stockant les outils de cette façon, ils dureront beaucoup plus longtemps.

Des tuteurs plus souples

Attachez les plantes fragiles de votre jardin avec des câbles recouverts d'une gaine en plastique, comme du fil de téléphone. Celui-ci ne se détériorera pas comme de la ficelle ou du tissu, et sera plus doux pour la tige des plantes.

Les bandes de cassettes audio peuvent constituer une attache encore plus douce et plus élastique. Pensez donc à recycler vos vieilles cassettes pour jardiner.

Pour tuteurer vos plants de tomates ou autres plantes grimpantes sans les abîmer, coupez les jambes d'une vieille paire de collants et attachez-les avec. La matière élastique va se détendre à mesure que la plante pousse et se charge de fruits ou de fleurs.

Passez un savon

Enlever la terre sous ses ongles est une tâche pour laquelle il n'existe pas vraiment d'outil idéal. Alors, comment l'éviter ? Grattez vos ongles sur une savonnette molle avant d'aller jardiner. Le savon empêchera la saleté de se glisser sous vos ongles et personne ne devinera que vous venez de bêcher votre jardin.

Les Animaux domestiques

Les compagnons d'une vie

Choisissez le bon chiot

Lorsque vous choisissez un chiot comme animal de compagnie, emmenez-le dans un endroit calme et posez-le sur le sol. Le chiot sera probablement paralysé par la peur au départ, ce qui est parfaitement normal. Mais rapidement, il devrait commencer à explorer les lieux et à se montrer affectueux. Si l'animal ne bouge pas de son endroit d'origine ou essaye de se sauver et de se cacher, observez-le. Après l'avoir caressé gentiment, levez-vous et marchez dans la pièce. Un chien affectueux vous suivra. Si le chien s'en va lorsque vous le caressez ou n'est gentil qu'une seconde, c'est qu'il est trop sauvage.

Choisissez un lapin

Un lapin est un animal domestique agréable s'il est en bonne santé et bien soigné. Suivez ces conseils pour choisir un lapin que vous pourrez garder le plus longtemps possible :

- Assurez-vous que le lapin est vif et actif. Il doit s'approcher de l'avant de la cage lorsque vous ouvrez la porte.

- Méfiez-vous d'un regard apathique. Le lapin doit avoir l'œil vif et la truffe sèche. Le poil des pattes avant doit être lisse (le contraire indique que le lapin est enrhumé).
- Les crottes du lapin doivent être rondes et dures. Si ce n'est pas le cas, le lapin souffre probablement de problèmes intestinaux.
- Les oreilles du lapin doivent être propres.
- Caressez la fourrure à rebrousse-poil. Le poil doit se remettre immédiatement dans sa position d'origine.
- Examinez les dents du lapin. Les incisives supérieures doivent légèrement recouvrir les incisives inférieures. Si les incisives sont trop couvrantes, le lapin aura du mal à manger.

Des jeux créatifs

Avec quels objets intéressants et amusants votre chiot occupe-t-il son temps ? C'est grâce à cela que vous trouverez un jouet bon marché pour votre animal joueur.

Aime-t-il mâcher ou transporter des os ? Dans ce cas, essayez de lui trouver en échange un morceau de tuyau rigide, en plastique, dans un magasin de bricolage.

Est-ce que son jeu préféré est de tirer sur une corde ? Achetez alors une courroie en caoutchouc dans un magasin de bricolage. Ces substituts dureront certainement plus longtemps que les jouets onéreux, achetés dans les animaleries.

Pour un chat, les possibilités de jouets sont infinies. Une capsule de bouteille, une boîte en carton, une paille, un bouchon en plastique (fermant les bouteilles de lait ou d'eau), une balle de ping-pong ou de tennis en sont quelques exemples.

Un jouet amusant à faire soi-même est une boîte à chaussures avec une balle de golf à l'intérieur. Fixez le couvercle avec du ruban adhésif et percez des trous dans le couvercle et les côtés de la boîte, suffisamment larges pour que le chat puisse y glisser une patte mais pas assez pour que la balle puisse sortir. Ce jouet permettra de divertir votre chat pendant des heures.

Câlins canins

Pour faire un petit plaisir à votre chien, achetez-lui des jouets en peluche dans un vide-greniers. Vous pourrez probablement offrir un jouet à votre toutou pour seulement 0,25 ou 0,50 €, une somme modique par rapport aux peluches vendues dans les animaleries. Une tache ou un trou ne gênera pas votre chien. Recherchez simplement les jouets qui sont solides et ne contiennent pas de pièces qu'il pourrait avaler.

Les reptiles

Vous avez peut-être choisi un iguane ou un serpent comme animal de compagnie, mais n'oubliez pas que les reptiles sont porteurs de Salmonella, les bactéries responsables des intoxications alimentaires. Pour vous protéger, ainsi que toute votre famille, veillez à bien vous laver les mains après avoir touché votre animal ou nettoyé sa cage, et ne le laissez pas entrer dans la cuisine.

Les problèmes

Halte aux bêtises !

Pour empêcher un chien de faire des bêtises, placez quelques pièces de monnaie ou quelques cailloux dans une boîte en aluminium. Lorsque le chien fait une bêtise, agitez la boîte. Le bruit l'arrêtera net, et l'empêchera peut-être de recommencer.

Une poubelle dissuasive

Si vous avez des problèmes avec votre chien car il fouille constamment dans la poubelle, placez-y un sac en plastique ou en papier. Mélangez de la moutarde, du Tabasco® et du vinaigre. Etalez généreusement le mélange à l'intérieur du sac. Si le chien lèche le mélange ne serait-ce qu'une seule fois, il restera à l'écart de la poubelle toute sa vie.

Un geste pour l'environnement

Avis aux propriétaires de chiens : utilisez des sacs en plastique pour ramasser les crottes de votre toutou ! Prenez-en 1 ou 2 avec vous lorsque vous emmenez promener votre chien. Placez le sac autour de votre main et ramassez les déjections. Puis, retournez le sac, nouez-le et jetez-le à la poubelle.

Stop aux aboiements

Si votre chien aboie constamment, voici un moyen de garder votre sang froid (et vos voisins !). Versez quelques gouttes de citron pressé dans sa gueule et dites-lui " chut ".

Le vinaigre à la rescousse

L'odeur d'urine d'animaux sur un sol en ciment ou en béton est parfois très tenace. Après avoir grondé Pollux, il vous suffit, pour résoudre le problème, de mélanger une dose égale d'eau et de vinaigre blanc et de mouiller le sol avec cette solution.

Le vinaigre permet également de faire disparaître l'urine sur la moquette et les tapis. Suivez cette procédure en 3 étapes :

- Absorbez le plus de liquide possible en posant des feuilles de papier journal à l'endroit de la tache et marchez dessus, afin que le papier soit totalement imbibé (tamponnez légèrement, ne frottez pas).

Répétez l'opération jusqu'à ce que les feuilles de papier soient pratiquement sèches.

- Vaporisez ou aspergez généreusement du vinaigre, pur ou dilué, et épongez-le en utilisant la technique précédente.
- Si ce nettoyage n'est pas suffisant, utilisez une solution de produit vaisselle et d'eau, ou un nettoyant à moquettes du commerce. Ce traitement devrait permettre d'enlever l'effluve d'urine, afin que l'animal ne soit pas tenté de retourner au même endroit qu'il a ainsi marqué de son odeur.

Les risques des attaques de chat

Si vous sentez des ganglions au niveau de votre cou, de vos aisselles ou de l'aine, essayez de vous souvenir si vous avez été griffé par un chat dernièrement. Vous souffrez peut-être de la maladie des griffes du chat, inoculée par les germes présents sur les griffes, et qui provoque un gonflement des ganglions lymphatiques.

Cette maladie touche plus souvent les enfants que les adultes. Elle disparaît généralement au bout d' 1 semaine ou 2, sans traitement, mais consultez votre médecin en cas d'hypertrophie des ganglions.

Les morsures de chats ne sont peut-être pas aussi douloureuses que les morsures de chiens, mais elles restent quand même dangereuses. Si vous vous faites mordre par un chat, consultez un médecin le plus tôt possible. Les morsures de chats sont plus à risque d'infection que celles des chiens.

Un grattoir pour chats

Si votre chat vit à l'intérieur et vous rend fou parce qu'il fait ses griffes sur vos tissus, vous pouvez confectionner un grattoir à partir d'objets de récupération. En utilisant des chutes de bois, faites une base carrée (assurez-vous que le bois n'est pas recouvert de substances chimiques qui pourraient être dangereuses pour votre chat). Utilisez une plaque de bois longue et épaisse à l'endroit où le chat va réellement faire ses griffes. Le poteau doit être légèrement plus grand que le chat lorsqu'il se tient débout sur ses pattes arrières, pour qu'il puisse s'étirer en faisant ses griffes. Assurez-vous également qu'il soit suffisamment solide pour ne pas se renverser. S'il basculait, vous seriez sûr que votre chat ne reviendrait jamais faire ses griffes dessus. Pour plus de maintien, vous pouvez fixer le poteau au sol ou au mur.

Si vous voulez quelque chose d'un peu plus élaboré, vous pouvez ajouter des étagères afin que le chat puisse dormir dessus. Enroulez de la moquette ou du sisal autour du poteau, pour que le chat y fasse ses griffes. Un vieux blue-jean peut également faire l'affaire. En une heure environ, vous aurez un bon grattoir solide qui durera des années. Il ne basculera pas comme certains modèles en vente dans les magasins discount, que la plupart des chats dédaignent de toutes façons, et ne vous ruinera pas comme les modèles plus luxueux.

Le chocolat

Si vous raffolez de chocolat, faites attention à ce que vos animaux domestiques ne découvrent pas votre réserve. Le chocolat peut, en effet, être toxique pour eux.

Faites descendre un chat perché dans un arbre

Vous cherchez à faire descendre d'un arbre un chat apeuré ? Avant de vous affoler et d'appeler les pompiers, attendez un peu que le chat se calme. La plupart des chats finissent par redescendre d'eux-mêmes.

Vous pouvez néanmoins le faire descendre un peu plus rapidement en ouvrant une boîte de son aliment préféré (ou mieux, une boîte de thon) que vous placerez en bas de l'arbre.

Les soins

Des remèdes naturels contre les puces

Préparez une citronnade pour vous débarrasser des puces de vos animaux de compagnie.

Coupez un citron en tranches et plongez-les dans 1/2 litre d'eau presque bouillante. Laissez reposer toute une nuit. Le lendemain matin, appliquez la solution sur la peau de l'animal avec un chiffon doux. Répétez l'opération tous les jours, selon la sévérité de l'infestation (n'utilisez pas ce mélange si l'animal s'est irrité ou blessé la peau à force de trop se gratter).

Essayez de shampouiner votre chien avec du savon naturel. Le savon de Marseille au lait d'amandes permet à la peau de votre animal de rester souple et douce. Il permettrait même de repousser les puces.

Confectionnez vous-même un piège à puces sans danger pour l'environnement. Installez une lampe équipée d'une ampoule de 15 watts maximum, de façon à ce qu'elle brille toute une nuit sur une poêle de couleur claire remplie d'eau, posée sur le sol. Ajoutez une cuillerée à soupe de liquide vaisselle. Les puces vont sauter ou tomber dans l'eau et s'y noyer. Laissez la poêle en place jusqu'à ce que vous ne trouviez plus de puces mortes au matin, puis changez-la de pièce. Répétez jusqu'à ce que toutes les puces aient disparu.

De l'eau bien fraîche

En été, aidez votre animal à mieux supporter la chaleur, en plaçant quelques glaçons dans son écuelle d'eau le matin. Les cubes vont fondre progressivement et l'eau de votre animal restera ainsi fraîche tout au long de la journée.

Un remède à l'huile

Si votre chat se gratte ou se frotte beaucoup les oreilles, c'est qu'il souffre peut-être de la gale des oreilles. Voici un excellent remède naturel contre la gale des oreilles des chats et des chiens : l'huile minérale. Appliquez-en à l'aide d'un compte-gouttes ou d'un coton bien imbibé. Massez doucement l'ouverture de l'oreille avec la partie externe de l'oreille pour faire descendre l'huile dans le conduit auditif. Répétez l'opération tous les 4 ou 5 jours, pendant quelques semaines, pour tuer les parasites nouvellement éclos.

Attention danger

Ne laissez jamais votre chien dans une voiture, même avec les fenêtres ouvertes. En été, la température à l'intérieur d'une voiture stationnée à l'ombre peut atteindre 40°C en quelques minutes seulement.

La prise des médicaments

Il n'est pas toujours facile de donner des médicaments à un chat proprement, sans se faire griffer ou mordre. Pour simplifier un peu la chose, essayez d'imprégner de la mie de pain avec un médicament liquide ou d'enrober un cachet dans du beurre.

Vous pensez peut-être qu'un médicament qui vous fait du bien ne peut pas faire de mal à votre animal. Détrompez-vous ! Certains antalgiques délivrés sans ordonnance, comme le paracétamol ou l'ibuprofène, peuvent être mortels pour les chiens ou les chats. Ne donnez jamais de médicament à un animal sans avoir consulté un vétérinaire.

Une alimentation sèche et croquante

En matière d'alimentation pour chiens, les croquettes sont souvent la meilleure solution. C'est ce qui revient le moins cher, ce qui est le plus facile à stocker et le plus simple pour nourrir votre chien. De plus, si vous devez ramasser les crottes de votre chien, les croquettes ont l'avantage de rendre les selles plus dures, et donc plus faciles à ramasser. La nourriture en conserve provoque normalement des selles molles, beaucoup moins évidentes à nettoyer.

La bataille du bol d'eau

Votre chien renverse-t-il constamment sa gamelle d'eau dehors avant de vous lancer des regards pleins de reproches lorsque vous rentrez à la maison pour vous faire comprendre qu'il a soif ? Essayez d'utiliser un moule à savarin comme écuelle. Plantez un piquet dans le sol à travers le trou central du moule, et ses efforts pour le renverser resteront vains.

Un toilettage maison

Faites des économies en utilisant une brosse à cheveux avec des pointes en caoutchouc, pour brosser votre chat. Vous verrez qu'elles sont plus efficaces que les modèles onéreux pour chats.

Si le brossage est une corvée, essayez cette technique inhabituelle. Passez l'aspirateur sur votre animal pour récolter les poils et les squames de peau avant qu'ils n'atterrissent sur le sol. Utilisez le suceur ou la petite brosse ronde et faites attention de ne pas aspirer trop près de la tête du chien. Cette technique ne pourra pas être utilisée avec tous les chiens, mais certains adorent ça !

Adoucissez la peau sèche et irritée de votre chien avec un savon doux, 100 % végétal (savon de Marseille, par exemple).

La litière

Utilisez-vous du papier journal comme litière à chat bon marché ? Ce n'est pas une bonne idée si vous avez des chatons à la maison. Le papier journal peut contenir des encres qui sont toxiques pour les petits animaux. De plus, l'encre risque de déteindre sur les coussinets de votre chat, qui salira donc vos moquettes. Si vous avez ce problème, mieux vaut utiliser de la litière normale.

Luttez contre les boules de poils

Les boules de poils sont ennuyeuses pour votre chat et vous compliquent la vie lorsque vous devez en nettoyer les conséquences.

Pour que les boules de poils ne se forment pas dans son estomac, ajoutez une cuillerée à café de graisse de bacon ou d'huile végétale à sa nourriture, une fois par jour.

Les sans-abri

Faites stériliser ou castrer vos animaux domestiques ! Les refuges sont remplis d'animaux abandonnés, qui doivent être piqués faute de pouvoir être adoptés. Et les bâtards ne sont pas les seuls à se faire euthanasier. Environ 1/3 des chiens piqués sont des chiens de race. Si vous aimez vraiment les animaux, vous devez prendre cette précaution pour réduire le nombre de sans-abri.

Les Voyages et les Loisirs

Voyagez à moindre coût

Méfiez-vous des bonnes affaires

Evitez de tomber dans les arnaques. Surveillez les signaux d'alerte lorsque quelqu'un vous offre des vacances gratuites ou à bas prix :

- Un prix trop beau pour être vrai. Effectivement.
- Pression pour prendre la décision le plus vite possible.
- La demande du numéro de votre carte de crédit.
- Noms des hôtels, de la compagnie aérienne ou autres services non précisés ou vagues.

Carte de crédit : une sonnette d'alarme

Autre arnaque à éviter : si quelqu'un vous propose, par mail ou par téléphone, un voyage très avantageux, méfiez-vous. Prenez le temps de vous renseigner, de comparer les prix. Ne faites pas un achat d'impulsion sous prétexte d'une remise très avantageuse. D'autant que les

" arnaques " par téléphone ou par Internet sont assez fréquentes. D'une façon générale, ne communiquez jamais votre numéro de carte bancaire à un inconnu par téléphone.

N'achetez pas vos billets trop à l'avance

Etre le premier sur le coup permet parfois de faire de bonnes affaires mais, pour les billets d'avion, ce n'est pas en achetant son billet très longtemps à l'avance qu'on obtient forcément la place la moins chère. Les prix des compagnies aériennes varient en fonction de l'offre et de la demande. Il peut donc arriver que les billets soient soldés alors que vous avez déjà pris votre réservation. C'est pourquoi il est important de demander si vous avez la possibilité de re-réserver votre billet plus tard, au cas où les prix chuteraient. Il est parfois possible de faire une autre réservation, même si la place est soumise à des conditions de vente particulières (quotas, remises, etc.). Vous paierez certainement une somme pour refaire la réservation, mais vous pouvez économiser le double en achetant un billet soldé.

Surréservation ou retard important

Connaissez vos droits au cas où l'on ne vous autorise pas à monter à bord pour cause de surréservation. Vous pouvez obtenir une indemnisation forfaitaire allant jusqu'à 600 €. En cas de retard important à l'arrivée (3 h 00 ou plus), une prise en charge par la compagnie est également possible.

Choisissez le meilleur siège

Ne pensez pas qu'il soit nécessaire d'acheter un billet de première classe pour avoir de bons sièges dans un avion. Lors de votre embarquement, demandez le siège que vous préférez. En général, les sièges du premier rang ou ceux situés près des issues de secours sont plus confortables car ils offrent plus de place pour les jambes. Une place couloir vous permet également d'allonger un peu vos jambes, mais une place près des hublots peut être plus sûre car plus éloignée en cas de danger survenant dans les allées.

Demandez une carte d'embarquement qui bloque votre place. Si vous ne réussissez pas à obtenir la place que vous voulez lorsque vous achetez le billet, faites enregistrer vos bagages le plus tôt possible et demandez à être placé sur une liste d'attente pour avoir un meilleur siège. Une fois dans l'avion, comptez les rangées entre votre siège et les issues de secours afin de pouvoir retrouver votre chemin à tâtons en cas d'urgence.

Carte de retrait : ne voyagez pas sans

Les cartes bancaires sont votre meilleur atout en matière de change car elles vous permettent d'éviter les frais de commission que vous devez généralement payer dans les bureaux de change, plus le pourcentage pour l'achat des chèques de voyage. Les bureaux de change affichent souvent un taux de change intéressant, mais compensent en prélevant des commissions souvent importantes.

Vous pouvez trouver des distributeurs de billets dans presque tous les pays du monde aujourd'hui. Ils vous mettront directement en relation avec votre compte bancaire afin que vous puissiez retirer les espèces dont vous avez besoin, sans payer de taux de change exorbitants. Pensez toutefois à emporter quelques chèques de voyage avec vous au cas où vous ne trouveriez pas de distributeur à l'endroit même où vous avez besoin d'argent.

Prenez le prochain vol

Saviez-vous que si votre vol est retardé ou annulé, la compagnie est dans l'obligation de vous trouver un autre vol, sur l'un de ses avions ou sur une autre compagnie ? Toutes les compagnies aériennes ne le proposent pas systématiquement, il faut parfois le demander. Si la compagnie refuse, demandez à consulter ses " conditions de transport ". La compagnie doit pouvoir vous prouver qu'elle n'a pas d'obligation de vous mettre sur un autre vol.

Des clubs pour voyager moins cher

Réduisez le coût de votre voyage en devenant membre d'un " Travel Club ". Même si vous ne voyagez qu'occasionnellement, ces clubs peuvent vous faire réaliser des économies sur votre voyage. Certains clubs proposent uniquement des réductions dans les hôtels, mais d'autres incluent même des réductions sur le prix du transport. Les frais d'adhésion sont variables et chaque club propose quelque chose de différent.

Pour trouver le club qui soit le plus avantageux pour vous, essayez de savoir s'il propose des offres sur vos destinations de vacances préférées.

Adhérez au programme de voyageurs fréquents de la compagnie aérienne lorsque vous réservez votre billet. Cela vous permettra non seulement de gagner des miles gratuits, mais vous évitera bien souvent de vous faire refuser l'embarquement.

Réservez votre week-end

Le meilleur moment pour appeler les compagnies aériennes est le soir ou le week-end. Les agents de réservation sont moins occupés et peuvent donc vous accorder plus de temps et un meilleur service.

Prenez vos précautions avant de partir

Avant de partir en vacances, surtout si vous partez pour une longue durée, assurez-vous que vous connaissez les conditions requises par votre assureur pour protéger votre maison en votre absence. Certaines compagnies d'assurance vous demandent de prendre quelques précautions si vous partez pendant longtemps, comme couper l'eau ou demander à un voisin de passer de temps en temps, par exemple. Certaines peuvent refuser de payer les réclamations en cas de dommages pour vandalisme si vous partez longtemps.

Une question qui paie

Vous savez rechercher les bonnes affaires pour les billets d'avion ou les locations de voiture, mais savez-vous que vous pouvez faire la même chose pour les hôtels ? En plus de comparer le prix des nuits d'hôtels, demandez-leur s'ils font des réductions. La plupart des hôtels en font, mais ils ne vous le signaleront ou ne consentiront une réduction que si vous le demandez.

La sécurité en voyage

Les voyages en avion

L'avion est l'un des moyens de transport les plus sûrs. Pour qu'il le soit encore plus, suivez ces conseils :

- Une fois à bord, repérez l'issue de secours la plus proche et comptez le nombre de rangées de sièges qui vous en séparent. En cas d'urgence, les lumières peuvent s'éteindre et vous pouvez être obligé de trouver votre chemin à tâtons.
- Ecoutez attentivement les consignes de sécurité expliquées avant le décollage, même si vous les avez déjà entendues de nombreuses fois.
- Gardez votre ceinture attachée jusqu'à ce qu'on vous autorise à la détacher.
- En cas de problème et qu'il faille évacuer l'avion, n'essayez pas d'emporter vos bagages à main avec vous. Vos bagages sont remplaçables, pas vous.

Passeport pour des vacances réussies

Lorsque vous voyagez avec un passeport, veillez à le laisser en sécurité, que ce soit sur vous ou dans le coffre-fort de l'hôtel. Vous pouvez en avoir besoin pour prendre votre chambre d'hôtel, retirer votre courrier ou vous rendre dans les consulats ou les ambassades. Tous les passeports de votre groupe ne doivent pas être entre les mains d'une seule et même personne. Si vous perdez votre passeport à l'étranger, attendez-vous à un délai assez important avant d'en obtenir un nouveau, le temps qu'ils contrôlent votre identité.

Déjouez les plans des pickpockets

Les femmes doivent porter un sac à main qui puisse se glisser sous le bras. Enfilez votre bras dans la lanière et tenez le sac près du corps.

Les hommes doivent mettre leur portefeuille dans la poche avant de leur pantalon ou mettre leur argent dans des ceintures porte-billets. Entourez le portefeuille avec un élastique pour que le pickpocket ait plus de mal à le faire glisser de votre poche.

Laissez votre charité à la maison

En voyage, surtout à l'étranger, méfiez-vous de certains mendiants. Ils font peut-être pitié et mal au cœur à voir, mais ils peuvent aussi essayer de vous voler. Les touristes sont pour les gens malhonnêtes des "proies" faciles.

Le change

Lorsque vous voyagez à l'étranger, changez un peu d'argent avant de partir. Les malfaiteurs recherchent souvent les personnes qui changent de grosses sommes d'argent dans les banques ou les bureaux de change de l'aéroport.

N'oubliez pas de tenir des comptes précis de toutes vos dépenses payées par carte de crédit à l'étranger. Vous pouvez facilement dépasser votre budget et vous exposer à de sérieux problèmes. Dressez la liste des numéros de vos différentes cartes de crédit et des instructions pour faire opposition en cas de vol, et gardez-les en lieu sûr pendant votre séjour.

Que faire en cas de perte ou vol d'argent ?

Que faire lorsque vous voyagez à l'étranger et que vous perdez tout votre argent ? Réponse : vous faire transférer ou virer de l'argent à partir de votre banque, depuis votre pays d'origine. Gardez donc toujours le numéro de téléphone de votre banque avec vous lorsque vous voyagez. Si vous vous retrouvez sans argent et que vous n'avez aucune banque vers laquelle vous tourner, trouvez l'ambassade ou le consulat de France le plus proche et arrangez-vous pour qu'un membre de votre famille ou un ami vous envoie de l'argent.

En voyage à l'étranger, ne retirez jamais une grosse somme en espèces. Demandez plutôt des chèques de voyage. En cas de problème, gardez la liste des numéros de série des chèques et de leur dénomination, ainsi que la date, le nom et l'adresse de la banque où vous les avez retirés. Gardez cette liste dans le coffre-fort d'un hôtel ou autre lieu sûr. Vous pourrez ainsi vous les faire remplacer rapidement et facilement.

La prévention du paludisme et autres maladies

Vous prévoyez de passer vos vacances dans des contrées exotiques ? Contactez l'Institut Pasteur au moins 6 semaines avant votre départ pour demander des renseignements sanitaires sur le pays que vous avez l'intention de visiter (01.45.68.80.00 ou www.pasteur.fr).

Les voyages en altitude peuvent provoquer le mal de montagne chez les personnes qui sont habituées à vivre au niveau de la mer. Les symptômes sont : maux de tête, essoufflement et nausées.

Pour éviter le mal des montagnes, préparez-vous avant le départ en passant une journée dans un lieu en altitude (même moins élevée que le lieu où vous allez) et buvez beaucoup de liquides, surtout de l'eau.

Sans glaçon, merci

Lorsque vous voyagez loin de chez vous, protégez-vous contre la " revanche de Montezuma ", à savoir la turista. Ne buvez que des boissons en bouteilles, ne mangez que des aliments bien cuits et des fruits épluchés.

Si vous avez accès à une cuisinière, faites bouillir l'eau pendant 3 à 5 minutes pour tuer tous les microbes. Une source de contamination que beaucoup de personnes négligent sont les glaçons. En mettant des glaçons faits avec de l'eau du robinet locale dans votre eau minérale, vous annulerez tous vos efforts pour protéger votre estomac.

L'art du marchandage

Faire une bonne affaire sur un marché est l'un des attraits principaux des voyages à l'étranger. Rapporter chez soi une boîte à bijoux en jade du Tibet ou une peinture de Madrid peut être un triomphe, surtout quand vous ne les avez pas payés cher. Voici quelques conseils pour savoir encore mieux marchander :

- Ne dites jamais à quel point vous aimez ou voulez cet objet. Faites plutôt remarquer ses défauts, dites que vous voulez faire un tour parce que vous croyez l'avoir vu moins cher ailleurs ou que vous voulez réfléchir.
- Si le marchand n'est pas d'accord avec le prix que vous lui proposez, demandez-lui d'ajouter un autre objet en plus.
- Emportez des petites coupures pour payer vos achats et vérifiez bien votre monnaie.

Protégez votre vue

S'il est recommandé de ne pas boire l'eau lorsque l'on voyage à l'étranger, vous ne voudrez certainement pas y plonger vos lentilles de contact. Les polluants présents dans l'eau peuvent provoquer des infections oculaires. Veillez à emporter une solution stérile pour nettoyer vos lentilles lorsque vous voyagez.

Exemple à suivre

Retenez bien cette règle pour faire des économies lorsque vous voyagez à l'étranger : faites comme les locaux, surtout lorsqu'il s'agit des repas.

Vous pouvez économiser beaucoup d'argent en suivant l'exemple des autochtones, c'est-à-dire en prenant vos repas aux mêmes heures et dans les mêmes restaurants qu'eux. Vous mangerez tout aussi bien et dépenserez moins.

Sur la route

Choisissez la bonne assurance

Lorsque vous louez une voiture, n'oubliez pas que les compléments que vous prenez en option, en cas de collision ou de perte du véhicule, ne sont pas des assurances. Ils ne servent qu'à vous dégager de toute responsabilité si le véhicule est endommagé ou volé pendant la durée de la location. Vérifiez auprès de votre assureur que vous, vos passagers et vos bagages sont couverts par vos polices d'assurance avant de prendre une assurance auprès de la société de location de voitures. Si vous décidez de ne pas prendre les options, sachez qu'en cas de problème, vous devrez probablement payer la franchise de votre assurance normale ainsi que tous les frais supplémentaires facturés par la société de location.

Vous aimeriez louer une Cadillac® ?

Votre assurance habitation et votre assurance voiture régulière peuvent fixer des limites sur le type de véhicule loué qui peut être couvert. Contactez votre compagnie d'assurance avant de choisir un véhicule particulier.

Faites le plein

Vérifiez si vous devez faire le plein d'essence avant de rendre le véhicule. Méfiez-vous des sociétés de locations qui proposent ce service, elles peuvent vous facturer des frais au litre. Vous économiserez certainement de l'argent en faisant le plein vous-même.

La sécurité sur la route

Lorsque vous voyagez en voiture, assurez-vous que vous emportez les objets suivants pour votre confort et votre sécurité. Dans la boîte à gants, rangez vos cartes, le manuel de l'utilisateur, le carnet d'entretien/réparations, une copie de votre carte grise et de votre assurance, un couteau de poche et des lunettes de soleil. Dans le coffre, assurez-vous que vous avez un cric, une roue de secours, des câbles de démarrage, une trousse de premier secours, un extincteur, des gants pour travaux et un kit de sécurité.

Pique-niquez en cours de route

Un nécessaire à pique-nique peut s'avérer utile lors de longs trajets en voiture. Dans un petit sac ou un panier à pique-nique, rangez des assiettes en carton, des couverts en plastique, un ouvre-boîte, un décapsuleur, du sel et du poivre, des lingettes imprégnées, des serviettes en papier ou un rouleau d'essuie-tout et quelques sacs en plastique pour la poubelle. Grâce à ce nécessaire, vous pouvez vous arrêter n'importe quand et faire un festin lorsque vous croisez un magasin de spécialités régionales ou des étals de fruits que vous ne pouvez pas vous empêcher de goûter.

C'est quand qu'on arrive ?

Lorsque vous voyagez avec des enfants, emportez-leur quelques occupations pour leur faire passer le temps. Des feutres, des crayons de couleur et des feuilles de papier réjouiront les artistes en herbe. Encouragez-les à dessiner les choses qu'ils voient pendant le trajet.

Les cartes à jouer peuvent également faire plaisir à certains enfants. Emportez un jeu de société qui leur servira en même temps de table pour jouer aux cartes. Emportez également les figurines ou les poupées préférées de vos enfants. La pâte à modeler peut également les occuper pendant des heures.

Les bagages

Des astuces pour faire vos valises

Lorsque vous voyagez en voiture, laissez vos vêtements sur des cintres et enveloppez-les dans un grand sac poubelle en plastique. Posez-les à plat dans le coffre. Cela permet de défaire les bagages plus facilement et de prendre moins de place dans le coffre.

Si vous repassez vos vêtements avant de les mettre dans la valise, ils seront plus plats et vous laisseront donc plus de place pour ranger d'autres choses.

Fermez les boutons-pression, boutonnez les boutons et remontez les fermetures Eclair® de tous les vêtements avant de les mettre dans la valise. Cela leur permettra de mieux garder leur forme.

Une trousse de toilette moins chargée

Vous savez certainement que vous pouvez gagner de la place sur les produits de toilette volumineux, comme le shampooing, le démêlant et le lait corporel, en transvidant leur contenu dans un récipient plus petit.

Voici peut-être une petite astuce que vous ne connaissiez pas : une fois le contenu transvidé, faites sortir un peu d'air de chaque petite bouteille et refermez le bouchon. Cela permet de créer un vide qui évite que le produit se renverse et fuit.

La valise de vos enfants

Lorsque vous envoyez vos jeunes enfants en vacances, aidez-les à s'habiller plus facilement et plus rapidement en plaçant la tenue qu'ils doivent porter chaque jour, avec une paire de chaussettes et des sous-vêtements, dans différents sacs en plastique refermables. En leur évitant de décider ce qu'ils doivent porter et de chercher leurs affaires partout, s'habiller deviendra un jeu d'enfant. Demandez-leur de mettre leur linge sale dans le même sac. Cela enlèvera toute confusion quant à savoir ce qui est propre et ce qui est sale.

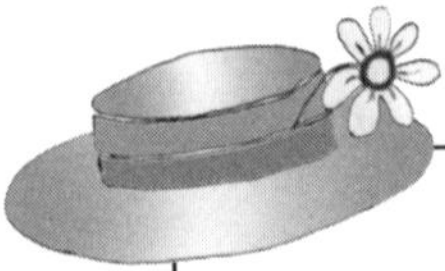

Secret d'antan

Ne jetez pas vos vieilles bouillottes. Elles peuvent faire d'excellents sacs de voyage pour les brosses à dents ou servir de tapis ronds à placer sous les plantes vertes.

Ladies Home Journal, vers 1920

Le problème de la perte des bagages

Pour réduire les risques de perte des bagages, observez attentivement les hôtesses lorsque vous faites enregistrer vos valises. Regardez si elles attachent bien la bonne étiquette d'acheminement. Si vous ne reconnaissez pas le code de votre aéroport de destination, posez-lui la question. Veillez également à retirer toutes les anciennes étiquettes avant que l'hôtesse ne colle les nouvelles. Cela permettra d'empêcher la confusion sur la destination.

Encore pire que de perdre ses bagages est de se les faire voler. Pour que vos bagages aient plus de chances d'arriver à destination, respectez les consignes suivantes :

- Evitez les bagages trop luxueux. Ils attirent les voleurs.
- Retirez vos bagages le plus tôt possible. Plus vous les laissez sur le tapis de retrait des bagages, plus vous risquez de vous les faire voler.
- Ne laissez jamais vos sacs sans surveillance. Les voleurs vont vite.

Si votre valise atterrit en Sibérie

Lorsque vous partez en vacances en famille, ne préparez pas une valise pour chaque membre de la famille. Mettez plutôt une tenue de rechange pour chacun dans chacune des valises. Ainsi, si une valise se perd, tout le monde aura quand même quelque chose à se mettre.

Etiquetez vos bagages

Inscrivez votre adresse et votre numéro de téléphone sur l'étiquette et ajoutez le numéro de quelqu'un facile à joindre. Utilisez une étiquette pliante avec un cache.

Placez une étiquette d'adresse à l'intérieur du bagage, au cas où l'étiquette extérieure se détacherait.

Précautions !

Ne mettez jamais vos médicaments ou votre paire de lunettes de rechange dans vos valises. Vous pouvez en avoir besoin en cas d'urgence. Vous serez plus tranquille en les laissant dans votre bagage à main.

La combinaison gagnante

Si chaque bagage est équipé d'une serrure à combinaison, définissez une combinaison différente pour chacun. Si votre valise comporte 2 serrures à combinaison, définissez un numéro différent sur chacun.

Pour renforcer la fermeture des valises, enroulez une bande de ruban adhésif avec des filaments de Nylon® autour de la valise pour éviter qu'elle ne s'ouvre accidentellement si elle est mal manipulée ou si elle tombe.

Les loisirs économiques

Les solutions gratis

Vous pouvez profiter de votre temps libre sans dépenser des fortunes. Commencez par dresser la liste des activités gratuites de votre quartier :

bibliothèques, parcs, activités de loisir proposées par la municipalité, musées ou concerts sponsorisés par la mairie de la ville.

La lecture en ligne

Vous aimeriez avoir un bon livre à lire mais vous n'aimez pas dépenser votre argent pour les acheter ou vous déplacer jusqu'à la bibliothèque. Si vous avez un ordinateur muni d'un accès à Internet, votre rêve peut devenir réalité. Il vous suffit de vous connecter au site *Livres pour tous* www.livrespourtous.com. Ce site, comme plusieurs autres, permet de lire de nombreux ouvrages classiques de la littérature française dans leur intégralité et gratuitement. Vous faites votre sélection par œuvre ou par auteur et vivez une expérience de lecture unique.

Les activités de plein air

L'entretien et le nettoyage des sacs de couchage

Pour que votre sac de couchage reste propre et dure plus longtemps, placez un drap plié à l'intérieur du sac lorsque vous y dormez, et posez-le sur un matelas de sol lorsque vous l'utilisez en extérieur. Lorsque vous faites du camping itinérant pendant vos voyages, c'est une bonne idée de suspendre le sac et de le laisser à l'air libre chaque jour. Vérifiez toujours que votre sac de couchage soit totalement sec avant de le plier pour le ranger.

La plupart des sacs de couchage peuvent être lavés et séchés en machine, mais vérifiez quand même l'étiquette pour vous assurer que vous pouvez le faire vous-même. Pour les sacs de couchage très volumineux, utilisez les machines à laver de très grande capacité que l'on trouve dans les laveries automatiques. Lavez-les à l'eau froide ou tiède et utilisez un cycle délicat.

Pour faire sécher un sac de couchage en duvet, placez quelques vieilles chaussures de tennis propres dans le sèche-linge avec le sac de couchage pour que le duvet garde du volume. Les sacs en duvet mettent du temps à sécher. Assurez-vous qu'ils soient complètement secs avant de les retirer du sèche-linge, au risque d'avoir des problèmes de moisissure.

Un signal d'alarme

Si vous avez des enfants en bas âge, les activités de plein air peuvent être une source de fascination, mais aussi de danger. Lorsque vous partez en randonnée ou en camping, attachez un petit sifflet à leurs vêtements, afin qu'ils puissent vous siffler s'ils sont séparés de vous.

Un déodorant double emploi

Vous adorez la randonnée mais redoutez de vous faire des ampoules aux pieds ? Essayez d'appliquer de l'anti-transpirant sur vos pieds pendant les quelques jours qui précèdent votre sortie. L'anti-transpirant assèche la peau, ce qui réduit le frottement de vos chaussures ou de vos bottes. Toutefois, les ingrédients qu'il contient peuvent aussi provoquer des irritations ; si vous constatez ces effets, arrêtez de l'utiliser.

Conseils pour partir à la découverte des oiseaux

Si vous voulez observer les oiseaux mais ne savez pas très bien par où commencer, munissez-vous tout d'abord d'un ou deux guides d'ornithologie afin de connaître le nom des oiseaux que vous observez. Vous pouvez les acheter ou les consulter dans une bibliothèque. Choisissez un livre avec des dessins colorés plutôt que des photos.

Les personnes qui pensent que l'appareil photo ne trahit jamais la réalité changeront d'avis après avoir eu une expérience sur le terrain. L'ombre et la lumière, les angles, les positions, l'âge de l'oiseau, la saison, l'environnement, tous ces éléments peuvent être déformés sur une photo mais pas sur une image bien dessinée. Les guides les plus pratiques sont ceux qui ont des illustrations en regard de la description, ainsi que des cartes géographiques pour savoir où ils vivent.

Petit, petit, petit

Vous voulez encourager un oiseau à approcher afin de pouvoir l'observer de plus près ? Apprenez à " pépier ". Les observateurs d'oiseaux expérimentés ont souvent recours à cette technique, qui consiste à siffler un air entre ses dents, de manière légèrement explosive, en faisant un " pshhwshhwshh " ou un léger bruit de " tchtt-tchtt-tchtt ". Ce son ressemble apparemment à un cri de réprimande ou de détresse. La plupart des oiseaux ne résistent pas à l'envie de venir voir ce qu'il se passe.

S'Occuper de Soi

Une belle peau

Un masque aux œufs

Vous pouvez confectionner un masque facial rapide et efficace avec un simple blanc d'œuf. Battez un blanc d'œuf jusqu'à ce qu'il devienne mousseux, puis appliquez-le directement sur une peau propre. Laissez sécher puis rincez. Ce masque raffermit la peau en séchant, comme un mini-lifting.

Une mayonnaise pour la peau

Essayez ce masque à la mayonnaise pour les peaux sèches. Utilisez uniquement de la mayonnaise élaborée avec des œufs entiers. Appliquez-la directement sur votre visage et laissez agir 20 minutes. Essuyez ensuite le surplus avec un mouchoir en papier, et rincez à l'eau froide.

Une lotion tonique au maïs

Vous avez besoin d'un soin du visage mais n'avez pas d'argent à dépenser ? Faites-le vous-même avec la recette suivante.

Mélangez de la farine de maïs avec de l'eau pour obtenir une pâte épaisse. Vous pouvez également utiliser des flocons d'avoine. Appliquez délicatement cette pâte sur votre visage avec vos doigts. Elle raffermira votre peau en séchant. Massez ensuite doucement la peau de votre visage pour décoller les peaux mortes et les points noirs. Rincez bien.

Des soins du visage à la pomme de terre

Pour gommer les petites éruptions de boutons et de points noirs, utilisez une rondelle de pomme de terre épluchée. Frottez-la doucement sur une peau fraîchement nettoyée.

Pour confectionner votre propre masque facial pour peau grasse, faites cuire une grosse pomme de terre, enlevez la peau et réduisez-la en purée. Ajoutez un blanc d'œuf, ½ cuillerée à café de jus de citron et 2 cuillerées à soupe de lait, pour former une pâte lisse. Etalez-la sur la peau en évitant le contour des yeux. Gardez le masque sur votre peau pendant 15 à 20 minutes, puis nettoyez votre visage à l'eau chaude.

La guerre des boutons

Essayez d'appliquer une petite pointe de dentifrice sur un bouton avant d'aller vous coucher. Cela permettra de l'assécher pendant la nuit afin qu'il soit moins visible le lendemain. Vous pouvez également essayer de tamponner un citron sur le bouton après avoir nettoyé votre visage. L'acide citrique permet également de sécher et de cicatriser rapidement les boutons.

Une sauce contre les callosités

Les coudes et les pieds secs sont faciles à traiter avec ce produit culinaire courant : la sauce salade (celle qui ressemble un peu à de la mayonnaise).

Avant de prendre votre bain, appliquez cette sauce sur les endroits rugueux de votre corps et massez bien. Continuez à bien imprégner la sauce, la peau sèche se décollera sans effort. Lavez ensuite la zone normalement.

Les secrets pour avoir la peau douce

Pour avoir la peau douce, essayez le secret de beauté de Cléopâtre :

Versez un litre de lait dans l'eau d'un bain chaud et plongez dans ce bain de détente pendant 15 minutes. Vous pouvez également essayer avec du lait en poudre (50 à 100 grammes). Vous vous sentirez comme une reine !

Si vous cherchez un moyen simple et naturel d'adoucir votre peau, ajoutez environ 25 grammes de bicarbonate de soude à l'eau de votre bain. Plongez dans cet océan de douceur.

Une lotion contre les poches sous les yeux

Si vous vous réveillez avec des poches sous les yeux, faites-les disparaître tout simplement en vous préparant une infusion. La seule condition est que cette infusion soit de la camomille et que vous l'appliquiez au lieu de la boire. Comment cela ? La camomille possède des propriétés calmantes naturelles qui diminuent temporairement le gonflement. Préparez une infusion glacée, plongez-y quelques compresses de gaze et appliquez-les sur vos yeux. Adieu les poches !

Les cheveux et les ongles

Un shampooing de secours

Essayez ceci la prochaine fois que vous serez à court de shampooing, vous économiserez en prime un peu d'argent. Lavez-vous les cheveux avec quelques gouttes de liquide vaisselle ordinaire.

Une lotion capillaire à la pomme

Si vos cheveux ont perdu de leur brillance naturelle, essayez de les rincer avec du vinaigre de cidre après chaque shampooing.

Diluez 15 cl de vinaigre de cidre dans 1/2 litre d'eau chaude, et versez ce mélange sur vos cheveux fraîchement lavés.

Pour enlever le résidu de mousse sur les cheveux après le shampooing, rincez-les avec une solution de vinaigre ordinaire. Mélangez simplement 25 cl d'eau et 4 cuillerées à café de vinaigre. Vos cheveux resteront propres et brillants.

Un démêlant pour cheveux secs

Vous ne croirez jamais à l'efficacité de ce masque pour cheveux secs avant de l'avoir essayé.

Avant de laver et même de mouiller vos cheveux, appliquez 1/2 tasse de mayonnaise sur vos cheveux et massez pour la faire pénétrer. Recouvrez votre tête avec un bonnet de douche ou un sac en plastique pour retenir la chaleur corporelle. Laissez agir pendant 15 minutes environ, puis rincez et lavez-vous soigneusement les cheveux.

Ce traitement peut, par contre, déboucler une permanente. Si vous êtes prête à perdre vos boucles, passez le peigne sur vos cheveux enduits de mayonnaise avant de faire votre shampooing.

Un soin pour avoir les cheveux soyeux

Pour obtenir une chevelure douce et resplendissante de santé, essayez ce traitement à base d'huile chaude.

Faites chauffer 6 cl d'huile végétale pure au four à micro-ondes dans un récipient non métallique (ou en la chauffant au bain-marie sur une tasse d'eau chaude). Appliquez-la en massant sur le cuir chevelu et toute la longueur de la chevelure. Enveloppez vos cheveux dans du plastique, laissez agir pendant environ 30 minutes, puis lavez-vous les cheveux normalement. Renouvelez ce soin toutes les 2 ou 3 semaines pour que vos cheveux restent doux et lisses.

Le démêlant californien

Voici un traitement rapide et nourrissant pour les cheveux secs et cassants.

Utilisez un avocat très mûr. Ecrasez-le bien et appliquez la pâte obtenue sur les cheveux secs, de la racine jusqu'aux pointes. Laissez ce masque sur les cheveux pendant 30 minutes, puis rincez-les et lavez-les normalement.

Une lotion antipelliculaire naturelle

Si vous faites pousser un aloe vera sur votre balcon, sachez que cette plante renferme une substance idéale pour combattre les pellicules.

Arrachez une branche de votre plante et cassez-la en deux pour en extraire une pulpe gélifiée. Appliquez cette pommade calmante sur votre cuir chevelu et laissez agir 5 minutes, avant de vous laver les cheveux avec un shampooing ordinaire. Vous pouvez également vous procurer du gel d'aloe vera dans les magasins d'alimentation diététique.

Pour les blondes uniquement

Voici une solution pour faire disparaître cette teinte verdâtre qui apparaît parfois avec le chlore des piscines.

Faites dissoudre un cachet d'aspirine dans un verre d'eau et versez-le sur vos cheveux, des racines vers les pointes. Massez les cheveux pour faire pénétrer le liquide, puis rincez.

Un gel capillaire bon marché

Faites dissoudre une cuillerée à café de gélatine dans 25 cl d'eau chaude. Vous obtiendrez instantanément une lotion pour modeler vos cheveux.

Un brillant à ongles

Frottez un peu de vinaigre sur vos ongles avant d'appliquer le vernis. Cela permettra de les nettoyer et de faire tenir le vernis plus longtemps.

Une technique pour faire sécher le vernis

Si vous en avez assez de rayer votre vernis à ongles fraîchement appliqué, voici une astuce pour le faire sécher plus rapidement.

Lorsque les ongles sont pratiquement secs, plongez vos mains dans un bol d'eau froide. Encore mieux, glissez-les dans le congélateur. Le froid va permettre de fixer le vernis et vous pourrez rapidement vaquer à vos occupations.

Une ouverture simplifiée

Avez-vous des problèmes pour ouvrir vos flacons de vernis à ongles ? La prochaine fois que vous achetez un nouveau vernis, appliquez de la Vaseline® à l'intérieur du bouchon et sur le pas de vis du flacon. Vous n'aurez plus jamais de problème avec les bouteilles qui collent.

Un vernis plus fluide

Si votre vernis à ongles est devenu pâteux, plongez-le tout simplement dans une casserole d'eau bouillante pour lui redonner sa texture fluide. Pour éviter ce problème, conservez vos flacons de vernis à ongles au réfrigérateur. Il restera lisse et prêt à l'emploi.

Des solutions économiques

Des sachets aromatiques pour le bain

Vous avez entendu parler de l'aromathérapie, et vous avez peut-être déjà acheté quelques-unes de ces huiles essentielles onéreuses pour mettre dans votre bain. Voici une recette qui vous permettra d'obtenir les mêmes effets pour 3 fois rien.

> Tenez 2 ou 3 sachets de tisane sous le robinet d'eau chaude lorsque vous faites couler votre bain, et ajoutez quelques rondelles d'orange. Vous aurez l'impression d'être dans un établissement thermal, sans avoir dépensé autant d'argent.

Un bain moussant économique

Pour remplacer le bain moussant, essayez de verser quelques gouttes de shampoing doux dans l'eau du bain. Pour plus de parfum, ajoutez un peu d'huile essentielle ou un extrait pour la pâtisserie, comme l'extrait de vanille ou d'amande.

Les surprises du bicarbonate de soude

En cas de panne de dentifrice, vous pouvez vous nettoyer les dents efficacement avec juste un peu de bicarbonate de soude. C'est aussi efficace et moins cher.

> Versez environ une cuillerée à soupe de sel et une cuillerée à soupe de bicarbonate de soude dans un petit récipient et agitez bien. Saupoudrez un peu de ce mélange sur une brosse à dents humide, et brossez-vous les dents normalement.

Vous en avez assez de payer aussi cher pour un déodorant ? Essayez d'appliquer les recettes suivantes sur vos aisselles propres et sèches.

> Mélangez 2 cuillerées à soupe de bicarbonate de soude avec la quantité d'eau suffisante pour obtenir une pâte. Des déodorants sophistiqués utilisent la même formule.
>
> Si vous aimez les déodorants en crème, mélangez 2 cuillerées à café de bicarbonate de soude, de Vaseline® et de talc. Faites chauffer au bain-marie, à feu doux, en mélangeant bien jusqu'à l'obtention d'une crème lisse. Conservez cette crème dans un petit récipient avec un couvercle hermétique.

Un baume contre les lèvres gercées

Vous pouvez avoir les lèvres gercées à n'importe quelle période de l'année. Il existe heureusement une solution simple pour y remédier. Appliquez une fine couche de Vaseline® et ajoutez quelques gouttes d'eau. La Vaseline® va permettre à l'eau de pénétrer dans les lèvres et de les apaiser. Vous pouvez appliquer le même traitement sur un visage desséché par le vent ou brûlé par le soleil.

Les fonds de tubes

Le rouge à lèvres coûte cher. Faites durer le vôtre plus longtemps en achetant un pinceau à lèvres pour récupérer les derniers morceaux au fond du tube. Pour nettoyer le pinceau si vous voulez l'utiliser pour appliquer une autre couleur, ajoutez un peu de Vaseline® ou d'huile minérale sur les poils et essuyez-les sur un mouchoir en papier.

Doux comme une peau de bébé

Si vous cherchez un démaquillant bon marché, vous le trouverez au rayon des couches pour bébé. Pensez aux lingettes pour le change. Elles sont imprégnées d'ingrédients apaisants qui nettoieront votre maquillage en un éclair.

Sur le fil du rasoir

Pour prolonger la durée des lames de rasoir, gardez un pot d'huile minérale dans la salle de bains et plongez-y la lame après chaque utilisation. L'huile empêche l'oxydation, ce qui évite les petites imperfections qui peuvent vous couper si vous réutilisez les lames pour vous raser.

Une nouvelle vie pour vos brosses

Les brosses à cheveux ont besoin d'être nettoyées en profondeur de temps en temps pour enlever la poussière, la saleté, sans parler des cheveux. Pour que vos brosses sentent bon et soient parfaitement propres, lavez-les avec une solution de bicarbonate de soude et d'eau chaude.

Aimeriez-vous avoir une brosse à dents propre et fraîche sans avoir à en racheter une ? Pourquoi ne pas la mettre au lave-vaisselle ? Cela peut paraître étrange, mais la température élevée et le produit qui tuent les bactéries sur votre vaisselle peuvent faire la même chose avec vos articles de toilette. Alors, pendant que vous y êtes, mettez vos brosses à ongles, vos loofas et autres éponges, et retrouvez-les comme neufs.

Une coupe dans le budget

Additionnez les frais de coiffeur dépensés chaque année pour toute la famille ; vous serez surpris de voir que cette somme est assez élevée. Pour le prix d'une bonne paire de ciseaux, en vente dans la plupart des supermarchés ou des grands magasins, vous pouvez économiser cet argent en coupant les cheveux de toute la famille.

Une vidéo ou un livre emprunté à la bibliothèque vous donneront des instructions détaillées sur la coupe des cheveux. Même si vous n'utilisez vos ciseaux que pour rafraîchir les cheveux entre deux coupes chez le coiffeur, vous aurez tout de même réduit de moitié votre budget coiffeur.

La Santé et les Premiers Soins

Une vie saine

Des idées juteuses

Les oranges ne servent pas seulement à obtenir de la vitamine C. Elles peuvent aussi atténuer les sautes d'humeur et redonner de l'énergie. Placez des zestes ou des pelures d'orange dans des petits carrés de mousseline. Repliez les bords et nouez-les avec un ruban ou un tortillon. Prenez une bouffée de cette odeur rafraîchissante en cas de baisse d'énergie.

Secret d'antan

Les pommes sont utiles en cas de dyspepsie nerveuse ; elles sont riches en substances nutritionnelles, médicinales et revitalisantes. Elles facilitent la digestion, éclaircissent la voix, corrigent l'acidité de l'estomac, soulagent les rhumatismes, l'insomnie et les troubles du foie. Une pomme contient autant d'éléments nutritionnels qu'une pomme de terre, sous une forme plus agréable et plus saine.

Household Hand Book, 1860

Une haleine fraîche

Si vous avez besoin de vous rafraîchir l'haleine rapidement, mangez quelque chose de sucré. Les sucres rapides et les glucides complexes, comme un morceau de pain, sont très efficaces.

Vous pouvez également essayer de boire du lait caillé ou de manger des yaourts avec des ferments actifs. Les lactobacilles contenus dans ces produits empêchent la prolifération des bactéries, responsables des mauvaises odeurs.

De la force dans les poignets

Vous vous demandez ce que vous pouvez bien faire de ces vieilles balles de tennis toutes ramollies ? Le Dr James D. Walter, de Philadelphie, recommande de les utiliser comme équipement sportif pour augmenter la force dans les mains et les avant-bras.

Si vous avez 3 balles, vous pouvez faire des fentes de différentes tailles pour créer des niveaux de résistances variables. Dans la première balle, faites une petite fente (3 cm environ). Ce sera votre balle la plus résistante. Dans la deuxième balle, faites une fente légèrement plus longue (5 cm environ). Enfin, coupez la troisième balle en deux. C'est celle qui offrira le moins de résistance des 3.

Pour augmenter votre force dans les poignets et les avant-bras, commencez par faire 10 pressions avec chaque main, en utilisant la balle la moins résistante. Passez au niveau supérieur lorsque cet exercice devient facile.

Une santé de fer

Si vous vous sentez à plat et fatigué ces temps-ci, observez la couleur de votre langue. Une langue pâle peut être le signe d'une anémie et indiquer que vous avez besoin de fer.

Une technique de relaxation

Vous êtes coincé dans les embouteillages et vous vous sentez stressé ? Essayez ce petit exercice de respiration. Posez une main sur votre ventre et inhalez lentement et profondément, tout en comptant de 1 à 4. Expirez en comptant à rebours, de 4 à 1. D'après le Dr Alice Domar, de l'hôpital Beth Israel Deaconess de Boston, aux Etats-Unis, cette mini-méditation permet de réduire le stress, la pression sanguine et le rythme cardiaque.

La bague au doigt ?

Il existe une multitude de techniques différentes pour retirer une bague coincée. Charles E. Powell, ambulancier dans l'Idaho, aux Etats-Unis, a une préférence pour la technique suivante. Prenez un élastique relativement large et coupez-le de façon à obtenir une longue bande de caoutchouc. Avec l'élastique, enroulez le doigt sur toute la longueur en commençant par le bout jusqu'à la bague. Appliquez un lubrifiant sur l'élastique, comme du savon liquide ou de la lotion, et faites passer doucement la bague par-dessus l'élastique.

Voici un autre moyen de retirer une bague bloquée. Prenez un morceau de fil et lubrifiez-le bien avec du savon liquide. Passez le fil sous la bague puis entourez fermement le morceau de fil restant autour du doigt. Faites tourner doucement la bague en la tirant, jusqu'à ce qu'elle se retire facilement.

Les coupures et les ecchymoses

Soignez vos crevasses et vos gerçures

Si vous avez des crevasses au bout des doigts que vous ne réussissez pas à soigner avec des crèmes hydratantes, appliquez une huile cicatrisante maison que vous ferez comme suit : mélangez 10 gouttes d'huile essentielle de citron et 30 gouttes d'huile essentielle de lavande à 50 ml d'huile végétale. Massez les endroits gercés en veillant à bien faire pénétrer cette préparation. Renouvelez plusieurs fois dans la journée pour plus d'efficacité et portez des gants dès que vous sortez.

Un autre remède contre les crevasses est la pommade à l'oxyde de zinc. Vous pouvez vous procurer cette pommade en pharmacie, sans ordonnance. Appliquez la pommade sur vos crevasses et couvrez avec un pansement. Grâce à sa légère action antibiotique, l'oxyde de zinc va favoriser la cicatrisation tout en soulageant la douleur.

Soulagez les pincements

Se donner un coup de marteau sur le doigt ou se pincer dans une porte fait partie des petits accidents de la vie de tous les jours. Toutefois, vous pouvez minimiser l'ecchymose et éviter de perdre votre ongle, en compressant immédiatement votre doigt et en maintenant la pression pendant 5 bonnes minutes. Cela permet au sang de coaguler et aux petits vaisseaux de se refermer. La pression empêche le sang de se répandre dans le bout du doigt et de provoquer la chute de l'ongle.

Faites disparaître les bleus

Dès que le gonflement de l'hématome s'est résorbé, il est possible d'empêcher que la peau devienne bleue en utilisant un "pack" de sel chaud.

Faites chauffer 100 grammes de sel de mer dans une poêle, sans matière grasse, pendant quelques minutes. Faites attention à ne pas le laisser roussir. Versez le sel chaud dans une chaussette épaisse et maintenez-la sur l'hématome.

Les brûlures

Les remèdes de la cuisine

La manière de traiter une brûlure dépend de sa gravité. Pour les petites brûlures (une petite zone rouge sans cloque), placez la zone brûlée sous un robinet d'eau froide ou recouvrez-la avec une compresse humide, jusqu'à ce que la douleur s'atténue. Couvrez avec un bandage propre. N'appliquez jamais de beurre sur une brûlure et ne percez jamais les cloques qu'elle occasionne.

Vous pouvez également utiliser un produit de votre cuisine pour guérir les brûlures mineures. L'extrait de vanille permettra non seulement de calmer la zone, mais empêchera également la formation de cloques.

Un verre de thé glacé pour le visage

Saviez-vous que le thé peut permettre de calmer le picotement des coups de soleil ? Ce sont les tannins qu'il contient qui détiennent cette propriété. Si vous avez déjà eu l'impression d'avoir la bouche sèche après avoir bu du thé, cette sensation est également due à l'action des tannins. Dans ce cas, néanmoins, le thé ne doit pas être bu mais appliqué directement sur la zone de peau brûlée. Faites infuser du thé vert ou noir, laissez-le refroidir complètement puis, trempez un chiffon doux dans le thé et appliquez-le directement sur la peau.

Des remèdes-maison contre les coups de soleil

Un bon bain est souvent le meilleur remède contre les coups de soleil, à moins que la peau soit cloquée ou que vous ne développiez des symptômes de choc et de confusion. Dans ce cas, consultez un médecin immédiatement.

Contre les coups de soleil moins sévères, diluez 30 grammes de bicarbonate de soude dans une baignoire d'eau tiède. Plongez-vous dans ce bain pendant 20 à 30 minutes pour calmer la douleur. Ensuite, assouplissez et hydratez la peau brûlée par le soleil en ajoutant 25 à 50 cl de lait dans une autre baignoire d'eau tiède. Plongez-vous dans cette eau pendant encore 20 à 30 minutes.

Contre les coups de soleil sévères, faites confiance à la pomme de terre. Appliquez des pommes de terre râpées directement à l'endroit de la brûlure, pour soulager la douleur et aider à prévenir la formation de cloques. Recouvrez la zone de peau avec un linge en coton ou en mousseline, pour maintenir les pommes de terre en place.

Même si vous risquez de vous faire traiter de pot de colle, vous pouvez considérablement apaiser la douleur en appliquant du miel directement sur les zones brûlées.

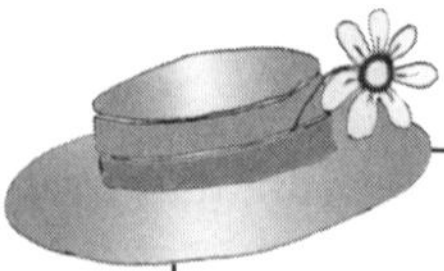

Secret d'antan

Si votre peau a été malmenée par le soleil, pensez à la soigner particulièrement dans les jours qui suivent. Appliquez deux fois par jour un masque hydratant composé, à parts égales, d'huile d'olive et de jus de citron, que vous laisserez posé 10 minutes avant de la nettoyer délicatement.

Les blessures musculaires et osseuses

La marche à suivre

Souvenez-vous de cette méthode efficace et sûre pour calmer les blessures musculaires ou osseuses. Laissez le membre blessé au repos. Appliquez de la glace sur la blessure pendant 10 à 20 minutes, toutes les 2 ou 3 heures. Comprimez la zone avec un bandage peu serré, enroulé sur et légèrement en-dessus et au-dessous de la blessure. Surélevez la zone blessée (de préférence au-dessus du niveau du cœur).

Répétez votre alphabet

Pour reprendre de la force dans une cheville après une entorse, le Dr James Garrick de San Francisco conseille l'exercice suivant :

Avec la cheville plongée dans l'eau chaude, utilisez votre gros orteil pour tracer les lettres de l'alphabet en majuscules (d'environ 10 à 12 cm de haut). Effectuez ce premier exercice pendant 4 minutes, puis recommencez avec la cheville trempée dans l'eau froide. Répétez la séquence entière, en passant de l'eau chaude à l'eau froide, 4 fois de suite.

Un traitement par le froid

Lorsque vous appliquez de la glace sur une blessure, suivez les conseils du Dr Dean R. Dryburgh de l'Ontario, au Canada, pour une sécurité et une efficacité maximales :

- N'appliquez jamais une vessie de glace directement sur la peau. Enveloppez-la dans des feuilles d'essuie-tout humides. Une serviette plus épaisse risquerait de rendre la vessie de glace inefficace.
- N'oubliez pas que l'application d'une vessie de glace procurera une sensation de froid sur la peau au départ. Cette sensation de froid sera ensuite suivie d'une douleur et d'une sensation de brûlure, avant que la zone s'engourdisse. L'engourdissement se produira dans les 7 à 10 minutes suivant l'application de la vessie de glace.
- N'utilisez pas la vessie de glace au-delà de 20 minutes. Attendez 10 minutes avant de réappliquer la vessie. Toutefois, il est préférable d'attendre au moins 2 heures entre 2 applications.

Voici une autre solution pour appliquer de la glace sur une blessure. Cette technique serait spécialement efficace pour les bricoleurs du dimanche et ceux qui souffrent d'une blessure après un match ou autre événement sportif. Congelez de l'eau dans des petits contenants. Transportez-les gelés dans une glacière pendant le match. Si besoin, sortez l'un d'eux et utilisez-le pour vous masser la zone endolorie.

Le feu et la glace

Une règle utile à se rappeler : utilisez de la glace pour traiter une blessure au cours des 48 premières heures. Après, si le gonflement s'est résorbé, vous pouvez utiliser la chaleur pour détendre les muscles et calmer la douleur.

Les bienfaits des surgelés

Vous avez besoin d'une vessie de glace sans plus attendre ? Ouvrez votre congélateur. Avec un peu de chance, vous avez peut-être un sac de petits pois ou de haricots surgelés. Ces sacs de surgelés sont très efficaces sur les blessures musculaires et osseuses parce qu'ils prennent bien la forme de la zone blessée. Une fois les légumes décongelés, savourez-les au dîner.

Des compresses froides rigolotes

Pour un enfant, l'idée de tenir une vessie de glace sur son ecchymose n'est pas très réjouissante. Voici quelques idées pour rendre ces vessies de glace plus attrayantes.

Découpez des éponges de couleur en cellulose, en leur donnant des formes d'animaux ou autres. Ensuite, mouillez les éponges et congelez-les. Les enfants trouveront ces " animaux glacés " amusants, et les éponges gelées seront plus confortables que les vessies de glace ordinaires. En plus, elles permettront quand même de réduire significativement la douleur et le gonflement.

Placez des glaçons ou de la glace pilée dans un sac à congélation et ajoutez un peu d'alcool à 90°. Demandez à l'enfant de verser quelques gouttes de son colorant alimentaire préféré dans le sac. L'alcool permet à la vessie de glace d'être un peu moins solide (et glaciale), et le colorant permet aux enfants de trouver ces compresses amusantes.

Un remède pour se remettre sur pied

Un moyen bon marché et efficace de calmer les épines calcanéennes consiste à placer le pied nu sur une bouteille de soda en verre vide et de rouler le pied dessus, d'avant en arrière. Avant de commencer, assurez-vous que la bouteille ne comporte pas d'éclat ou de fêlure qui pourrait vous couper. Certaines personnes trouvent qu'une canette de jus de fruits surgelés est plus efficace, car elle associe le froid aux étirements.

Les morsures, les piqûres et les éraflures

Des cataplasmes-maison

Vous venez de vous faire piquer par une guêpe ? Pour un calmant instantané, écrasez un peu de papaye fraîche et appliquez-la à l'endroit de la piqûre. Si vous n'avez pas de papaye sous la main, une pâte à base de bicarbonate de soude et d'eau permet également d'apaiser les piqûres. Tous les ingrédients ci-dessus vont également permettre de réduire le gonflement et de calmer la douleur et les démangeaisons.

Les araignées ne piquent pas, elles mordent. Néanmoins, leur méthode d'autoprotection peut être au moins aussi douloureuse, et parfois plus, qu'une piqûre de fourmi, d'abeille, de frelon ou de guêpe. Pour calmer la douleur, émincez 1/2 oignon blanc et appliquez-le autour de l'endroit de la morsure. Entourez un linge propre autour de la morsure pour tenir l'oignon en place.

Vous pouvez également trouver de quoi soulager la douleur d'une piqûre ou d'une morsure d'insecte dans votre armoire à pharmacie, mais évitez les crèmes et les pommades et préférez plutôt l'aspirine. Mouillez la zone douloureuse puis frottez-la avec un cachet d'aspirine. Cette méthode procure un soulagement rapide.

Les piqûres de la mer

Une piqûre de méduse n'est pas vraiment bénigne. Les réactions vont des douleurs et démangeaisons aux nausées et aux vomissements. Si vous avez des nausées, de la fièvre, des courbatures ou des douleurs qui ne disparaissent pas au bout de quelques heures, consultez un médecin le plus vite possible. Sinon, respectez les consignes suivantes pour vous aider à faire passer la douleur.

- Ne lavez pas la zone à l'eau claire. Cela ne ferait que prolonger la sensation de piqûre.
- Tamponnez du vinaigre sur la zone endolorie pour neutraliser les toxines (poison) de la méduse.

- Mélangez 4 doses de farine et une dose de sel, et ajoutez de l'eau jusqu'à l'obtention d'une pâte. Appliquez cette pâte après avoir nettoyé la plaie avec du vinaigre. Enveloppez la zone avec un linge propre pour tenir la pâte en place. Vous devriez ressentir un soulagement au bout d'une heure environ.

  La pâte étant très collante, il vous faudra probablement laisser tremper la zone dans l'eau avant de pouvoir rincer le reste. Mais c'est un prix bien bas à payer pour soulager cette douloureuse attaque.

Conseil pour éviter les moustiques

Vous aimez boire 1 verre ou 2 lorsque vous dînez dehors. Vous devriez plutôt éviter l'alcool si vous ne voulez pas risquer d'attirer les moustiques. L'alcool dilate les vaisseaux sanguins et vous rend donc plus appétissant pour les moustiques affamés.

Des solutions-maison

En cas de coupure ou d'égratignure, si vous n'avez pas de pommade antibiotique sous la main, cherchez une solution pratique dans vos placards. Vous pouvez prévenir l'infection en appliquant du miel sur la plaie.

Votre corbeille de fruits et les légumes peuvent peut-être vous être utiles. Pelez une banane et appliquez l'intérieur de la peau sur une éraflure légère pour obtenir un soulagement presque immédiat. Vous pouvez également découper une fine rondelle de pomme de terre crue et l'appliquer sur l'écorchure, en la maintenant en place avec de la gaze ou du ruban adhésif.

Un autre moyen de calmer une coupure, une égratignure ou une brûlure légère est d'utiliser la plante d'aloe vera. Quelques gouttes de jus d'aloe vera peuvent remplacer de nombreuses pommades et crèmes onéreuses. Coupez une feuille et frottez le gel sur la zone endolorie. Vous pouvez même utiliser le gel d'aloe vera comme répulsif à insectes.

Stoppez les démangeaisons

Si vous vous apercevez que vous avez touché des orties, vous pouvez parfois prévenir les démangeaisons en lavant les zones exposées immédiatement à l'eau froide et au savon. N'utilisez pas d'eau chaude. Cela ne ferait qu'encourager les composants urticants de la plante à pénétrer dans la peau.

Utilisez une pâte à base de bicarbonate de soude pour empêcher une piqûre d'ortie de s'étendre. Ajoutez simplement la quantité d'eau suffisante pour que la pâte soit facile à étaler. Appliquez-la sur la zone endolorie. Attendez que la pâte durcisse, puis rincez-la à l'eau froide. Appliquez du miel sur les zones piquées pour calmer la peau et prévenir une éventuelle infection.

Existe-t-il un remède pour stopper les terribles démangeaisons provoquées par les piqûres d'orties ? Un bain d'avoine est peut-être la solution que vous cherchez. Broyez 200 grammes d'avoine complète pour obtenir une farine fine. Diluez-la dans l'eau d'un bain tiède et plongez-vous dedans pendant 20 à 30 minutes. N'essayez pas de rincer la pellicule qui s'est déposée sur votre peau après ce bain, séchez-vous simplement en vous tamponnant avec une serviette.

Les orties

Apprenez cette petite phrase par cœur. Lorsqu'il s'agit d'orties, la prévention est le meilleur des remèdes. Apprenez à reconnaître leurs feuilles recouvertes de petits poils. Les orties poussent dans les massifs, les bordures et entre les plantes.

La médecine simplifiée

Ralentissez votre cœur qui s'emballe

Pour ralentir un cœur qui bat anormalement vite, plongez une serviette dans de l'eau glacée et appliquez-la sur votre visage. D'après les médecins urgentistes, cette méthode peut permettre de ralentir le rythme cardiaque chez les personnes souffrant occasionnellement de palpitations cardiaques ou de tachycardie. Toutefois, demandez l'avis de votre médecin avant d'utiliser cette technique si vous avez des antécédents de douleurs thoraciques ou si votre angine de poitrine a tendance à s'aggraver lorsqu'il fait froid.

Soulagez vos aigreurs d'estomac

Une crise de pyrosis peut être très douloureuse si vous n'avez pas d'antiacides sous la main. Voici une solution si vous vous retrouvez dans cette situation. Certaines personnes obtiennent un soulagement en buvant un verre d'eau froide. Si ce remède est inefficace, essayez ce remède pratiquement infaillible du Dr Basil Rodansky, de Lincoln Park dans le Michigan, aux Etats-Unis. Prenez 1 ou 2 cuillerées à café de dentifrice mentholé et avalez-les avec de l'eau ou du thé. Evitez les dentifrices qui contiennent du bicarbonate de soude ou du peroxyde d'hydrogène. En effet, ces 2 substances peuvent, au contraire, aggraver vos brûlures d'estomac en cas de prises quotidiennes.

Sachez conserver vos médicaments

Pour prolonger la durée de vie et l'efficacité de vos médicaments, ne les gardez pas dans l'armoire de toilette de votre salle de bains. Le fort taux d'humidité et les variations de températures importantes peuvent détériorer les médicaments prématurément. Essayez de ranger vos médicaments dans un endroit où ils seront toujours à une température modérée. Comme toujours, veillez à garder les médicaments hors de portée des enfants.

Du sel contre les maux de tête

Si vous avez besoin d'une compresse chaude pour calmer votre mal de tête, essayez ce remède efficace. Versez du sel dans une poêle, sans matière grasse, et faites-le chauffer jusqu'à ce qu'il soit chaud mais pas brûlant. Enveloppez le sel dans un torchon fin. Si la douleur est située sur le devant de la tête, appuyez le petit paquet de sel à l'arrière de votre tête et frottez. La chaleur sèche délogera la douleur où qu'elle soit.

Liquidez les crampes d'effort

Liquidez les crampes d'effort en buvant 50 à 75 cl d'eau, 1 à 2 heures avant de faire du sport. Si vous faites du sport pendant une période prolongée, n'oubliez pas de boire également pendant l'exercice.

Si un massage ou des étirements ne parviennent pas à calmer la crampe, essayez de pincer fermement la zone contractée entre votre pouce et votre index.

Calmez votre toux et dégagez vos bronches

La prochaine fois que vous souffrirez d'une bronchite, essayez cette pommade décongestionnante :

> Pelez et émincez 7 gousses d'ail. Placez-les dans un petit saladier, ajoutez la quantité nécessaire de matière grasse pour recouvrir les gousses. Placez le saladier non couvert dans une casserole d'eau bouillante et laissez bouillir pendant 30 minutes. Pour en renforcer l'efficacité, ajoutez quelques gouttes d'huile d'eucalyptus à la matière grasse fondue. Laissez refroidir, puis passez cette pommade sur votre poitrine, votre ventre et votre dos. Recouvrez avec une serviette de toilette épaisse.

Un remède bon marché contre la toux

Pour calmer votre toux, essayez ce remède-maison : 25 cl de lait chaud avec 2 cuillerées à café de miel. Cette boisson relaxante calme la gorge irritée, stoppe la toux et vous aide à dormir.

Prenez soin de votre nez

Dégagez-vous le nez sans acheter de décongestionnant nasal en pharmacie. Concoctez vous-même votre propre pulvérisation nasale salée, en diluant 1/2 cuillerée à café de sel de table dans 25 cl d'eau chaude. Versez le mélange dans un pulvérisateur nasal. Pulvérisez ensuite cette solution dans votre nez pour déloger les substances irritantes, les allergènes et l'excédent de mucus qui peuvent gêner la respiration.

Votre nez est encombré et cela vous empêche de dormir profondément la nuit ? Avant de vous tourner vers les médicaments, essayez ce décongestionnant mécanique, mieux connu sous le nom de ressort ou pansement nasal. Cette bande adhésive comporte un petit dilatateur qui élargit doucement les fosses nasales et facilite la respiration, sans avoir à subir le coût, ni les effets secondaires des médicaments.

Extrayez un corps étranger de votre nez

Un corps étranger coincé dans une narine peut avoir des conséquences graves. Au lieu d'essayer d'extraire l'objet et de risquer d'endommager sérieusement votre nez, utilisez un décongestionnant pour faire le travail. Injectez quelques giclées de ce produit liquide dans votre nez. Cela permet parfois de resserrer les vaisseaux sanguins du nez et de réduire suffisamment le gonflement pour vous permettre d'extraire le corps étranger. Si cela ne permet pas de déloger l'objet coincé dans votre nez, consultez un médecin sans plus attendre.

Stoppez les saignements de nez

Pour stopper un saignement de nez, essayez la technique recommandée par le Dr John Ellis de Oakland, en Californie. Prenez 2 bâtons d'esquimaux et enroulez une extrémité dans du sparadrap, afin de servir de rembourrage. Reliez ensuite les deux autres extrémités avec du ruban adhésif pour former une pince avec les 2 bâtons. Pour modifier la pression de la pince, il vous suffit de rapprocher ou d'éloigner le ruban adhésif des bouts rembourrés. Utilisez cette pince pour pincer le bout de votre nez. Laissez la pince pendant au moins 10 minutes. Vous pourrez ainsi arrêter votre saignement de nez.

Faites taire les ronflements

Si vous souffrez d'un problème de ronflement, il vous suffit peut-être, pour résoudre ce problème, de ne plus dormir sur le dos. Pour vous faire passer cette habitude, cousez une balle de tennis au dos de la veste de votre pyjama. Vous vous sentirez certainement plus confortable dans une autre position et passerez une bonne nuit de sommeil.

Avalez la pilule

Si vous avez des problèmes pour avaler les médicaments, essayez cette technique recommandée par le Dr Deborah L. Morris, de Cary, en Caroline du Nord. Placez la gélule dans votre bouche, prenez une grosse gorgée d'eau, penchez votre tête en arrière et avalez. La gélule est ainsi beaucoup plus facile à avaler puisqu'elle a, en général, tendance à flotter vers l'arrière de la gorge lorsque vous penchez la tête.

Gelez votre hoquet

Aux Etats-Unis, un médecin a découvert qu'il était possible de bloquer les signaux nerveux responsables du hoquet avec quelques glaçons. Selon lui, il suffit pour cela de placer un glaçon de part et d'autre de la pomme d'Adam. Si cela ne marche pas, déplacez les glaçons plus vers l'arrière du cou, toujours au niveau de la pomme d'Adam. Le froid devrait geler le hoquet sur-le-champ.

Les jeunes enfants

Une astuce en cas d'empoisonnement

Si votre enfant a ingéré un produit toxique et que le Centre antipoison vous demande d'utiliser du charbon actif pour contrecarrer les effets toxiques, il faudra avoir plus d'un tour dans votre sac pour lui faire avaler cette substance. Essayez de mélanger le charbon dans de la glace à la vanille. Ce mélange aura l'air si appétissant que l'enfant s'empressera de le manger.

Une technique pour leur rototo

La façon la plus simple de faire faire son rot à un bébé calme est de l'asseoir avec la tête maintenue et les jambes étendues. Inclinez ensuite le bébé à 30 ou 45 degrés vers la gauche. La plupart des bébés font leur rot immédiatement. Toutefois, si le bébé ne fait toujours pas son rot, continuez à le pencher sur la gauche, tout en l'inclinant vers l'avant ou vers l'arrière d'environ 30 degrés. Quelle que soit la position qui s'avère efficace, elle devrait fonctionner à tous les coups.

Retirez les échardes sans douleur

Lorsque votre enfant s'enfonce une écharde, attrapez le rouleau de Scotch® avant de prendre la pince à épiler ou une aiguille. Collez simplement le Scotch® au-dessus de l'écharde et décollez-le. Le Scotch® permet de retirer la plupart des échardes facilement et sans douleur.

Les bons mouvements pour calmer bébé

Si votre bébé est sujet aux coliques, essayez cette technique pour calmer son mal de ventre dû à l'ingestion excessive d'air pendant la tétée. Allongez votre bébé sur le dos, sur vos genoux, et inclinez sa tête légèrement vers la gauche. Glissez votre main gauche sous sa nuque. Placez l'index et le majeur de votre main droite sur le côté gauche du ventre de votre bébé, juste sous ses côtes. Relevez bébé en position assise et appliquez de légères pressions sur son ventre avec votre main droite. Ces mouvements permettent de faire sortir l'air accumulé dans le ventre du bébé.

Répétez ces mouvements avant et après la tétée. Vous pouvez également les pratiquer à chaque fois que vous prenez votre bébé dans vos bras, pour prévenir les coliques.

Les gouttes dans les yeux

Une technique efficace pour mettre des gouttes dans les yeux d'un enfant, ou d'un adulte, qui cligne beaucoup, consiste à l'allonger et à lui demander de fermer les yeux. Versez 1 ou 2 gouttes dans le coin de l'œil infecté. Lorsqu'il ouvrira les yeux, les gouttes tomberont au bon endroit.

Une autre bonne technique pour mettre des gouttes dans les yeux d'un bébé ou d'un petit enfant, est de le faire pendant qu'il est endormi sur le dos. Vous éviterez ainsi colères et pleurs.

La courte paille

Pour les jeunes enfants comme pour les personnes âgées, aspirer un liquide avec une paille demande parfois un effort qu'ils sont incapables de fournir. Voici une solution simple : coupez la paille en deux avec des ciseaux. L'effort à fournir sera beaucoup moins important.

Index

A

B

C

G

H

I

J

K

L

M

N

O

P

R

S

T

V

W

Y

Table des Matières

Achevé d'imprimer en décembre 2012
sur les presses de la Nouvelle Imprimerie Laballery
58500 Clamecy
Dépôt légal : décembre 2012
Numéro d'impression : 211162

Imprimé en France

La Nouvelle Imprimerie Laballery est titulaire de la marque Imprim'Vert®